河南省高校哲学社会科学创新团队支持计划（2019-CXTD-09）

THE CONSTRUCTION OF A WORLD CLASS UNIVERSITY

International and Regional Perspectives

高水平大学建设

国际借鉴与区域探索

周 倩 等◎著

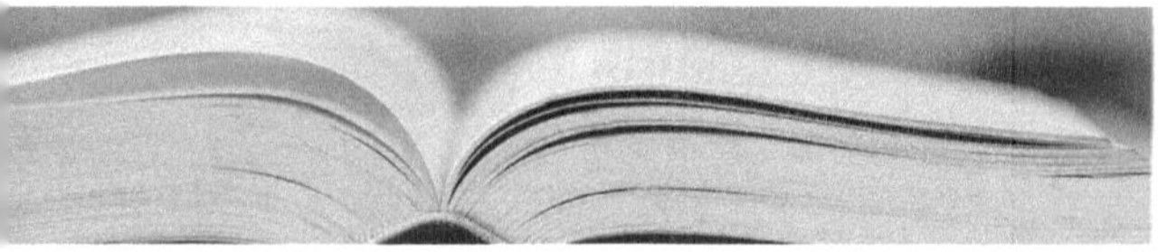

科学出版社

北 京

内 容 简 介

当今世界，高水平大学在培养卓越人才、提供高科技支撑和高质量社会服务以及引领社会优秀文化等方面起着不可代替的作用，因此，中原地区建设高水平大学意义重大。本书从理论到实践，立足历史与现实两个维度，按照从宏观到微观的顺序，站在国内与国外比较的视角，对高水平大学建设的现实意义、理论架构、基本思路以及河南省高水平大学建设的背景和动因进行了详细阐述，对河南省高等教育发展以及美国高水平大学建设进行了系统研究，对全国主要省（自治区、直辖市）"双一流"高校建设政策文本进行了量化分析，以郑州大学为例，对建设世界一流大学进行了深入探讨。

本书可为高等教育管理者、研究者以及相关学科的研究生提供参考。

图书在版编目（CIP）数据

高水平大学建设：国际借鉴与区域探索/周倩等著. —北京：科学出版社，2020.12

ISBN 978-7-03-067087-8

Ⅰ. ①高… Ⅱ. ①周… Ⅲ. ①高等学校-教育建设-研究-中国 Ⅳ. ①G649.2

中国版本图书馆 CIP 数据核字（2020）第241766号

责任编辑：孙文影　黄雪雯 / 责任校对：彭珍珍

责任印制：李　彤 / 封面设计：润一文化

科学出版社 出版

北京东黄城根北街 16 号

邮政编码：100717

http://www.sciencep.com

北京建宏印刷有限公司 印刷

科学出版社发行　各地新华书店经销

*

2020年12月第 一 版　开本：720×1000　B5

2021年11月第二次印刷　印张：19 1/4

字数：298 000

定价：99.00元

（如有印装质量问题，我社负责调换）

河南省教育科学规划重大招标课题

（2016-JYKXZDZB-03）结项成果

序

中原教育在中国教育发展中的战略地位

中原是中华民族的摇篮、中华文明的主要发祥地。河南省是我国的经济大省、农业大省和人口大省。以河南省为中心的“中原经济区”在全国改革发展大局中具有重要战略地位。中原崛起对中原教育发展具有重要作用和影响。在知识经济时代背景下，中原崛起需要更多高素质的劳动力和充足的高端人才，以提升竞争力。提升整体教育水平，特别是高等教育水平，是中原教育发展迫在眉睫的任务。

一、比较教育的区域比较研究

在过去半个世纪，西方学术界的比较教育有着长足的发展。比较教育作为一个学科领域的专有名词，其内涵一直存在争议。譬如，在澳大利亚，比较教育主要被视为国际教育。在美国，其则被称为比较与国际教育。在中国，比较教育早期的着眼点是外国教育研究，后来，北京师范大学正式建立比较教育学科并创办《比较教育研究》期刊。英国则始终只用比较教育的称谓，也简单直接地将相关学会称为英国比较教育学会。国际上较多国家和地区采用“比较教育”的名称，在世界比较教育学会联合会（World Council of Comparative Education Societies，WCCES）下属的40个分会中，大多简单地采用“比较教育学会”的称号，如中国教育学会比较教育分会、日本比较教育学会以及亚洲比较教育学会等。

比较教育，顾名思义，就是比较不同地区的教育，大部分是以国家为单位对比较教育的文献进行比较的。很多具有国际水平的比较研究都是以国家为研究对象的。国际上以国家为对象开展比较教育研究的著名机构为联合国教育、科学及文化组织（United Nations Educational, Scientific and Cultural Organization，UNESCO）、国际教育成就评价协会（International Association for the Evaluation of Educational Achievement, IEA），以及经济合作与发展组织（Organization for Economic Cooperation and Development，OECD）等。国家只是一种研究单位，有些比较教育领域的学者觉得国家内部的区域研究，相对于国与国之间的比较研究，其重要性不分伯仲。例如，中国和美国都是国土面积很大的国家，中国的一个省、美国的一个州的面积甚至比很多国家的面积大。欧洲的很多国家只有四五万人口；新加坡的面积是香港特别行政区的一半多一点，两者人口也只有几百万。Lee 曾就杭州、广州和香港进行过比较，研究三个城市的公民道德教育和教师对公民道德教育的看法，发现三地教师的观点有区别。①其后，Lee 和 Leung 比较了上海和香港教师对世界公民的看法，也发现两地教师的观点和价值观有所不同。② Bray 和 Thomas 提出比较教育可以分为七个层面：第一层，世界区域；第二层，国家；第三层，省、州；第四层，区域；第五层，学校；第六层，教室；第七层，个体。③中原教育大概属于以上层面的第三层，即省或州的比较，而这个层面的比较属于国内地区的比较。

从地理和地域的角度看，研究中原教育具有特殊的重要性。中原地区狭义上指今天的河南省；广义上指以河南省为核心的广大地区，包括河南省周围的安徽省北部、河北省南部、山西省南部、陕西省东部及山东省西部各部分在内的黄河中下游地区。中原又称中土、中州，本意为

① Lee W O. A comparative study of teachers' perceptions of good citizenship in three Chinese Cities：Guangzhou, Hangzhou and Hong Kong. In Lu Jie（Eds.）, Education of Chinese：The Global Prospect of National Cultural Tradition[M]. Nanjing：Nanjing Normal University Press，1999：270-293.

② Lee W O, Leung SW. Global citizenship education in Hong Kong and Shanghai secondary schools：Ideals, realities and expectations[J]. Citizenship Teaching and Learning（UK），Special Issue on Citizenship Education in Asia，2006，2（2）：68-84.

③ Bray M，Thomas M. Levels of comparison in educational studies：Different insights from different literatures and the value of multilevel analyses[J]. Harvard Educational Review，1995，65（3）：472-490.

"天下之中的原野"，历史上一直是中国的政治、经济、文化和交通中心，因此，有"得中原者得天下"之说。在近代，中原作为中国的交通枢纽的地位最为突出。除了承担传承中华优秀文化的历史任务外，中原地区还是农业生产的重要基地，对国家发展至关重要，被誉为"中国大粮仓"。

二、比较教育政策与中原教育发展

比较教育的一个重要功能是进行政策与战略发展的比较研究。事实上，比较教育研究是从将别国（地区）政策与战略发展作为本国（地区）政策与战略发展的参考的视角开始的。由此可见，在21世纪全球化和国际化的今天，政策与战略发展的比较研究同样重要。关于这一点，Lee 和 Mak 曾分析了中国比较教育领域的发展，发现该领域的重点在于外国教育研究，通过报道最新的国际教育进展从而思考中国教育的发展。[①] 在这个大前提下，比较教育的重点在于"政策移植"（policy borrowing）和"知识转移"（transfer of knowledge）。

从政策与战略发展的角度研究中原教育是十分重要的。中原地区除了是中华文明的发源地，中国的政治、经济、文化和交通枢纽之外，中原地区的发展对国家的整体发展也具有以下战略价值。

第一，河南省是中国第一人口大省，2016年末，河南省人口达1.08亿[②]，占全国人口的13%以上。2017年，河南省的国内生产总值（gross domestic product，GDP）位于全国第五位，占全国 GDP 的5.4%。[③]

第二，河南省也是农业大省。作为中国的大粮仓，其粮食产量占全国的1/10，其中，小麦产量占全国的1/4，而玉米产量更占到全国的50%。[④]

第三，由于中原位置的重要性，国家"十二五"规划和"十三五"

---

① Lee W O，Mak G C L. From knowledge transfer to knowledge interaction：The development of comparative education in China through the lens of comparative journals[J]. Compare：A Journal of Comparative and International Education，2010，40（6）：761-780.

② 梁新翠. 河南人口报告出炉 总人口过亿人均收入 18443 元[N]. 大河报，2017-03-02（001）.

③ 樊霞. 2017 年 GDP 是 1978 年的 55.9 倍，上台阶越来越快……这些数据勾勒河南人民 40 年奋斗足迹[EB/OL].（2018-12-20）[2020-05-29]. http://www.henandaily.cn/content/fzhan/2018/1220/138675.html.

④ 刘红涛. 河南小麦已收获 3073 万亩 约占种植面积的 36%[EB/OL].（2019-06-03） [2020-04-05]. http://www.henan.gov.cn/2019/06-03/796004.html.

规划都特别注重中原地区发展对国家经济发展的战略地位，并批准成立了“中原经济区”。中原经济区成立之前，国家成功地开发了三个经济特区，包括珠三角、长三角和京津冀经济特区。这三个经济特区都是试验性的。第一个经济特区的成功，带动了第二、第三个经济特区的开发。

有别于前面三个经济特区，中原经济区的成立有其独特使命。第一，成为全国经济发展的模范和交通枢纽。20世纪90年代以前，我国的经济发展比较偏重东部，尤其是沿海城市。东部地区（含东北地区）只占中国版图的20%，2010年却集聚了46.2%的常住人口。[①]第二，经济特区的发展基本是城市化的走向。换言之，前面三个经济特区的发展促进了人口从农村流向城市、从西部流向东部。农村人口的流失，造成一定土地的闲置。另外，经济特区的发展刺激了对土地的大量需求，以发展各种类型的工商业，尤其是制造业和服务业。经济特区的发展越快速，需要的土地越多，造成一定的农业用地被改为工业用地，或者被用作修路、建桥、建铁路等。长期如此，会造成国家工农业发展的不平衡，特别是农业用地的减少会造成国家粮食短缺。中原经济区的使命是要协调前面三个经济特区的发展带来的各种不平衡，而且我们希望中原经济区的发展可以创立新的模式，促进中国整体经济的发展。首先，中原地区在一定意义上是中国的缩影。中原经济区发展的任务是要维持城市发展与农村发展的平衡。其次，经济发展现时集中在东部沿海地区。中原地区作为中国的中心地区，将会成为经济发展从东部伸展到西部的桥梁。因此，中原经济区不仅将成为政治、经济、交通的枢纽，也将成为国家整体经济从东到西发展的中心枢纽。第三，中原经济区的任务是建立城市、农村经济与教育发展的平衡模式，成为西部地区经济发展的楷模，这是相当具有挑战性的任务。从某个角度上说，中原经济区担负起了比前面三个经济特区更具有摸索性和试验性的任务和使命。第四，中原经济区发展成功，将成为吸引劳动人口从东部地区回流到西部地区的中转站，成为人口流动的枢纽。中原地区将逐步发展为人口频繁流动的地带。“十二五”期间，河南省的流动人口为

① 陈训迪. 第六次人口普查：西部地区人口比重下降幅度最大[EB/OL].（2011-04-28）[2020-04-05]. http://www.china.com.cn/news/2011-04/28/content_22457988.htm.

2150万，占本省人口的1/5。[①]第五，要吸引人口流到中部，然后逐渐流向西部，中原经济区必须制定城市发展规划，吸引外商、企业到中原地区发展。中原经济区将会建立城市群，以做好吸纳移入人口的准备。国家“十三五”规划特别为中原地区建立城市群提供了具体构思。中原城市群是北京、武汉、济南、西安之间，半径500千米区域内城市群体规模最大、人口最密集、经济实力较强、工业化进程较快、城镇化水平较高、交通区位优势突出的城市群，曾是中华民族和华夏文明的重要发祥地。根据国务院2016年12月28日批复的《中原城市群发展规划》，中原城市群包括河南省的郑州、开封、洛阳、南阳、安阳、商丘、新乡、平顶山、许昌、焦作、周口、信阳、驻马店、鹤壁、濮阳、漯河、三门峡、济源，山西省的长治、晋城、运城，河北省的邢台、邯郸，山东省的聊城、菏泽，安徽省的淮北、蚌埠、宿州、阜阳、亳州等5省30个地级市，面积为28.7万平方千米。[②] 2017年，中原城市群生产总值为67 044.34亿元，总人口超过1.89亿。[③]

由此可见，国家对中原经济区的发展方向是清晰的，也提供了城市发展规划的蓝图。城市群的特点是将核心城市和边缘城市的规划清晰展示出来，鼓励投资者寻找先机，先在未全面开发的地区投资和布局新兴产业及发展学校。在这种系统的规划下，中原经济区能完成以下教育使命：一是探索推动城市、农村均衡发展的中原教育模式；二是为全面落实农村义务教育提供必要保障；三是为偏远地区和山区贫困家庭需要接受教育的孩子提供特别援助；四是到2020年，中原地区整体达到95%义务教育普及率；五是到2020年，中原地区整体达到90%的高中入学率；六是构建具有鲜明中原文化特色的教育学科；七是建设区域协调发展的高等教育体系；八是深化产校合作，打造符合中原地区经济社会发展需求的教育体系；九是探索中原地区教育财政来源

① 河南省人民政府办公厅. 河南省人民政府办公厅 关于印发河南省人口发展规划（2016—2030 年）的通知[EB/OL].（2017-05-25）[2020-04-05]. http://www.henan.gov.cn/2017/05-25/248952.html.

② 栾姗.《中原城市群发展规划》解读，打造有竞争力的国家级城市群[EB/OL].（2017-01-05）[2020-05-29]. http://www.henandaily.cn/content/szheng/rdyw/2017/0105/29158.html.

③ 吴军. 中原城市群发展报告首次发布：大城市达 19 个，特大城市只有郑州[EB/OL].（2018-12-18）[2020-05-29]. http://baijiahao.baidu.com/s?id=1620188825223895286&wfr=spider&for=pc.

多渠道发展的道路；十是打造中原地区人才高地，形成良好的培养人才、引进人才、留住人才的用人机制和环境。

三、中原崛起对中原教育发展的作用和影响

中原地区是中国历史上一个非常重要的地区，文物古迹数不胜数。这里出土的甲骨文，是中国最古老的象形文字；这里的少林功夫，是中国的文化符号；这里的裴李岗文化、仰韶文化、龙山文化等史前文化，令世人赞叹。作为中原地区的重要省份，河南省拥有深厚的历史底蕴。从夏朝至宋朝，河南一直是中国政治、经济、文化和交通的重要地区，先后有20多个朝代建都或迁都河南。中国八大古都，河南有四个。在几千年的历史长河中，中原地区孕育了灿烂的中原传统文化。作为中华文化的核心，中原地区在中华文化的嬗变中处于重要地位。[①]然而，中原地区曾经的辉煌未能延续至现代，尤其自改革开放以来，非均衡发展战略在推动我国经济快速发展的同时，也造成了中部地区和发达地区之间越来越大的差距。以中原大省——河南省为例，2017年，河南省的人均GDP为46 674元，低于全国平均水平的59 660元，仅位列全国第18位。[②]这与河南省的灿烂历史及全国第一人口大省的重要地位极不相称。正如贺卫华所指出的，“市场经济条件下人是理性的，他们会根据成本收益或趋利避害的原则来对其所面临的一切机会和目标及实现目标的手段进行优化选择”[③]。在贫穷的推力和富庶的拉力的双重作用下，人口会自发向发达地区流动，以争取更好的生活的可能。因此，当东南沿海地区吸引了大量流动人口时，中原地区不仅成为我国最大的人口流出地[④]，还成为“三农”问题的多发区。现今，“失意”多年的中原地区渴望再现雄风。21世纪是知识经济时代，若要在此时代背景下崛起，中原地区需要依赖高素质的人口和充沛的高端人才，以提升竞争力。教育承担着这一重要

---

① 董永贵. 高水平大学是经济发展和社会进步的“思想库”“智囊团”“动力源”[J]. 河南教育（高教），2016（1）：26-27.

② 2017 中国各省市人均 GDP 排行榜[EB/OL].（2018-11-14）[2020-05-29]. http://www.sohu.com/a/275244865_642249.

③ 贺卫华. 中原经济区人口流动与区域经济协调发展研究[J]. 区域经济评论，2013（6）：96-102.

④ 贺卫华. 中原经济区人口流动与区域经济协调发展研究[J]. 区域经济评论，2013（6）：96-102.

使命。而推动区域经济均衡发展，促进和谐社会，保障中部地区人民福祉，也是政府义不容辞的责任。顺应此时代背景，郑州大学成立了中原教育发展研究战略中心，由李荣安担任主任，并提出了“中原教育区”的概念。该中心的主要目的是以建设一流大学为切入点，探讨如何构建具有时代精神和中原特色的教育体系，以期利用各方政策利好兑现人口红利，增强中原地区竞争力，提升中原地区人民福祉，早日实现中原崛起。

四、中原教育发展面临三大历史新机遇

中部地区虽拥有重要的地理位置、丰富的自然资源和深厚的文化底蕴，但自改革开放以来，中部地区的发展在质量上比不过东部，在速度上追不上西部，陷入“中部塌陷”的困境。以往研究归纳了几个重要原因，如开放滞后、错失先机，政策边缘化，中央财政投入不足，更有甚者，将中部地区不发达的原因归结为中原人口天性不进取。中原地区的百姓，竟然要为自身处于困境担“污名”。如今，市场经济发展的自身规律、中国内部发展的迫切需求、外部环境的急剧变化，为中原地区提供了三大历史新机遇。

第一，产业转移的历史机遇。东南沿海地区不断攀升的成本、持续下降的劳动和资本的边际产出率，促使对成本非常敏感的中低端劳动密集型制造业向中西部转移。以中原重省河南省为例，其2012年上半年的出口总额为132.8亿美元，同比增长91.6%，远高于全国平均增速，其中，加工贸易出口增长417.7%，而一般贸易出口仅增长0.6%。[①]这主要归功于富士康在郑州投资设厂，而富士康之所以在郑州设厂，是因为当地劳动力价格比东部地区低30%左右。[②]自2010年富士康手机生产项目落地后，郑州航空港经济综合实验区通过承接产业转移形成了智能终端制造产业集群。目前，该区已入驻约190家智能终端制造企业，2017年，手机

① 李迅雷. 谁是中国经济的第四个增长极[J]. 价格与市场，2013（2）：17-19.

② 李迅雷. 中国经济的第四个增长极[EB/OL].（2012-09-20）[2020-05-29]. http://finance.jrj.com.cn/opinion/2012/09/20072914415535.shtml?to=pc.

产量达2.9亿多部，意味着全球每7部手机中就有1部是郑州制造。[①]富士康只是产业转移大军中的一个典型代表。为了减少生产成本，创造更大的利润，中低端制造业搬离东南沿海地区而转战中原，中原地区应积极招商引资，推动基础设施建设，提升劳动力水平，把握好产业转移的历史机遇。

第二，新常态下的历史机遇。一方面，中国经济发展已经进入新常态，往日主要的经济引擎都显示出放缓的态势：东部地区经济发展成本的不断上升导致其将长期处于产业调整和结构升级的阶段；西部地区除重庆、成都、陕西的渭河平原等地区外，大多数地区的重点将放在发展特色经济和生态保护方面;东北地区产业结构和国企改革步伐更加艰巨。另一方面，世界格局正在发生深刻变化，如何防控、化解中国经济各方面潜在的风险，尤其是经济下滑风险和金融风险，已成为重中之重。为保证就业和提升人民收入水平，实现经济平稳增长，中国需要依赖中部崛起以创造新的经济增长点，在推动中部地区产业转移、产业升级和城镇化的过程中，需要提高人民收入、拉动内需、消除外界不利因素的影响。2016年,《国务院关于促进中部地区崛起“十三五”规划的批复》发布，并将中国未来经济增长的两个抓手——新型工业化和新型城镇化——交给了中部地区。学者呼吁中部地区以此为契机，实现由“中部塌陷”向“中部隆起”的转变，解决中国区域经济协调发展和东西部发展压力的问题，促进我国全面建成小康社会和建设美丽中国，并最终实现中国梦的目标。[②]2019年5月，习近平就做好中部地区崛起工作提出了八点意见：一是推动制造业高质量发展；二是提高关键领域自主创新能力；三是优化营商环境；四是积极承接新兴产业布局和转移；五是扩大高水平开放；六是坚持绿色发展；七是做好民生领域重点工作；八是完善政策措施和工作机制。对于中部地区来说，只有在供给侧结构性改革上下更大功夫，在实施创新驱动发展战略、发展战略性新兴产业上下更大功夫，积极主动融入国家战略，才能不断增强中部地

---

① 刘怀丕. 抓住产业转移历史机遇 构建中原崛起工业筋骨——河南承接产业转移蓄积发展新动能[EB/OL].（2018-06-30）[2018-11-10]. http://www.xinhuanet.com/ fortune/2018-06/30/c_1123059986.htm.

② 邹士年. 中部崛起必将成为拉动中国经济增长的主引擎[EB/OL].（2017-12-21）[2019-05-06]. http://www.sic.gov.cn/News/460/8701.htm.

区综合实力和竞争力，更好促进区域协调发展，进一步增强高质量发展的重要动力源。[①]

第三，“一带一路”的历史机遇。2013年，中国提出共建“丝绸之路经济带”和“21世纪海上丝绸之路”（简称“一带一路”）的倡议，之后将其上升为国家战略。“一带一路”横贯中国东中西部、联通国际国内，以通路、通航、通商为突破口，给中国经济均衡发展提供了新契机。河南各城市承担了对接融入国家“一带一路”倡议或者服务国家“一带一路”倡议节点城市的责任。[②]这主要是因为河南地理位置得天独厚，是三条丝绸之路的交汇点。第一条是以中欧班列为主要依托的陆上丝绸之路。2013年，河南开通了直达德国汉堡、慕尼黑的中欧班列，构建了东联西进陆路通道，实现了每周去程8班、回程8班满载往返运行，货值、货重等主要指标保持全国中欧班列前列。第二条是以郑州—卢森堡航线为主要依托的空中丝绸之路。这条航线目前已实现每周18班全货机满负荷运行。第三条是一条以跨境电商为主要依托的网上丝绸之路。作为中国首批跨境电商试点城市，2017年，河南省省会郑州市的跨境电子商务交易总额超过了千亿元人民币。[③]诚如中国古话所说：“得时无怠，时不再来，天予不取，反之为灾。”“一带一路”带来的历史重大机遇正摆在中原地区面前。既然如此，河南就应该抓住机遇，利用好政策和财政资源，借助时代的东风，打个漂亮的翻身仗。

2011年以来，从中原经济区的发展走向以及面临的三大机遇，可以看出河南省的教育乃至中原教育正阔步前行，前景光明。一方面，中原地区正大踏步走向新型经济发展模式。这将大量增加对高水平人才的需求，而这些需求将会转化成高端人才的就业机会，借此中原地区可以吸引高端人才从其他地区流入，既弥补过去流出的人才损失，又吸引新人才流入，战略性地引导高端人才的流动和分布以实现地区均衡化。另一方面，大量高端人才流入中原地区，将对当地人力素质的

---

① 万鹏，任一林. 习近平部署推动中部地区崛起工作：做好我们自己的事情“最重要”（2019-05-23）[2020-05-29]. http://theory.people.com.cn/n1/2019/0523/c40531-31099821.html.

② 刘建军. 加快培育形成米字形中原城市群发展格局[J]. 决策探索（下），2015（25-26）：25-26.

③ 新时代的中国：与世界携手 让河南出彩[EB/OL].（2018-04-13）[2019-05-06]. http://ft.people.com.cn/fangtanDetail.do?pid=16733.

提升带来促进作用。如果中原地区教育不能做出相应的改革，不能快速提升当地人口的整体教育水平，那么中原地区人口将面临更大的劣势，甚至陷在“低端人口”的桎梏中。面对这些危机，中原地区别无选择，势必要进行教育改革。只有全面提高地区人口素质，才能肩负起国家经济转型的责任，才能增加扮演中转角色的可能性，然后再从中转角色转型为中心角色，创造出“得中原教育者得天下”的新格局。

五、中原教育与区域发展需要良性互动

2017年4月1日雄安新区的设立，是发生在河南省北边的最大事件。河北省雄安新区起步区面积约为100平方千米，远期控制区面积约为2000平方千米。[①]雄安新区的设立被称为千年大计，是继深圳经济特区、上海浦东新区之后又一具有全国意义的新区。雄安新区承载的使命就是创新，成为中国的“硅谷”，重点发展新一代信息技术产业、现代生命科学和生物技术产业、新材料产业、高端现代服务业、绿色生态农业。[②]《加快推进教育现代化实施方案（2018—2022年）》指出，要“创新体制机制，探索新时代区域教育改革发展的新模式。高起点高标准规划发展雄安新区教育，优先发展高质量基础教育，加快发展现代职业教育，以新机制新模式建设雄安大学”。2018年4月，《河北雄安新区规划纲要》发布，该纲要也对雄安新区的教育发展做出了规划，“优先发展现代化教育。按照常住人口规模合理均衡配置教育资源，布局高质量的学前教育、义务教育、高中阶段教育，实现全覆盖。引进优质基础教育资源，创新办学模式，创建一批高水平的幼儿园、中小学校，培育建设一批国际学校、国际交流合作示范学校。支持‘双一流’建设高校在新区办学，以新机制、新模式努力建设世界一流的雄安大学，统筹科研平台和设施、产学研用一体化创新中心资源，构建高水平、开放式、国际化高等教育聚集高地。统筹利用国内外教育资源，开展与国

---

① 受权发布：中共中央、国务院决定设立河北雄安新区（2017-04-01）[2020-05-29]. http://www.xiongan.gov.cn/2017-04/01/c_129769132.htm.

② 邢杰冉. 雄安新区明确产业发展重点[EB/OL].（2018-05-29）[2019-05-06]. http://www.xiongan.gov.cn/2018-05/29/c_129882119.htm.

际高端职业教育机构的深度合作，规划建设新区职业院校，建设集继续教育、职业培训、老年教育等功能为一体的社区学院”。雄安新区距离河南省的安阳市、濮阳市的直线距离仅300多千米，距离郑州市也只有600千米。从京广高铁的郑州东站至石家庄站，耗时仅约两个小时。而且河北省的邯郸市和邢台市就位于中原经济区范围之内。规划中的雄商高铁往返于雄安、商丘，全程也仅需约两个小时。高铁大大拉近了河南与雄安新区间的距离，为河南、河北的有机结合，创造了前所未有的便利条件。

雄安新区教育发展的未来图景暗示了中原教育接下来需要采取什么行动。

第一，从雄安新区对劳动人口、高级人才的虹吸作用，以及北京新机场及其周边地区对劳动人口、高级人才的虹吸作用上可以看出，未来的若干年里，中原地区培养的技术人口、高级人才有向北流动的可能。

第二，从雄安新区和中原地区的重点产业布局的相似程度上看，两地对人才的需求也有高度重合的可能。因此，中原地区和雄安新区极有可能互相吸引人才，也有可能其中一个更具吸引力。就雄安新区的千年大计的地位来看，中原地区与其被迫被雄安新区吸走人才，不如主动多培养两地共同需要的人才，以供建设之需。若想弥补自身高等教育的劣势，中原地区就更应该主动地在雄安新区建设的带动下，寻找获得更多资源的机会，如可以尝试定向为落户雄安新区的产业提供人才。

第三，中原地区的经济发展会促进人才流动。中原地区政府可以通过为企业输送人才的方式，促进企业和地区经济携手发展。让劳动人口、高端人才，向优质企业立足的地区流动，以期带动各地经济发展，拉动就业，推动城镇化进程。这也就要求高等教育体系、政府、企业信息渠道畅通，深入合作，互利共赢。

正如《河南教育现代化2035》强调的，以省部共建高校建设、郑州大都市区、晋陕豫黄河金三角区域和区域教育协作为重点，创新教育协同发展体制机制，推动形成区域教育事业发展新格局。建立健全与友好省（自治区、直辖市）、姐妹城市的教育交流磋商机制。全面推动与发达地区的战略合作，加快吸引、集聚优质高端教育资源。支持有条件的学校在外省（自治区、直辖市）开办分校或研究（生）院，鼓励各级各类学校发挥自身特色和优势，开展形式多样的国内教育交流与合作，增强办学实力和竞争力。

2019年3月，山西省人民政府、陕西省人民政府、河南省人民政府联合印发《山西省人民政府 陕西省人民政府 河南省人民政府关于印发切实加快晋陕豫黄河金三角区域合作工作实施意见的通知》。按照该通知，黄河金三角区域将合作发展教育事业，建设一批专业设备先进、培养能力强、教学质量高，并且能够发挥示范作用的实训基地，打造中西部地区具有较高知名度的职业技术教育基地；加强区域高等学校建设，提高办学水平和扩大办学规模，联合国内外名校共同打造一所综合性大学，鼓励国内重点大学到黄河金三角地区开展各种形式的联合办学。因为跨省，实现起来有一定的难度，特别是在选址的问题上，但希望这样的合作，能够实质性地推动中原教育发展，为实现中原崛起做出积极贡献。同时希望《高水平大学建设：国际借鉴与区域探索》的出版，能够为中原教育，特别是高等教育发展提供一些思路。

是为序。

李荣安（LEE，Wing On）
世界比较教育学会联合会前主席
郑州大学中原教育发展战略研究中心主任

目　录

第一章

导言：理论与现实共鸣

放眼今日的世界，高水平大学在促进国家经济发展、社会进步与提升国家核心竞争力方面起着越来越重要的作用，这种作用主要是通过大学职能的发挥来实现的。在人才培养方面，高水平大学是培养各类高素质优秀人才的重要基地，是培养创新型精英人才的摇篮。日趋激烈的国际竞争，归根结底是科技与人才的竞争，最终体现为教育的竞争。通过培养各类高素质优秀人才，尤其是创新型精英人才，实施创新驱动国家战略，高水平大学为国家经济发展、社会进步与综合国力的提升提供了强大的智力支撑。在科学研究方面，高水平大学是科学研究，尤其是基础研究的重要场所，是知识发现与科技创新的重要力量。通过科学研究，大学为国家经济发展和社会进步提供源源不断的动力。在社会服务方面，高水平大学与政府及产业之间有着越来越密切的合作关系。在生产、技术转让、科技园建设、委托研究等方面，高水平大学都有着得天独厚的优势，如通过产学研的有机结合直接把科研成果转化为生产力。此外，高水平大学还通过参与社区志愿服务等多种形式为当地经济社会发展做出贡献。高水平大学是先进思想和优秀文化的重要源泉。近代社会的先进思想几乎都是在一流大学中孕育的，本国优秀文化的传承和世界优秀文化的借鉴也多是通过大学这一载体得以实现的。因此，可以说，高等院校，尤其是高水平大学是经济发展和社会进步的“思想库”、“智囊团”和“动力源”，尤其是一流大学与高水平大学在高层次卓越人才的培养、探索未知、发展科学、开展高质量的社会服务等方面表现出的巨大作用日益明显，是经济发展和社会进步的最终依靠力量。

第一节　高水平大学建设的现实意义

1962年，日本科技史专家汤浅光朝通过对1501年以后世界范围的科学成果的统计分析发现，世界科学中心发生了四次大转移，即从意大利（1540—1610年）到英国（1660—1730年）到法国（1770—1830年）到德国（1840—1920年）再到美国（1920年以后），每次的时间为60—80年。这一发现被称为“汤浅现象”。近现代世界高等教育中心也经过了意大利（约1210—1530年）到英国（约1550—1650年）到法国（约1750—1810年）到德国（约1810—1890年）再到美国（约1910年至今）的四次转移过程。从近现代世界高等教育中心和科学中心的关系来看，一般高等教育中心形成于科学中心之前，高等教育中心的转移会直接或者间接地导致科学中心的转移。大学的兴衰和大国的兴衰有着惊人的一致性。

一、建设高水平大学是国家的战略性选择

党的十九大报告强调，“建设教育强国是中华民族伟大复兴的基础工程，必须把教育事业放在优先位置，深化教育改革，加快教育现代化，办好人民满意的教育”。这一重要论述深刻揭示了教育在全面建设社会主义现代化强国、实现中华民族伟大复兴中国梦中的重要战略地位。建设一流大学和一流学科，实现高等教育内涵式发展，注重各方面质量和软实力的提升，不仅有利于中国高等教育综合实力和国际竞争力的提升，更有利于真正实现从高等教育大国向高等教育强国的转变。高水平大学的建设是建设高等教育强国的必然路径，对社会发展产生的引领作用、推动作用日益显著。纵观世界发展史，很多国家的高水平大学都在国家危难、民族复兴和经济振兴的关键时刻，起到极其重要的作用。柏林大学对德国在19世纪的崛起，约翰·霍普金斯大学等一批高水平大学对美国在20世纪的强盛，东京大学等对日本

在20世纪60年代后的赶超都发挥了重要作用。在当今的知识经济和全球化时代，大学已经完全融入社会发展进程之中。大学与国家发展的同行关系已经超越历史上的任何阶段。高水平大学在促进经济社会发展、增强综合实力和国际竞争力、提升生活质量及个人成长中所起的关键作用越来越突出，成为一个国家重要的引领性支撑力量，有义务承担起历史赋予其的使命和战略任务。

二、高水平大学是创新型人才集聚的基地

创新是引领发展的第一动力，是建设现代化经济体系的战略支撑。创新型国家的主要标志是科技和人才成为国力强盛最重要的战略资源，劳动生产率、社会生产力提高主要依靠科技进步，而科技进步的核心在于人才资本的提升，特别是高层次创新型人才。目前，世界上公认的20个创新型国家和地区（瑞士、英国、德国、芬兰、爱尔兰、丹麦、瑞典、挪威、奥地利、比利时、法国、荷兰、美国、加拿大、日本、韩国、中国台湾、以色列、新加坡、澳大利亚）拥有全世界85%的各学科领域引用率最高的原创性人才，而这些国家和地区71%的原创性人才聚集在该国和地区的高水平大学。[①] 这些国家和地区的创新综合指数明显高于其他国家和地区，科技进步贡献率在70%以上，研发投入占 GDP 的比例一般在2%以上，对国外技术依存度指标一般在30%以下。[②]

三、高水平大学是创新性成果产出的源泉

高水平大学是知识发现和科技创新的重要力量，是先进思想和优秀文化的重要源泉，是培养各类高素质优秀人才的重要基地，是服务经济社会发展的重要支撑，并把认识未知世界、探索客观真理、勇于担当、敢为人先作为追求卓越的出发点。国家的自主创新能力越强，国际竞争力也就越强。高水平大学是创新能力最强的大学，是理论创新、制度创新和科技创新的引擎，在基础性、前沿性科学研究中做出

① 周倩，张亚琼. 建设高水平大学的缘由、实践与比较[J]. 中华医学教育探索杂志，2011（1）：22-28.

② 张田勘. 科技创新才能造就创新型国家[EB/OL].（2016-06-03）[2019-02-02]. http://opinion.china.com.cn/opinion_90_149990.html.

了卓越贡献。《自然》（*Nature*）和《科学》（*Science*）杂志上，50%的论文由世界排名前100名的大学发表；76%的诺贝尔科学奖也由世界100强大学获得；对国计民生产生重大影响的科技成果，有70%是在一流大学中产生的。①

第二节　高水平大学建设的理论架构

一、高水平大学的评价标准

关于什么是高水平大学，尚存争议。一些新闻媒体和专门机构对大学的基本特征进行了概括和综合，给出了大学的评价指标。在诸多世界大学排名中，世界大学学术排名（Academic Ranking of World Universities, ARWU）、THE世界大学排名（Times Higher Education World University Rankings）、QS世界大学排名（QS World University Rankings）和U.S. News全球最好大学排名（U.S. News & World Report Best Global Universities Rankings）是目前较为公认的四大世界大学排名，其评价指标分别见表1-1至表1-4。评价得分越高，表明大学的排名越靠前，水平越高，影响力越大。

表 1-1　ARWU 的指标体系及其权重

评价指标		权重/%	备注
教育质量	获诺贝尔奖和菲尔兹奖的校友的折合数	10	校友：在该校获得学士、硕士或博士学位 折合方法：2001 年以后获得学位者折合权重 100%，2001 年以前，每十年权重值减去 10%
教师素质	获诺贝尔奖和菲尔兹奖的教师的折合数	20	获奖时需在该学校工作，折合方法同上；若某学者同时任职于多所学校，则每一个学校得分为任职学校数之倒数
	高被引学者数	20	数据来自科睿唯安

① 刘念才，周玲. 面向创新型国家的研究型大学建设研究[M]. 北京：中国人民大学出版社，2007：5.

续表

评价指标		权重/%	备注
研究成果	《自然》《科学》发文折合数	20	只使用近 5 年数据
	被 SCI 和 SSCI 收录的论文数	20	
师均表现	师均学术水平	10	上述 5 项得分之和除以学校的全职教师总数

资料来源：排名方法[EB/OL]. [2018-12-31]. http://www.zuihaodaxue.com/ARWU-Methodology- 2018.html.

表 1-2　THE 世界大学排名的指标体系及其权重

一级指标	二级指标	权重/%
教学（学习环境）	声誉调查（数据通过调查问卷获得）	15
	师生比	4.5
	博士学士比	2.25
	师均博士学位授予数	6
	师均收入（以购买力衡量来评估收入）	2.25
科研（体量、收入与声誉）	声誉调查	18
	师均科研收入	6
	师均科研论文产出（数据来自爱思维尔、Scopus 数据库）	6
被引次数（研究影响力）	研究影响力（归一化的影响因子）	30
国际视野（员工、学生和研究）	国际国内学生比	2.5
	国际国内教师比	2.5
	含国际合作者的论文比（与被引次数比较口径一致）	2.5
产业收入（创新-知识转移）	师均来自产业的科研收入	2.5

资料来源：The World University Rankings. World University Rankings 2018 Methodology [EB/OL]. (2017-08-29) [2019-03-17]. http://www.timeshighereducation.com/world-university-rankings/methodology-world-university-rankings-2018.

表 1-3　QS 世界大学排名的指标体系及其权重

评价指标	权重/%	备注
学术领域同行评价	40	数据通过问卷调查获得
全球雇主评价	10	数据通过问卷调查获得
教师学生比	20	
师均被引	20	数据来自爱思维尔、Scopus 数据库
国际学生比例	5	
国际教师比例	5	

资料来源：Quacquareli Symonds. QS World University Rankings [EB/OL]. (2018-08-10) [2019-02-19]. http://www.qs.com/ rankings/.

表 1-4 U.S. News 全球最好大学排名的指标体系及其权重

评价指标	权重/%	备注
全球研究声誉	12.5	
区域研究声誉	12.5	
学术论文发表	10.0	
专著	2.5	
学术会议	2.5	
标准化引用影响力	10.0	综合考虑了研究领域、发表年份、发表类型等因素
总被引次数	7.5	Web of Science
前 10%高被引文献	12.5	Web of Science
前 10%高被引文献占比	10.0	
国际合作	10.0	在给定时期内，国际合作发表论文占院校总发文的比率
前 1%高被引论文数量	5.0	Web of Science
前 1%高被引论文占比	5.0	Web of Science

资料来源：Robert M，Alexis K. How U.S. News Calculated the Best Global Universities Rankings [EB/OL]. (2017-10-23) [2019-05-29]. http://www.U.S.News.com/education/best-global-niversities/articles/methodology.

二、高水平大学的基本特征

根据上述大学排名的指标体系，一些学者总结了高水平大学或者一流大学的共同特征。本书认为，高水平大学的特征有七个：①先进的办学理念，包括办学定位、办学目标、办学策略等。不仅致力于国家和地区发展，更致力于为全人类贡献思想和成果。②优越的办学环境，包括教室、图书馆、教育经费等硬实力以及大学精神、大学文化、治理结构、管理制度、服务水平、知名度和声誉等软实力。秉承学术自由理念，提供利于学术争鸣、学科交叉、学术共享的平台。③高水平的人才培养，包括学生生源质量、知名校友、就业率等。开展的是精英高等教育，本科生师生比约为1：5。④高水平的师资队伍，包括教师队伍的学历结构、职称结构、层次结构等。教授占专任教师的比例约为35%（表1-5至表1-7），教师与职员的比例约为1.3：1（表1-8）。⑤高水平的科学研究，包括科技实力、科技经费收入、技术转移等。有高质量的论文产出和高被引率，在国家和世界级奖励中有优异表现。⑥高水平的学科专业，包括学科排名、重点学科数量等。在国家学科评估中的 A 类以上学科和在基本科学指标（Essential Science Indicators，ESI）数据库学科排名中数量占优。⑦高水平的国际合作，包括国际科研合作、办学合作、学术会议、留学生等。国际教师数量和留学生数量以及合作科研成果产出表现突出。

表 1-5　高水平大学教授队伍的占比（学校）

学校	教授占比/%
清华大学	40.9
北京大学	35.2
哈佛大学	41.0
东京大学	34.2
剑桥大学	37.4

数据来源：周倩. 一流大学教授队伍数量结构的比较与启示[J]. 现代教育管理，2009（8）：64-66.

表 1-6　高水平大学教授队伍的占比（国别）

国家	教授占比/%
日本（私立大学）	37.6
美国（名牌大学）	36.2
中国（“985 工程”高校）	27.4

资料来源：周倩. 一流大学教授队伍数量结构的比较与启示[J]. 现代教育管理，2009（8）：64-66.

表 1-7　麻省理工学院教学人员类别和人数（2019 年 5 月）

教学人员类别	人数/人
教授	663
副教授	226
助理教授	167
高级讲师、教师和荣誉教授	705
助教，包括技术助教	170
实践教授和兼职教师	36
合计	1964

资料来源：Faculty and Staff[EB/OL].（2019-04-23）[2019-05-29]. http://web.mit. edu/facts/faculty.html.

表 1-8　麻省理工学院教职工类别和人数（2019 年 5 月）

教职工		人数/人
教学和研究人员	教师	1 056
	其他学术人员	4 435
	研究人员	1 726
管理和服务人员	管理人员	2 854
	保障人员	1 655
	服务人员	838
	临床与医疗人员	143
合计		12 707

资料来源：Faculty and Staff[EB/OL].（2018-12-23）[2020-02-08]. http://web.mit. edu/facts/faculty.html.

从表1-7可以看出，麻省理工学院共有教授663人，约占教师总数的34%。

从表1-8可以看出，麻省理工学院教学和研究人员为7217人，管理和服务人员为5490人，比例约为1.3∶1。2018—2019学年，麻省理工学院共有学生11 574人，其中，本科生有4602人，研究生有6972人，本科生师生比约为1∶3。①

2017—2018学年，麻省理工学院共有来自92个国家和地区的学者2345人，其占比情况见表1-9，其中，75%为男性学者，25%为女性学者。

表 1-9　麻省理工学院国际学者地区分布（2017—2018 学年）

地区	占比/%
亚洲	44.0
欧洲	35.5
中东	8.5
北美洲	5.0
墨西哥、拉丁美洲及加勒比海地区	4.5
非洲	1.5
大洋洲	1.0

资料来源：Faculty and Staff[EB/OL].（2019-04-23）[2019-05-29]. http://web.mit.edu/facts/faculty.html.

① MIT FACTS[EB/OL].（2019-04-23）[2019-05-29]. http://web.mit.edu/ facts/faqs.html.

三、高水平大学的层次类型

据统计，全世界有各类高等教育机构12万多个。2011年，周倩和张亚琼提出，“根据通例，综合实力位居全世界前5‰（前600位）的大学是世界知名高水平大学；综合实力位居全世界前2.5‰（前300位）的大学是世界著名高水平大学；综合实力位居全世界前1‰（前120位）的大学是世界顶尖大学。他们把排名在世界前100位的大学称为世界一流大学。我国建设世界高水平大学应该以世界前100位的大学为参照对象”①。也有人认为，参照国际上通行的划分标准，世界前100位的大学为世界顶尖大学，101—300位为世界高水平著名大学，两者合称为“世界一流大学”。②随着形势的变化，这几年ESI成为判断高水平大学和一流学科的重要标准，我国也公布了第四轮学科评估的结果。在这里，笔者把高水平大学分为国内高水平大学和世界高水平大学。第一种分类方式为，在前述四个国际知名大学排行榜中，排在世界第301—500位的为世界知名的高水平大学，第101—300位的为世界著名的高水平大学，第51—100位的为世界卓越的高水平大学，前50位的为世界顶尖的高水平大学；第二种分类方式按ESI标准和国内学科评估获得A–以上的学科数量进行分类；第三种分类方式以“211工程”大学和“985工程”大学为标准进行分类（表1-10）。

表1-10 高水平大学分类

总分类	二级分类	“985工程”“211工程”大学	A–以上学科数量/个	ESI前1%学科数量/个	ESI前1‰学科数量/个	ESI前1‱学科数量/个
国内高水平大学	国内知名大学	73所“211”工程大学	—	—	—	—
	国内著名大学	30所“985”工程大学	—	—	—	—
	国内一流大学	7所“985”工程大学*	15以上	—	—	—
	国内顶尖大学	清华大学、北京大学	30以上			
世界高水平大学	世界知名大学	—	—	11	2	
	世界著名大学	—	—	15	5	1
	世界卓越大学	—	—	18	8	2
	世界顶尖大学	—	—	20	11	3

注：*指的是复旦大学、上海交通大学、南京大学、浙江大学、中国科学技术大学、哈尔滨工业大学、西安交通大学。

① 周倩，张亚琼. 建设高水平大学的缘由、实践与比较[J]. 中华医学教育探索杂志，2011（1）：22-28.

② 刘金秋. 国家创新体系视野下的世界一流大学建设——以北京大学为例[J]. 北京教育（高教版），2016（3）：12-15.

上述是一个简单分类，目的是更好地框定一个范围，划定相对较为清晰的边界，确定河南省建设高水平大学追赶的目标。因为，笔者认为，高水平大学既是一个相对的概念，每个层次都有高水平大学，也是一个区域性的概念，各地方都有高水平大学。本书所指的高水平大学主要是在国内有省域引领示范作用或在国际上有一定影响力的高校。国内高水平大学和世界高水平大学是有交叉的（图1-1）。随着我国经济社会的快速发展，到2050年建成高等教育强国时，会有更多的国内高水平大学成为世界高水平大学。从现阶段到2050年，河南省建设高水平大学的短期目标应达到30所“985工程”高校水平（2030年），中期目标应达到7所“985工程”高校或者世界知名大学水平（2040年），远期目标应达到世界著名大学水平和世界顶尖大学水平（2050年）。表1-11和表1-12的数据可以为上述分类提供一些依据。

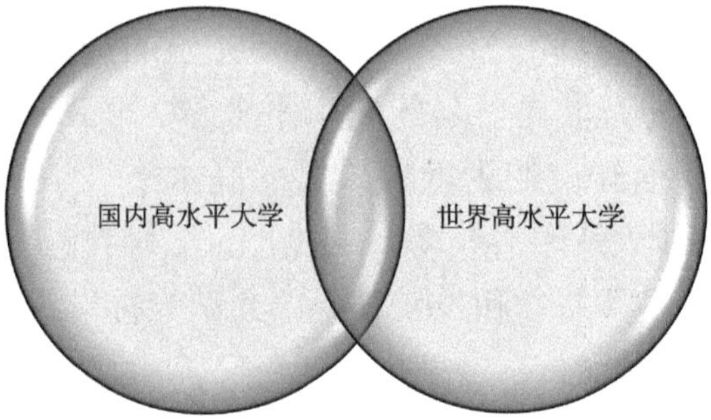

图 1-1 国内高水平大学和世界高水平大学的关系

表 1-11 第四轮学科评估 A 类学科数量排名 单位：个

排名	学校	A+	A	A−	A 类合计
1	浙江大学	11	11	17	39
2	清华大学	21	8	8	37
3	北京大学	21	11	3	35
4	上海交通大学	5	10	10	25
5	复旦大学	5	8	10	23
6	南京大学	3	11	7	23
7	武汉大学	4	4	11	19
8	哈尔滨工业大学	3	5	9	17
9	四川大学	1	1	14	16

续表

排名	学校	A+	A	A–	A 类合计
10	北京师范大学	6	2	7	15
10	中国科学技术大学	7	2	6	15

资料来源：全国第四轮学科评估结果公布[EB/OL].（2017-12-28）[2019-05-29]. http://www.cdgdc.edu.cn/xwyyjsjyxx/xkpgjg/.

表 1-12　高水平大学顶尖学者、ESI 学科、教学与科研人员等的数量

学校	诺贝尔奖获得者/人	ESI 前 1‱学科/个	ESI前1‰学科/个	ESI 前 1%学科/个	教学与科研人员/人	研究与发展人员/人	在校博士生/人
哈佛大学	48	9	20	22	12 800	—	15 250
麻省理工学院	89	4	12	21	7 193	—	3 942
清华大学	1	1	6	19	5 506	4 700	13 081
北京大学	1	0	8	21	13 772	6 081	10 401
南京大学	0	0	2	17	2 134	1 493	5 656
北京师范大学	1	0	0	14	1 457	1 204	4 200*
中国科学院大学	0	2	7	17	—	—	23 289
上海交通大学	0	1	7	19	13 054	7 594	6 719
哈尔滨工业大学	0	1	2	11	3 679	3 377	5 197
浙江大学	0	1	8	18	11 115	3 667	9 537
中国科技大学	0	0	4	13	2 442	2 397	5 091
华南理工大学	0	0	4	9	2 836	1 653	3 084
复旦大学	0	0	4	19	9 404	5 949	5 955*
华中科技大学	0	0	3	15	8 479	3 235	7 288
天津大学	0	0	3	9	2 794	1 927	3 896
中山大学	0	0	2	19	14 457	6 387	5 742
四川大学	0	0	3	17	9 627	5 305	—
西安交通大学	0	1	2	14	6 661	2 125	—

注：ESI 数据截止到 2019 年 5 月 9 日。*表示因为没有官方公布数据，根据该校每年发布的招生数量大致核算而得。

资料来源：全面解读哈佛大学[EB/OL].(2016-07-25)[2019-05-23]. http://wenku.baidu.com/view/70ebc5f914791711cd7917ed.html?from=search/；麻省理工学院专职科研人员与专任教师的对比研究[EB/OL].（2016-01-02）[2019-05-23]. http://wenku.baidu.com/ view/8383f5ee58fb770bf68a5592.html（哈佛大学 2017 年在校研究生数据，诺贝尔奖获得人数是 2017 年的统计数据，复旦大学为 2014—2017 年的博士研究生招生总数，北京师范大学是咨询该校研究生院获得的数据）；软科．最新 ESI 各高校学科数统计出炉！附前 1‰和 1‱学科名单[EB/OL].(2019-05-11)[2019-05-23]. http://www.sohu.com/a/313269234_111981?sec=wd&spm=smpc.author.fd-d.8.1558612865968WFgK3f5；高等学校科技统计资料[EB/OL]. (2017-05-11) [2019-05-23]. http://www.moe.edu.cn/s78/A16/A16_tjdc/201703/t20170303_298076.htm/.

四、高水平大学的形成机理

高水平大学核心竞争力的形成是社会环境多种因素、学校内部多种条件、学校运行和管理等多个要素和多个阶段动态复合作用的结果（图1-2、图1-3），要科学定位、合理配置资源、优化管理，产出更多的原创性成果，不断培育学科特色，逐步形成比较优势。其中，资源竞争力是基础，包括人才、经费、设施等；管理竞争力是关键，包括管理人员人数、素质、制度、组织等；学科竞争力是目标，包括平台、项目、成果等；文化竞争力是核心，包括精神文化、制度文化、物质文化等。因此，要尊重高水平大学的形成规律，循序渐进，为高水平大学建设创造良好的竞争和发展环境。

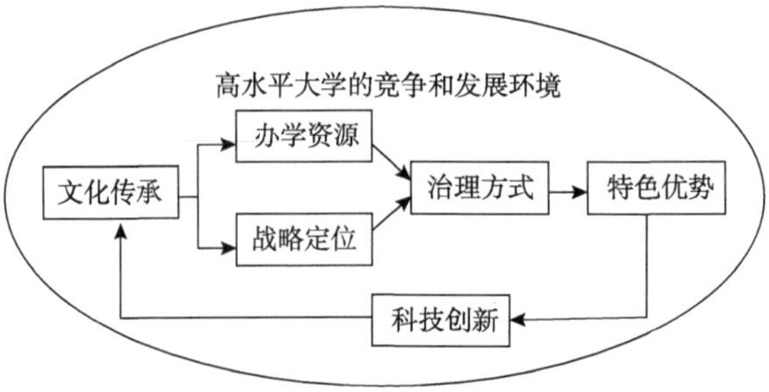

图 1-2　高水平大学的形成机理

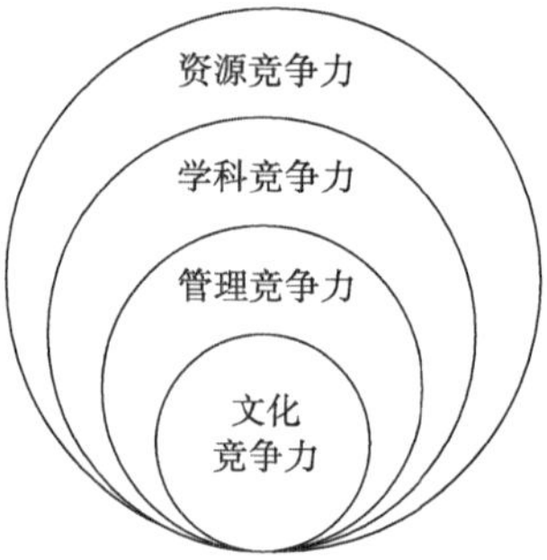

图 1-3　高水平大学核心竞争力形成的层次关系

五、高水平大学的互动模型

世界是一个相互联系的有机系统，任何个人和组织都不可能脱离其他事物而独立存在，高水平大学的发展也不例外。作为独立的正式组织，大学承载着一个国家或城市的文化和精神。在当今激烈的竞争环境中，大学能够生存和得到长足的发展，并非完全封闭孤立的，而是在与外部要素互动系统和内部要素互动系统主体的互动中得到发展的。

在大学与外部要素互动系统中（图1-4），中间的主体是大学，能够与大学同等互动的主体是政府和市场（社会）。左边的上行箭头代表政府对大学的政策扶持和资金支持，下行箭头代表大学对政府文化建设的贡献。右边的上行箭头代表大学通过向市场（社会）输入人才、技术来促进市场（社会）发展，下行箭头代表市场（社会）通过物质、环境支持反馈大学，为大学发展提供物质基础。这说明，只有在政府、大学与市场（社会）的交互作用下，才能实现各方共同的发展目标；只有高水平大学的外部要素互动系统是良性的互动体系，才能实现主体在发展上的共赢。

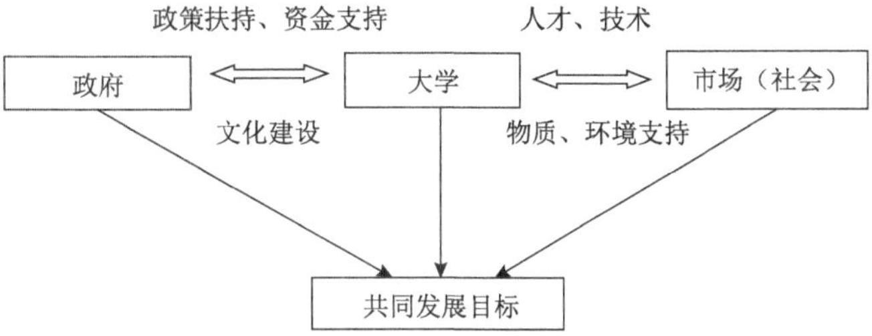

图 1-4　大学与外部要素互动系统

在大学内部要素互动系统（图1-5）中，主要有三种互动主体，即教师、学生、管理者。双向箭头代表二者之间的互动行为。此三者中，两两之间都进行着不同程度的互动，教师和管理者之间、师生之间、管理者和学生之间主要通过互动进行教学活动、管理活动和服务活动，维持学校的正常运转和保证学校基本功能的实现。一所大学中，教师和学生之间的互动传播了教育理念、教育内容和教育思想。高水平大学的三个互动主体的互动一定是良性而积极的。

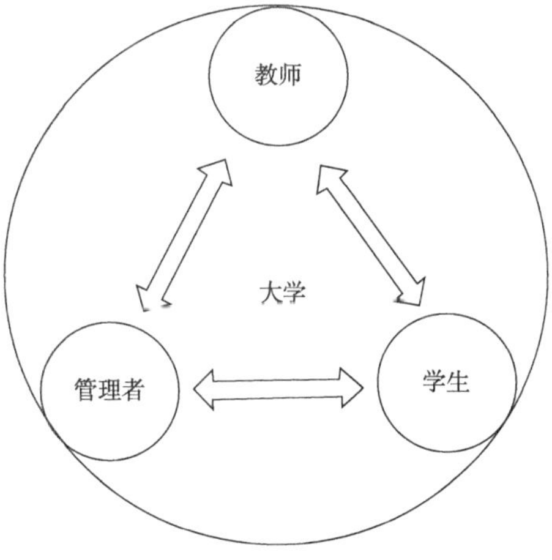

图 1-5　大学内部要素互动系统

第三节　高水平大学建设的基本思路

香港中文大学创任校长金耀基在《大学之理念》中提出，“如果华人社会没有一百间以上的第一流大学，就很难想象二十一世纪会是华人的世纪。现代化最终的动力与实力是知识，也即是教育，特别是大学教育”[①]。经过“211工程”、“985工程”和“双一流”建设的持续投入，我国高水平大学建设成效显著。截止到2018年，我国发表在各学科最具影响力国际期刊上的论文数量连续8年排在世界第2位。[②]《国家中长期科学和技术发展规划纲要（2006—2020年）》明确提出，要加快建设一批高水平大学，特别是一批世界知名的高水平研究型大学。《国家中长期教育改革和发展规划纲要（2010—2020年）》指出，要建成一批国际知名、有特色、高水平的高等学校，若干所大学达到或接近世界一流大学水平，高等教育国际竞争力显著增强。我们对此应有清醒的认识，建设高水平大学是一个国家或地区经济社会发展到一定水平的标志和产物，也是大学自身顺应社会需求和内在发展规律的需要，不仅需要集中的、高强度的投入，更需要长时间的积累。

一、整合优质资源重点建设

中华人民共和国成立后，重点建设在多数时间成为大学建设的主旋律。为什么对大学进行重点建设？因为高水平大学对国家的经济社会发展起着关键作用。重点建设取得的社会效益和经济效益十分显著，但是建设周期长，紧迫性强。尽管我国的综合实力已经排在世界前列，然而大而不强的特征仍较明显。一定时期的国力是有限的，在高等教育发展上必须区别轻重缓急，集中优质资源，坚持重点建设战略，集中力量发展大学体系的最顶层，只有高质量、高水平地建设大学，才能带动所有高等学校加快发展。

① 金耀基. 大学之理念[M]. 北京：生活・读书・新知三联书店，2001：159-160.

② 刘垠. 国际顶尖学术期刊发表论文数量中国第四[N]. 科技日报，2018-11-02（3）.

二、培育学校优势特色

特色是一种事物显著区别于其他事物的风格和形式，是由事物赖以产生和发展的、特定的、具体的环境因素所决定的，是其所属事物独有的。什么是优势？优势是相对的，体现为比较优势、后发优势、区域优势等，归根到底要有竞争优势，就是相对于竞争对手来说，更具有发展的可持续性。从逻辑学的角度看，特色与优势是交叉关系，有交集但并不是完全相等。有的优势是特色，有的特色是优势，有的特色不是优势。特色的形成常常来源于优势的凝练与升华，优势的形成常常来源于特色的增强和实力的增长。大学特色是指大学作为一个整体而呈现出来的系统性特征，是一所大学办学理念、办学目标、办学模式、办学举措区别于其他大学的表现，包含基础性特色、标志性特色两个方面，是兴校之源。[①]优势和特色相辅相成，统一于高水平大学建设的过程中，强化特色，扩大优势，大学、学科、学者形成各自的特色，营造良好的发展环境，形成持久的核心竞争力，是高水平大学发展的方向。

三、科学合理定位分类发展

长期以来，由于追求评估结果，我国部分高校存在着“千校一面”的现象、培养的学生呈现“千人一格”的现象以及学校发展模式趋同化的现象（综合性、研究型、国际化成为很多大学的办学目标，甚至发展规划、战略目标、指导思想、具体措施都很相似），不同类型、不同层次的大学同质竞争，同一定位、培养模式、人才培养方案、教材与课程体系、考核与评价标准，造成这种后果的主要原因是定位不准、办学缺乏个性，当然，与政策尚不完善也有很大关系。要避免大学走同质化的竞争道路，则要求每所学校科学定位，推动分类发展，并且将这种理念根植于整个学校的基因里，形成不同层次上你追我赶、竞相发展、相互超越的局面。

高水平大学建设的现实意义、理论框架（评价标准、基本特征、层次类型、形成机理、互动模型）和基本思路将为后面的研究提供技术支持和理论指导。本书以数据为支持，结合政策文本，主要采用比较研究

① 沈满洪. 彰显大学办学特色的三个层次[N]. 中国教育报，2015-12-14（9）.

和定量研究的方法，紧扣应用对策，为河南省乃至中原地区建设高水平大学提出意见和建议。

河南省是一个人口大省，与其他地区相比，其社会经济发展相对落后，高等教育发展水平不高，高等教育优质资源短缺。河南省正处在爬坡过坎、攻坚克难的过程中，经济增长将更多依靠人力资本质量和技术进步。毋庸讳言，虽然河南省是人口大省、高考生源大省，坐拥人力资源“富矿”，但人才的质量和数量与现实需求仍有很大差距，“富矿”并未能释放最大效益。河南省居民的文化素质水平远远低于经济发达地区的现状就是这一差距的代表性体现。2016年，河南省6岁及以上的总人口中，受过初中以下较低层次教育的人口占全省总人口的74.9%，高于全国平均水平（70.15%），在中部六省（湖南、湖北、山西、江西、安徽、河南）中排名倒数第二；而受过较高层次的高中和大专及其以上教育人口的比重仅为25.1%，低于全国平均水平（29.85%）。①这种较低的居民文化素质水平对于实现决胜全面建成小康社会和实现中原崛起是个极大的挑战。因此，河南省第十次党代会报告提出实施人才强省战略，“把人才作为第一资源，树立大人才观，推进人才发展体制改革和政策创新，完善全链条育才、全视角引才、全方位用才的发展体系，最大限度解放和增强人才活力”②。而人才强省战略要想真正落到实地，就必须高度重视高等教育，尤其是高水平大学的人才支撑作用。总之，在新时代背景下，河南省高水平大学建设的机遇与挑战并存，任务异常艰巨，且迫在眉睫。

第四节　河南省高等教育发展取得瞩目成绩

近年来，河南省高等教育在艰难中前行，在曲折中发展，取得了重大成就，并在探索与改革发展中积累了诸多宝贵经验，尤其是进入高等教育大众化阶段以后，河南省在高校数量与规模、专职教师数量、普通高

① 中华人民共和国国家统计局. 中国统计年鉴 2016[M]. 北京：中国统计出版社，2017：45-47.

② 丁新伟. 用好人力资源“富矿”[EB/OL].（2016-11-04）[2019-02-01]. http://news.xinhuanet.com/local/2016-11/04/c_129350141.htm/2019-02-02.

等教育招生数量以及研究生招生比例等方面都实现了突破性进展。在高等教育发展过程中所取得的成绩为其未来的进一步发展奠定了良好的基础。

一、普通高校数量增多，高等教育总规模扩大

在教育政策的指导下，河南省普通高校数量逐步增多，高等教育总规模也逐年扩大（表1-13）。2008—2017年，河南省普通高校数量增加了50所，普通高校在校学生数增加了75.45万人。普通高校数量的增加与高等教育总规模的扩大有效增加了学生享受高等教育的机会，也为社会经济发展培养和输送了更多的高层次人才。

表 1-13　2008—2017 年河南省普通高校数量及其在校学生数

年份	2008	2009	2010	2011	2012	2013	2014	2015	2016	2017
普通高校数量/所	84	89	107	117	120	127	129	129	129	134
普通高校在校学生数/万人	125.02	136.88	145.67	150.01	155.9	161.83	167.97	176.69	187.48	200.47

资料来源：河南省教育厅. 河南省教育事业发展统计公报(2008—2017)[EB/OL]. (2018-08-23)[2019-02-01]. http://www.haedu. gov.cn/jygk/index.html.

二、高等教育招生规模扩大，研究生招生比例提高

2008—2017年，河南省高等教育招生总数增加了19.06万人，毛入学率达到41.78%，接近全国平均水平，研究生招生人数增加了0.99万人，研究生招生人数占高等教育招生总数的比例略有波动，整体呈上升态势（表1-14）。河南省高等教育招生总数的扩大直接增加了学生接受高等教育的机会，推进了教育公平和高等教育大众化进程。研究生招生数量反映高等教育的学术水平和人才培养的层次与质量。河南省研究生招生人数的逐年增多也表明了该省高等教育学术水平的提升以及接收和培养高层次人才能力的增强。

表 1-14　2008—2017 年河南省高等教育招生总数与研究生招生数

年份	2008	2009	2010	2011	2012	2013	2014	2015	2016	2017
高等教育招生数/万人	44.51	45.74	47.83	47.14	49.82	50.84	51.43	55.92	60.60	63.57
研究生招生人数/万人	0.85	0.99	1.07	1.08	1.17	1.22	1.28	1.36	1.43	1.84
研究生招生比例/%	1.91	2.16	2.24	2.29	2.35	2.40	2.49	2.43	2.34	2.89

资料来源：河南省教育厅. 河南省教育事业发展统计公报(2008—2017) [EB/OL]. (2018-08-23)[2019-02-01]. http://www.haedu.gov.cn/jygk/index.html.

三、师资队伍不断扩大，专任教师结构整体得到改善

师资队伍是高等教育良好发展的重要条件和保障。专任教师数量与学历水平是师资队伍质量的重要衡量指标。表1-15的统计数据表明，2008—2017年，河南省普通高校专任教师数量稳步上升，总体数量增长近一倍。专任教师中的硕士学历比例也逐年提高，尤其是专任教师中的博士学历比例增幅明显，这为河南省高等教育师资力量的增强与学术水平的提升以及河南省高等教育的整体发展奠定了良好基础。

表 1-15　2008—2017 年河南省普通高校专任教师数量与学历结构

年份	2008	2009	2010	2011	2012	2013	2014	2015	2016	2017
专任教师数量/万人	6.49	7.15	7.75	8.2	8.647	9.09	9.51	9.8	10.29	10.84
硕士学历教师比例/%	39.9	41.4	43.6	46.2	47.9	49.6	51.2	52.9	53.4	54.9
博士学历教师比例/%	7.6	8.3	9.1	10.0	11.1	12.0	12.8	13.6	14.5	15.2

资料来源：河南省教育厅. 河南省教育事业发展统计公报（2008—2017）[EB/OL].（2018-08-23）[2019-02-01]. http://www.haedu.gov.cn/jygk/index.html.

第五节　河南省高水平大学建设的背景动因

国家关于高水平大学建设和“双一流”建设的计划，社会经济发展对高层次创新人才的需求以及建设高等教育强省、强国的发展目标是河南省高水平大学建设的根本依据，同时，这些依据也蕴含和反映了河南省高水平大学建设的重大意义。

一、落实高水平大学建设和“双一流”建设计划

合理统筹配置有限的教育资源，推动高等教育质量的提升，充分发挥高等教育服务个人与经济社会发展的双重功能是国家义不容辞的使命与责任。继“211工程”和“985工程”之后，国务院于2015年10月24日印发《统筹推进世界一流大学和一流学科建设总体方案》，决定重点建

设世界一流大学和一流学科，以推动我国实现从高等教育大国向高等教育强国的历史性转变。2017年9月，《教育部 财政部 国家发展改革委关于公布世界一流大学和一流学科建设高校及建设学科名单的通知》公布了世界一流大学和一流学科建设高校及建设学科名单。为策应国家“双一流”建设计划，中央与地方相继启动了高水平大学建设。

二、推动科学技术创新，服务经济与社会发展

作为科技第一生产力和人才第一资源的重要结合点，高等教育在国家发展中具有十分重要的地位和作用。① 高等教育的外部关系规律告诉我们，作为社会的子系统，高等教育必须履行服务经济社会发展的责任与义务，社会的转型、科技的创新、产业结构的优化与升级都需要高等教育的人才供给、知识创新与直接服务。高水平大学是高质量人才和知识的重要聚集地。纵观世界高等教育的发展历史，高水平大学，尤其是世界一流大学为经济社会发展培养出了一批批卓越的高质量人才，并在科学研究、科技创新与社会服务等方面做出了突出贡献。在国家创新体系建设的宏观架构中，高水平大学的科技创新及服务、创新创业型人才的培养与输出不仅关乎实现我国经济高速增长、产业高端发展的重要战略目标，也是经济社会走出中等收入陷阱，真正迈向自主创新的必由之路。② 当前，河南省国家战略规划实施和战略平台建设、“四个全面”战略布局和战略目标的实现、供给侧结构性改革的深化、健康中原建设的推进，都需要以科技创新为动力、以高素质劳动者和拔尖创新人才为基础。

三、促进高等教育现代化，建设高等教育强省

教育对经济发展和社会进步有着巨大的推动作用，这种作用因时间和地域的差异而有所不同。现有研究表明，从地域角度来看，同一时期，初等教育对经济相对落后地区的作用远远大于发达地区；从时间角度来看，在同一地区，随着经济的发展和社会的进步，各层次教育对经济发展和社会进步的作用也会发生变化，主要表现在基础教育和初等教育作用相对减

---

① 胡锦涛. 在庆祝清华大学建校100周年大会上的讲话[N]. 人民日报，2011-04-25（2）.

② 黄彬. 高水平大学建设：行动背景与核心议题[J]. 高教探索，2016（1）：11-15.

弱，高等教育的作用逐渐加强。[①]教育，尤其是高等教育作为经济发展和社会进步的最终依靠力量，地区间高等教育水平、资源、投资能力的差别也决定了未来地区间经济发展的格局。因此，对于地区，尤其是欠发达地区而言，要想尽快实现经济社会的快速发展，必须高度重视高等教育的发展，尽快创建区域内具有国内或国际影响力的一流大学，这对带动经济发展和社会进步、提升区域内居民的受教育程度和水平具有异乎寻常的意义。

建立兼具中国特色与世界水平的高等教育现代化格局是我国高等教育发展的重要诉求，也是当前及未来高等教育改革和发展的方向和目标。全球化时代教育国际化背景下，大学的人才培养规格和素质、知识创新与服务水平只有具有全球视野和国际标准，才能在世界高等教育发展格局中占有一席之地；也只有不断推进我国高等教育的现代化，才能真正实现高等教育强国的目标。高水平大学是一个区域高等教育发展水平的主要体现，更是整个国家高等教育发展和综合竞争力的重要标志。近几十年，我国高等教育发展迅速，高等教育大众化水平显著提升，高校和学科综合实力明显增强，重大科研成果和创新领军人才不断涌现，高校已成为我国创新发展强有力的驱动力量，但与世界很多国家的高等教育发展水平的差距仍比较显著。鉴于在一定时期内教育资源的有限性，高水平大学建设恰恰是聚集有限的优质教育资源，快速且有效提高我国高等教育质量，以部分带动整体高等教育发展，进而缩小与高等教育强国差距的必选路径。因此，建设一批具有中国特色并具有国际面向性的高水平大学，充分发挥高水平大学的引领作用，是推动河南省高等教育现代化，从高等教育大省转向高等教育强省，开启新时代河南省全面建设社会主义现代化新征程、让中原地区更加出彩的重大战略选择。

第六节　河南省高水平大学建设的迫切需要

河南省高等教育改革已进入深水区，高等教育自身发展还存在一些亟

① 郑永扣. 大学发展战略：理念、目标与管理[M]. 北京：人民出版社，2006：231.

待解决的问题：高等教育改革发展理念还比较落后，主动融入、服务经济社会发展的能力还不够强，治理能力和治理体系现代化进程推进滞后，等等。基于河南省高等教育存在的诸多问题，反观国内高等教育发展强省“双一流”建设的现状，眺望国外高等教育发展强国建设、世界一流大学建设的趋势，当前河南省建设高水平大学的紧迫性前所未有。

一、河南省经济社会发展的需要

高水平大学建设是实现河南省高等教育强省战略目标的根本要求，即通过河南省高等教育的强大为河南省的整体发展和强大提供支撑和动力。高等教育的外部关系规律决定了高等教育与经济发展相辅相成、相互制约。经济与社会的发展所形成的劳动力结构，只有教育为之提供相吻合的人才结构，才能实现经济与社会的良好发展，甚至高层次优秀人才的培养能带动各行业领域的变革与创新，推动产业结构的优化升级，促成经济的蓬勃发展。“知识的保存、创收、应用和创新，文明的传承和进步，人才的发掘与培育，科学的发现和支持更新，无一不以高等教育为基础和平台”①，正是认识到一流大学对河南省发展的巨大意义，有学者呼吁，“希望国家关心支持河南的‘双一流’大学建设，即在河南建设若干一流学校和一流学科。河南有一亿多人口，大学是人才培养的基地、创新的基地、人才集聚的高地，‘双一流’大学建设，对河南的经济发展具有重要支撑作用，对河南长远发展意义巨大”②。

坚守精英教育理念的一流大学在卓越人才培养、促进科学发展和社会服务等方面都具有举足轻重的作用。世界各国高等教育的发展实践已充分证明，一流大学是精英人才的摇篮，是推动人类政治、经济、文化、科技进步的中坚力量。受过一流大学教育的人具有更强的创造力和创新精神，以及更加宽广的视野和专业思维，能够迅速而准确地把握行业动态和发展方向，进而成为行业创新的主体和发展方向的领军人物。③同时，一流大学是探索未知与探求真理的主力军，尤其是作为一流大学特

① 邬大光，赵婷婷，李枭鹰，等. 高等教育强国的内涵、本质与基本特征[J]. 中国高教研究，2010（1）：4-10.

② 李凤虎. 河大校长：盼国家支持河南省建设“双一流”大学[N]. 河南日报，2016-03-02（4）.

③ 郑永扣. 大学发展战略：理念、目标与管理[M]. 北京：人民出版社，2006：206.

色和优势的基础研究是实现科技创新与发展，促进生产力快速发展以及实现经济社会可持续发展的重要保证。同样，一流大学通过自己的实力和在社会上、产业界的良好声誉，与产业界和政府在生产、技术转让、科技园建设、委托研究等方面合作有着得天独厚的优势，成为一个国家走向世界的中转站和象征。[①]我国的北京、南京、武汉等部分经济发展水平较高区域对区域内高水平大学的依托与互动，也足以表明一流大学与高水平大学对区域经济发展的巨大意义。鉴于此，对于经济发展水平与高等教育发展水平同样落后的河南省而言，通过“双一流”建设提高高校在人才培养、科学研究与社会服务方面的能力、水平和效益已变得极为迫切。

当前，河南省正处在决胜全面建成小康社会、加快中原崛起、河南振兴、富民强省，全面推进“四个河南”（“富强河南、文明河南、平安河南、美丽河南”的简称）建设，让中原在实现中国梦进程中更加出彩的关键时期。在“一带一路”倡议背景下，河南的发展迎来了历史性的机遇。依托中原城市群，打造郑州内陆开放型经济高地；打造“中欧班列”品牌，建设沟通境内外、连接东中西的运输通道；建设航空港、国际陆港，开展跨境贸易电子商务服务试点；优化海关特殊监管区域布局，创新加工贸易模式，深化与沿线国家的产业合作；等等。这些改革与建设都在如火如荼地进行中。

决胜全面建成小康社会，实现中原崛起涉及经济、科技、教育、文化等方方面面，是全面的建设与崛起，关键在于创新驱动。科技创新是提高社会生产力和综合国力的战略支撑，处在国家发展全局的核心位置。为加快实施国家创新驱动战略，中共中央、国务院于2016年5月20日印发《国家创新驱动发展战略纲要》。在此需要指出的是，创新驱动的关键在高层次人才，而高层次人才培养的关键在高校。以郑州大学为龙头的河南省高等教育体系，是培养和造就高素质优秀人才的基础，是创新型人才的摇篮，是河南省知识发现、科技创新和推动科技成果向现实生产力转化的重要力量。而不得不指出的是，当下河南省高等教育与区域经济社会发展还不匹配。如果没有高水平大学和特色骨干大学，尤其是世界一流大学，河南省的经济、社会、科技和文化等就会受到极大限制而难以得到快速的、可持续的发展，河南省决胜全面建成小康社会，实现中

① 郑永扣. 大学发展战略：理念、目标与管理[M]. 北京：人民出版社，2006：209.

原崛起的宏图就可能落空，与兄弟省的差距也很可能越来越大。若要尽快实现经济社会的可持续发展，必须高度重视区域高等教育的发展，增强建设高水平大学、一流大学的责任感与使命感，尽快创建区域内具有国内或国际影响力的一流大学和一流学科。这样才能为河南省经济与社会转型提供大量的创新型人才，提供强有力的智力支撑。

河南省经济社会发展的落后由诸多因素造成，而优质高等教育资源的长期匮乏导致的人才培养质量偏低，未能给地方经济社会发展提供优质劳动力是其中重要因素之一。21世纪是以知识与信息为基础的知识经济时代，经济社会的发展对高层次人才的依赖更加凸显，尤其是创新型尖端人才对社会科技进步和行业的蓬勃发展具有决定性作用。在此背景下的国家现代化、工业化进程也不再仅仅依靠传统意义上的大规模生产与资源消耗，而主要依赖于运用知识与信息进行财富创造，优秀人才对知识与信息的掌握、更新、加工和应用显得尤为重要。自主创新能力是决定河南省从传统的农业大省转变为工业强省、科技强省、教育强省的核心要素，而自主创新能力的提升不但需要大批高层次的专业技术人才，更需要一批创新型的精英人才快速而准确地掌握最新知识与信息，开发有潜力的经济增长点，引领社会行业的发展方向，带动经济产业结构的优化升级，最终促进河南省经济社会的蓬勃发展。总之，积极推进高水平大学建设和“双一流”建设是促进河南省经济社会发展、实现中原崛起的必选路径。

二、传承并弘扬中原文化的需要

河南是中华民族的主要发祥地之一，拥有裴李岗文化、仰韶文化、龙山文化等令世人赞叹的史前文化。从中国第一个王朝夏朝在河南建都起，先后有20多个朝代定都于此，中国八大古都河南就有四个。中国古代四大发明中的指南针、造纸、火药三大技术均发明于河南。河南还诞生了老子、庄子、墨子、韩非子、商鞅、李斯、张良、张衡、杜甫、吴道子、岳飞等灿若星河的历史名人，经济社会文化发展曾几度达到鼎盛。在几千年的历史发展中，中原人民创造了灿烂的中原传统文化。作为中华文化核心的中原传统文化，在中华文化嬗变中处于主导地位。

除了优秀的中原传统文化外，河南省的红色文化资源也十分丰富，焦裕禄精神和红旗渠精神名扬海内外，从“将军县”新县到“小延安”竹沟，从永城陈官庄淮海战役纪念馆到林州红旗渠，从杨靖宇、吉鸿昌到彭雪枫，从焦裕禄、史来贺到任长霞[①]……从救亡图存的近代民主革命时期到实现中原崛起的社会主义建设时期，河南一直坚定地跟党走，中原儿女留下了一处处感天动地的革命遗迹。

2014年，《完善中华优秀传统文化教育指导纲要》中强调，“加强中华优秀传统文化教育，是深化中国特色社会主义教育和中国梦宣传教育的重要组成部分……加强中华优秀传统文化教育，是构建中华优秀传统文化传承体系，推动文化传承创新的重要途径……加强中华优秀传统文化教育，是培育和践行社会主义核心价值观，落实立德树人根本任务的重要基础”。习近平指出，“青年的价值取向决定了未来整个社会的价值取向，而青年又处在价值观形成和确立的时期，抓好这一时期的价值观养成十分重要”[②]。在2015年全国教育工作会议上，教育部部长袁贵仁强调，要“把社会主义核心价值观落小落细落实，培养具有坚定理想信念的社会主义建设者和接班人”。他指出，“社会主义核心价值观是兴国之魂。我们要实现的教育现代化是具有中国特色的现代化，社会主义核心价值观是中国特色的内核，是培养社会主义建设者和接班人的核心要义”，要“充分发挥中华优秀传统文化和革命传统文化的独特魅力，努力营造文化育人的浓厚氛围”[③]。教育部部长陈宝生也在2017年两会上着重强调优秀传统文化进校园，并将其“作为固本工程和铸魂工程来抓”。[④]

可以看出，传承中华优秀传统文化是落实社会主义核心价值观的重要载体。中原文化是中华优秀文化的核心内容，而这一切都有赖于教育，尤其有赖于高等教育完成文化的创新任务。没有高水平大学的建设，中

① 李东红 胡巨成. 红色资源遍布中原 河南推出五条红色旅游精品线路[EB/OL].（2014-09-21）[2019-02-02]. http://henan.people.com.cn/n/2014/0921/c351638-22382760.html.

② 习近平. 青年要自觉践行社会主义核心价值观——在北京大学师生座谈会上的讲话[EB/OL].（2014-03-26）[2019-02-10]. http://www.xinhuanet.com//politics/ 2014-05/05/c_1110528066.htm.

③ 教育部.全面深化综合改革 全面加强依法治教 加快推进教育现代化——袁贵仁部长在 2015 年全国教育工作会议上的讲话[EB/OL].（2015-01-22） [2019-02-02]. http://www.moe.gov.cn/publicfiles/business/htmlfiles/moe/moe_176/201502/ 183984. html.

④ 张烁. 两会“部长通道”传递好声音（部长说） [EB/OL].（2017-03-04） [2019-02-02]. http://news.cctv.com/2017/03/04/ARTIVdqmsDVvvffYkxF0e3fF170304.shtml.

原文化就不能得到极大的传承、发展和弘扬。不发展高质量的高等教育，中国特色社会主义教育和中国梦的宣传教育、中华优秀传统文化传承体系的构建、社会主义核心价值观的培育和践行都将遇到极大挑战，立德树人的效果很难得到充分体现。因此，必须高度重视和充分发挥高水平大学的作用，使它们在保存、传承与弘扬中原文化，培育和践行社会主义核心价值观方面发挥更大作用。

三、获取高质量教育资源的需要

教育可以切断代际贫困，也就是贫困的恶性循环链，为农村贫困地区培养新农民，为学习型社会培养新市民，是社会阶层实现合理流动的阶梯。因此，教育扶贫是最有效、最直接的精准扶贫。它不仅是国家扶贫开发战略的重要任务，也是实现教育公平和社会公正的重要方面。①随着我国高等教育大众化程度的进一步提高，我国在2—3年内将会迈入高等教育普及化阶段。人们对高等教育的需求不仅仅是对高等教育入学机会的需求的整体提高，而且对高水平大学入学机会的需求也将越加强烈。实际上，我国高考的竞争性不会随着高等教育毛入学率的增长而明显降低，其实质是对高水平大学入学机会的争抢。

河南省面积为16.7万平方千米，居全国第17位。2016年，全省经济总量首次站上“4万亿”台阶，GDP 达到4.02万亿元，持续保持在全国第五。② 2018年，河南省 GDP 比2017年增长7.5%③，增速高于全国平均水平0.9个百分点。2017年末，全省总人口有10 852.85万人，常住人口有9559.13万人，是全国人口第一大省④；相应的也是高校的生源大省，2018

① 钟慧笑. 教育扶贫是最有效、最直接的精准扶贫——访中国教育学会会长钟秉林[J]. 中国民族教育，2016（5）：22-24.

② 李东.河南省 GDP 首次突破 4 万亿元，稳居全国第五位[EB/OL].（2017-02-24）[2019-02-10]. http://hn.cnr.cn/zyjjq/20170224/t20170224_523619418.shtml.

③ 陈润儿. 2019 年河南省政府工作报告[EB/OL].（2019-01-23）[2019-02-10]. http://4g.dahe.cn/news/20190123440467.

④ 河南省统计局，国家统计局河南调查总队. 2017 年河南省国民经济和社会发展统计公报[EB/OL].（2018-02-28）[2019-02-10]. http://www.ha.stats.gov.cn/sitesources/hntj/page_pc/tjfw/tjgb/qstjgb/articlead6e17ff1d804bd4ad2859d99f02d284. html.

年，河南省的高考学生达98.30万人[①]。但作为人口大省、高校生源大省的河南长期以来的高等教育资源，尤其是高水平大学十分短缺，仅有郑州大学这一所“211工程”大学，一所“985工程”大学也没有。这对于河南考生接受高质量的高等教育是一件十分不公平的事情。由于我国高等教育优质资源分布不均衡以及高校招生区域不平衡，一些地区的高水平大学，尤其是国内一流大学在招生录取过程中对考生之间分数差异重视不足，对学校所在区域的招生名额投放明显多于其他区域。我国高校招生计划一般分为三类：第一类是省属高校招生计划，由省教育厅编制后上报教育部批准，这部分招生计划几乎占到全国高校招生计划的70%—80%。第二类是教育部直属高校和其他部委属高校招生计划。与省属院校相比，这类高校的招生自主权相对较大。第三类是各省（自治区、直辖市）之间按照对等原则制订的招生计划。目前社会上争论最多的就是教育部直属和其他部委属高校招生计划。因为多种原因，全国“211”工程建设高校等重点大学大多分布在北京、上海、江苏、广东等地，在招生过程中，招生指标的分配又多向当地考生倾斜。例如，在2017年的招生人数中，北京大学在北京招生257人，在河南招生199人。清华大学在北京招生296人，在河南招生198人。[②]十几年前，重点大学本地生源的比例更高。例如，2004年，各大学的本地生源比例分别是北京大学为17%、清华大学为16%、北京航空航天大学为13%、北京理工大学为11%、复旦大学为44%、上海交通大学为47%、武汉大学为50%、南京大学为55%、浙江大学为61%。[③]河南省考生进入重点大学的机会少，竞争激烈。2017年，全国高等学校毛入学率为45.7%[④]，河南

---

① 河南考生伤不起：2019 年河南高考人数将达 106 万！[EB/OL].（2019-04-16）[2019-05-15]. http://mini.eastday.com/a/190416220521020.html.

② 清华北大 2019 官方录取数据公布！各省录取分数对照表一览[EB/OL].（2019-07-31）[2020-10-22]. http://www.sohu.com/a/330511674685014.

③ 河南：代表拷问高考制度：北大清华是谁建的[EB/OL].（2008-03-13）[2019-02-10]. http://www.51test.net/show/53436.html.

④ 教育部. 2017 年全国教育事业发展统计公报[EB/OL].（2018-07-19）[2019-02-01]. http://www. moe.gov.cn/jyb_sjzl/sjzl_fztjgb/201807/t20180719_343508.html.

省的这一比例为41.78%。[①]尽管实行了异地高考制度，但报考条件要求较高，很多考生须在户籍地参加高考。2017年高考时，北京市有2100多万人口，考生数为6.06万人，清华大学、北京大学的招生人数共553人。截止到2017年底，河南总人口共计10 852.85万人，约占全国人口总数的8%，考生数为86.58万人。[②]而当年两校在豫招生的指标却只有约397个。北京市的高考录取率为0.913%，河南省的高考录取率为0.046%，两者相差19.8倍。[③]北京市约5万个人中就有一个人能够上清华大学或北京大学，而河南省约30万个人中才有一个人能有这样的机会，概率相差6倍。对此，针对河南省高等教育入学适龄青年数量的庞大与优质高等教育资源匮乏之间的矛盾，很多河南省的全国人大代表、政协委员在全国两会上多次呼吁教育公平。虽然政府也提出控制部属院校本地招生比例以及鼓励部属高校对生源大省和落后区域给予一定数量的名额补偿等改革措施，但这种高校招生名额分配方式在短时间内仍然难以改观，并不能有效缓解或消除河南省适龄青年对高等教育优质资源的需求与供给的矛盾。总之，河南省人口众多、考生众多、高质量的高等教育资源短缺，在目前的招生管理体制下，河南省考生的大学入学机会相对较少。这种入学机会的不均等使数量众多的考生失去了就学和发展的机会，进而使贫困得以代际传递，适龄青年依旧像他们的父辈那样在劳动力市场上处于产业链的底端，无法靠知识实现脱贫，改变自己及家庭的命运。鉴于此，河南省只有加快高水平大学和一流大学的建设步伐，才能有效增加本省适龄青年享受优质高等教育资源的机会，才能为河南省民众争取更多享受优质高等教育的机会。

除此之外，高校毕业生往往倾向于选择在经济较发达地区就业安居，同时经济较发达的地区也往往是高水平大学的集聚地，这种选择与互动机制决定了高等教育优质资源丰富的地区不但在高校招生中能够吸

---

① 河南省教育厅. 河南省教育事业发展统计公报[EB/OL].（2018-08-23）[2019-02-01]. http://www.haedu.gov.cn/jygk/index.html.

② 史晓琪. 今年我省 86.58 万人参加高考比去年增加 4.53 万人[N]. 河南日报，2017-06-03（1）.

③ 历年清华北大在各省市录取人数和录取率汇总，差距太明显！[EB/OL].（2019-01-12）[2019-02-20]. http://sa.sogou.com/sgsearch/sgs_tc_news.php?req=hCBXy-ik_gw9Y9VYs2_u1Dcmy75eRvEiw-4YVGPoc_WD7SgEY8y4Cjh0cjJ-lElX&user_type=1.

引更多优秀生源，而且对高水平大学的毕业生同样具有较强的吸引力。河南省高等教育优质资源匮乏必然导致基础教育优秀生源的外流，对其他地区高水平大学毕业生更加缺乏吸引力，进而长期陷入高等教育优质资源不足与优秀人才外流的窘境。

因此，高水平大学建设和“双一流”建设是提高河南省高校对优秀生源的吸引能力，满足河南省适龄青年对高等教育优质资源强烈需求的根本途径。河南省只有大力发展高等教育，努力创建高水平大学和一流大学，使更多的河南学子接受公平而有质量的教育，才能打破贫困代际传递的恶性链条，促进社会阶层的合理流动，进而从根本上保证实现脱贫目标和在实现中国梦进程中更出彩。

四、提升高等教育竞争力的需要

随着经济全球化、信息全球化程度的不断提升，高等教育国际化已成为越来越多大学的重要发展战略选择。世界一流大学无一不把国际化作为自身发展战略的重要组成部分，致力于培养具有国际视野、谙熟国际规则、掌握国际前沿知识、具有国际竞争力的高层次、国际化的卓越尖端人才。目前，“世界多极化、经济全球化深入发展，人力资源和物质资源跨国、跨地区流动成为新常态”①，对优秀生源的吸引与争夺，对高端教学与科研人才的引进是高等教育国际化的重要内容。区域高等教育国际化是经济全球化背景下世界各国高等教育市场陆续开放的必然结果，是高等学校更好地发挥教学、科研和服务社会职能的必然要求，是国家和地区在全球范围内集聚资源、形成比较优势和扩大影响力的重要路径。随着国家对高等教育国际化的大力提倡与地方高等教育国际化意识的增强，国内高等教育发展呈现出顺应区域需求与地方特色的国际化趋势。因此，河南省的高等教育不但要面对国内各地区之间的竞争，还要面对世界范围的竞争。面对这一形势，河南省必须把高等教育国际化作为高等教育发展的战略选择，而高水平大学建设和“双一流”建设是提高河南省高等教育质量，提升优质资源聚集能力，培养创新型、国际

① 任友群. “双一流”战略下高等教育国际化的未来发展[J]. 中国高等教育，2016（5）：15-17.

化卓越人才，提高大学学术水平，获得良好社会声誉，参与高端国际合作，增强高等教育国际化竞争力，进而在高等教育国际化浪潮中立于不败之地的必选之道。

五、实现教育可持续发展的需要

顺应我国高等教育发展的整体趋势，河南省高等教育也经历了20世纪末至21世纪初的规模扩张的阶段，由于高校教师数量与质量以及教育经费投入等方面跟不上规模扩张的需要，这种非常规的规模扩张所引发的高等教育质量问题日益凸显。同时，20世纪90年代，由国家主导推行的“211工程”与“985工程”高校建设项目促成了国内一流大学和高水平大学的大力发展，对提高这些大学所在地区高等教育的整体质量起到了巨大的推进作用。然而，河南省由于自身高等教育基础薄弱，在重点大学建设中明显处于劣势，获得中央教育经费支持偏少，地方政府的经费投入也不足，取得的成绩不尽如人意。

河南省高等教育面临着严峻的外部形势，国际一流大学以它们先进的大学理念和大学制度、优越的教学和科研环境、高水平的科研仪器设备、优厚的待遇和福利，不断地吸引经济相对落后国家和地区的优秀师资和优质生源。国内各兄弟省也积极响应国家的“双一流”建设，着力推进一流大学建设。例如，2015—2020年，北京市投入超过50亿元建13个高校高精尖创新中心①；上海市实施高峰、高原学科建设计划，2014—2017年已投入36亿元②；广东省已设立一流大学建设专项资金，2015—2017年下拨50亿元，主要用于学科建设、科学研究、产学研合作等③；深圳市为推进深圳大学的一流大学建设，2015年提出在未来3年，

---

① 黄晓东. 北京砸超 50 亿建 13 个高校高精尖创新中心 仅剩的 7 个名额花落谁家？[EB/OL].（2015-11-05）[2019-02-02]. http://www.360doc.com/content/15/1105/19/10675824_511002621.shtml.

② 上海市教育委员会. 上海高等学校学科发展与优化布局规划（2014—2020 年） [EB/OL].（2015-12-23）[2019-04-02]. http://planning.sumhs.edu.cn/0f/71/c3662a200561/page.htm.

③ 吴春燕. 广东：高水平大学建设 3 年投 50 亿[EB/OL].（2015-07-22） [2019-02-02]. http://education.news.cn/2015-07-22/c_128045787.htm.

市政府将投入10亿元[①]。陕西省力争到2020年，建成20个国内领先、在国际学术领域具有重要影响力的学科，建成50个国内一流、特色鲜明、服务国家和地方经济能力强的学科。[②]与这些地区相比，河南省在经济方面无法与广东省比肩，在重点高校数量上与陕西省有差距。如果在经费支持方面不给力，在重点建设上不另辟蹊径，河南省的前进之路可能越来越难。除了外部形势的严峻，河南省在经过20多年较大规模的扩招以后，高等教育面临着如何实现由“高教大省”向“高教强省”跨越的问题。当下河南省高等学校功能定位趋同、办学特色不明显、人才培养同质化等内涵发展问题仍然比较突出。[③]如果不深化改革、分类发展，人才结构性就业难的局面将更加严重，这将制约国家创新驱动战略、“一带一路”倡议的实施，也将使河南高等教育担负不起为河南决胜全面建成小康社会、在实现中国梦进程中中原更出彩的重任。因此，加快建设高水平大学，是河南省促进高等教育内涵建设和经济社会又好又快发展的必然要求。

当前，国家的政策与经费支持导向已表明，我国高等教育的发展模式已经由规模扩张转向质量提升，在此背景下，对于高等教育基础薄弱的河南省而言，“双一流”建设既是河南省转变这一局面的良机，也是异常艰巨的挑战。因此，河南省只有把握好这次发展机遇，科学调整发展方向，致力于通过两所大学的“双一流”建设，带动特色骨干型大学和其他高校，才能以此为契机加快区域高等教育发展，改变高等教育弱省的窘境，提升河南省高等教育的核心竞争力。

历史已证明，高等教育发展与国家发展往往体现出“双向互动”的特点，即“经济强国为高等教育强国提供必要物质基础，高等教育强国又反过来为经济强国提供推动力”[④]。同样，区域高等教育的强大为区域

---

① 深圳市委市政府斥资10亿支持我校建设高水平大学[EB/OL].（2015-11-06）[2020-04-05]. http://www.chinakaoyan.com/info/article/id/94890.shtml.

② 陕西省教育厅. 关于印发《陕西高等学校学科建设发展规划（2016—2020年）》的通知[EB/OL].（2015-11-19）[2020-04-05]. http://www.snedu.gov.cn/news/ jiaoyutingwenjian/201511/19/10001.html.

③ 陈小平. 河南省启动高校分类计划 欲建 2～3 所国内高水平大学[EB/OL].（2015-07-24） [2019-02-02]. http://henan.sina.com.cn/news/z/2015-07-24/detail-ifxfhxmp9519893.shtml.

④ 邬大光，赵婷婷，李枭鹰，等. 高等教育强国的内涵、本质与基本特征[J]. 中国高教研究，2010（1）：4-10.

经济社会的发展提供智力和人才支撑，区域经济社会的发展与强大为区域高等教育的发展提供物质基础，最终实现经济强省与高等教育强省的良性循环。提高教育质量是我国高等教育发展的核心任务，也是建设高等教育强国的基本要求。高水平大学建设和“双一流”建设是河南省从一个人口大省转变为人力资源强省的重要途径，是河南省实现高等教育强省目标的战略选择。

促进河南省高等教育整体发展，实现高等教育强省目标，需要一流大学和高水平大学的引领与带动。我国高等教育已于2019年迈入普及化阶段。[①]实际上，普及化阶段的高等教育更应该凸显部分大学的精英性，“双一流”建设正是对高等教育质量至上的精英教育理念的追求与坚守。正如“高等教育强国应该成为世界大学的典范”，高等教育强省应该首先成为国内大学的典范，继而成为世界大学的典范；正如“真正的高等教育强国必须拥有若干所世界一流水平的大学和一批世界一流水平的学科”，真正的高等教育强省也必须拥有国内或世界一流水平的大学和学科。[②]

生源质量、师资水平、人才培养质量、学术水平、社会声誉等是一所大学能够可持续发展的关键要素，高校之间的竞争首先表现为对优质生源的吸引和争抢,而一流大学向来具有吸引顶尖优质生源的强大力量。同时，高质量的教师队伍也是一所大学可持续发展绝不可或缺的条件，依据国际上对一流大学的定位，学术水平是一流大学和一流学科建设的重要评价指标，而学术水平的提高有赖于高水平的研究团队产出高端的科研成果。一流大学不但可以培养出学术精英与大师，更能够通过大学自身较高的学术声望吸引到学术造诣深厚的教师。河南省高校办学水平整体不高，在优秀生源与教师的吸引上处于劣势，也直接影响了高校的人才培养质量与社会声誉，进而陷入循环往复困境。只有积极推进“双一流”建设，努力打造若干所极具影响力与社会认可度的一流大学，河南省才能在全国乃至全世界范围内广聚英才，并通过其示范作用带动省内高等教育实现从弱到强的整体发展。

---

① 钟秉林，王新凤. 迈入普及化的中国高等教育：机遇、挑战与展望[J]. 中国高教研究，2019（8）：7-13.

② 邬大光，赵婷婷，李枭鹰，等. 高等教育强国的内涵、本质与基本特征[J]. 中国高教研究，2010（1）：4-10.

因此，河南省的高等教育，尤其是优质高等教育的发展是人才强省战略的题中之义。它承载着全面建成小康社会与中原大地经济社会现代化发展的希望，承载着传承中华传统文化与落实社会主义核心价值观的重任，承载着亿万人民享受公平的优质高等教育的期盼，承载着国家中心城市建设、“一带一路”建设、郑洛新自主创新示范区建设、中原城市群建设、河南自贸区建设等众多国家战略的使命，承载着中原出彩、民族复兴的梦想，具有重要的战略意义。

总之，河南省高等教育基础薄弱，在“985工程”与“211工程”建设中并无优势，当前仅有郑州大学、河南大学入选“双一流”建设高校行列，这意味着河南省高水平大学建设不仅迫在眉睫、任务艰巨，更是河南省实现高等教育强省目标、促进河南省高等教育可持续发展的良好契机与有效途径。

第二章

河南省高教资源区域布局地位

第一节　河南省高等教育发展的历史变迁

河南省高等教育与时代同命运，为民族独立与建设、社会经济发展做出了不可磨灭的历史贡献。在新时代，河南省高等教育仍然担负着决胜全面建成小康社会、实现中华民族伟大复兴的中国梦以及促进个体自由与幸福的神圣使命。纵观近代以来其发展历程，大致可以分为以下几个历史阶段。

一、烽烟中嬗变（1912—1949 年）

近代，河南省高等教育肇始于1912年。该年春，河南省教育总会会长兼河南省教育司司长的李时灿、河南省提学使兼学务公所议员王敬芳、教育司科长李伯襄等向当时的河南省都督府上书，力陈开办新学的必要性，倡议效法欧美诸国，引进西学，谋求强国富民之道。时任河南都督张镇芳向河南省临时议会发出省情咨文，商议筹建河南留学欧美预备学校事宜。1912年9月，河南留学欧美预备学校在开封正式诞生，首任校长为林伯襄。

20世纪20年代初期，河南省教育界有识之士纷纷向省当局要求创办一所大学，目的是培养河南省及国家建设所需要的高级专门人才。当时，河南省留美学生会也组织成立了“教育委员会”，呼吁“救国之道首在广植人才，尤在多设大学”[①]。在社会各界的呼吁下，1921年，河南省议会通过了筹办大学的决议，拟把河南留学欧美预备学校、公立法政专门学校、省立农业专门学校合并作为组建河南大学的基础。后来由于种种原因，这一设想始终没有能够实现。

1922年5月，冯玉祥将军出任河南省督军，他没收了军阀赵倜的私人财产，从中拿出了一部分作为即将筹办的中州大学的经费。同年11月，河南省省议会任命张鸿烈作为即将开办的中州大学的校长，决定在河南留学欧美预备学校的基础上创建新的中州大学。1923年3月，中州大学正式诞生。

中州大学创立于军阀混战年代，自古以来，无论是国家政权的更迭，还是地方割据势力的混战，河南都是逐鹿中原的主战场。中州大学存续的几年内，中原地区战争连绵，各路军阀你方唱罢我登场，在极端困难的情况下，中州大学的师生还要承受军阀的无情迫害。1927年5月，中州大学遭到开封警备司令刘一飞的查抄，教学设施遭到破坏，不得已，学校只好停办。

从1912年河南留学欧美预备学校问世至1923年中州大学的诞生，河南省高等学校教育出现并逐步发展，因此，这段时期是河南省高等教育的萌芽时期。

1927年6月，冯玉祥将军出任河南省政府主席，上任伊始就决定以中州大学为基础筹设“国立开封中山大学”，并设立了筹备委员会。同年7月，建立在中州大学基础上的“国立开封中山大学”正式成立，并把公立法政专门学校、省立农业专门学校并于该校。按照当时国立大学的排序，“国立开封中山大学”又称为“国立第五中山大学”，旋即该校又改名为“省立中山大学”。

1930年8月，河南“省立中山大学”更名为“省立河南大学”。此后直到1949年，河南大学在战火纷飞中坚持办学，其教学、科研都有了很大的进步和发展，培养的学生素质也在国内大学中名列前茅，成为当时国内的著名大学。

① 河南大学校史修订组.河南大学校史[M]. 开封：河南大学出版社，2012：17.

二、曲折中发展（1949—1976年）

1948年6月，中国人民解放军攻克河南省省会开封后，中共中央中原局决定以河南大学部分进步师生为基础筹建中原大学。7月10日，经中共中央批准，中原大学筹备委员会主任由陈毅出任，中原军区副政委刘子久和河南大学著名教授嵇文甫、王毅斋出任筹备委员会副主任，并在河南省宝丰县设立临时校址。1948年8月2日，中原大学正式创建，范文澜先生担任校长。同年12月，由副校长潘梓年教授接任校长一职。1948年11月，鉴于河南大学2/3的师生已经南迁苏州，中原大学迁至开封河南大学校址办学，当时共有学生2194人。[①]1949年8月12日，中原大学财经、行政、新闻、文艺等4个系的800余名干部学员南迁武汉办学。[②]南迁后的中原大学在中华人民共和国成立后更名为华中师范学院（今华中师范大学），并为中南地区高等教育的发展做出了重大贡献。

1949年5月，经中共中央中原局批准，河南省委和省政府决定重建河南大学（时称河南人民革命大学）。1950年3月，恢复原“河南大学”校名，由时任省主席吴芝圃任校长，教育厅厅长张柏园、资深教授嵇文甫任副校长。6月，河南大学正式重建；7月，搬迁至苏州的河南大学的1200余名教职工和学生（其中教师、职员、工人有400余人，学生有700余人）又搬回到了开封。重建后的河南大学设文教学院、农学院、医学院和行政学院四个学院，拥有学生1800人、教职工500余人。[③]

1952年7月，根据我国提出的“以培养工业建设人才和师资为重点，发展专门学院，整顿和加强综合性大学”的办学方针[④]，全国高等教育实行了院系调整。这一方针在执行过程中发生了偏差，过分强调了整顿和建立专门学院，实际上拆分了综合性大学。

1952年，河南大学进行院系调整后，河南大学农学院搬迁至郑州，独立设置为河南农学院（现河南农业大学），医学院独立设置为河南医

---

① 晓轩. 中原解放区人民革命大学——中原大学的建立[N]. 河南大学报，2012-02-29，（2）.

② 河南大学首次院系调整[N]. 河南大学报，2012-03-20，（2）.

③ 晓轩. 重新扩建河南大学[EB/OL].（2012-03-10）[2020-06-02]. http://henu.cuepa.cn/ show_more.php?doc_id=599608.

④ 转引自河南大学校史修订组. 河南大学校史[M]. 开封：河南大学出版社，2012：138.

学院（1984年更名为河南医科大学，后于2000年并入郑州大学）。

1953年，河南大学成为中南区院系调整的重点，其水利系被调整为武汉水利学院（现武汉大学水利系），财经系被调整为武汉中原大学财经学院（后独立设置为中南财经学院，现中南财经政法大学），畜牧兽医系被调往南昌组建江西农学院，植物病虫害系被调往武汉华中农学院（现华中农业大学），行政学院独立设置为河南行政学院，河南大学更名为河南师范学院。1952年，省会设在新乡市的平原省被撤销，新乡的平原师范学院（源出中州大学）与河南师范学院合并，被称为河南师范学院二院，仍然在新乡办学。经过1952—1953年的高等教育院系调整，河南省的高等教育数量虽然有所增加，但是，河南大学作为一所国内名校却因调整而大伤元气。

1954年，河南省省会迁到郑州市。同年教育部决定由山东大学、北京大学、吉林大学、东北大学等院校负责提供师资，于郑州市设立一所新的大学，此即郑州大学的开端。1956年，郑州大学正式成立。它是中华人民共和国创办的第一所综合性大学，它的成立标志着河南省高等教育翻开了新的一页。

20世纪六七十年代，我国的社会主义现代化建设在探索过程中遭受了严重挫折，河南省高等教育也在曲折中艰难前进。1963年，由原郑州大学水利、机械、土建、电机4个工科系组建成的郑州工学院，是原化工部直属的重点院校（该校于1996年4月更名为郑州工业大学，2000年再次并入郑州大学）。在这段时间内，新成立的院校极少，除了郑州工学院，仅有信阳师范学院（1975年）等寥寥数所院校，直到1976年，河南省普通高等教育的全部在校生也仅仅数万人而已。

三、改革中前进（1977—1998年）

1977年恢复高考之后的最初几年，是河南省高等教育的恢复时期，也是高等教育的办学体制和管理体制逐渐进行改革的时期。自1978年12月十一届三中全会召开之后，随着我国改革开放政策的不断深入，河南省高等教育的发展也同全国一样迎来了前所未有的发展机遇。20世纪80年代中期，随着高等教育管理体制的深化，河南省高等教育迎来了稳定发展时期。

1985年，河南省新建了黄河大学、河南省财政税务专科学校、河南商业专科学校三所公办高校，高校数量增加到47所。[①]其中，黄河大学是中国第一所中外联办综合性高等学府。它是邓小平“三个面向”的产物，是中美合办、中外合办的第一所现代化大学，受到海外华人的广泛关注。学校首任校长由两院院士、两弹功勋科学家秦元勋担任。一直到1990年，河南省高校数目一直保持稳定，高等教育本专科招生人数和在校生总数一直在稳定增加。

1990年，华北水利水电学院由河北省迁入郑州市办学，河南普通高校变为48所。1991年，河南公安高等专科学校经国家教育委员会批准正式成立。同年7月，国家教育委员会批准黄河大学并入郑州大学。河南普通高校仍为48所。1992年，河南省体育技术专科学校并入郑州大学，河南省普通高校变为47所。1993年，新批准成立河南省城建高等专科学校和南阳理工学院，撤销张仲景国医大学，河南普通高校又恢复为48所（表2-1）。

表 2-1　1986—1998 年河南省普通高等教育基本数据

年份	高校/所	专任教师/人	本专科招生/人	本专科在校生/人	研究生招生/人	研究生在校生/人
1986	47	12 748	24 201	74 978	717	1 580
1987	47	13 310	26 357	75 747	540	1 632
1988	47	13 846	27 165	79 882	460	1 395
1989	47	13 776	26 092	80 119	329	1 190
1990	48	14 020	26 633	80 372	334	1 037
1991	48	14 197	27 584	81 790	324	986
1992	47	14 488	33 792	89 496	344	1 001
1993	48	14 674	40 492	104 367	386	1 047
1994	50	15 509	41 671	117 053	452	1 178
1995	50	15 538	43 229	122 388	469	1 307
1996	50	16 391	44 920	127 948	598	1 520
1997	50	16 530	46 623	136 000	638	1 695
1998	51	16 963	50 186	146 365	717	1 935

资料来源：根据 1987—1999 年河南教育年鉴进行汇总。

① 孙增福. 1987 河南教育年鉴[Z]. 河南教育出版社，1988：127.

伴随着高等教育管理体制的改革，民办高等教育开始登上河南省的历史舞台。1984年，实施学历文凭考试的河南省第一所民办高校黄河科技学院创立（经教育部批准，该校于2000年成为全国首批实施本科学历教育的民办高校）。1985年，民办张仲景国医大学创立，并于1994年经国家教育委员会批准开始实施专科学历教育。

从表2-1中可以看出，1986年，河南省的研究生招生人数为717人，成为20世纪80年代后期的巅峰，此后处于下降状态，直到1998年才恢复到1986年的招生水平。而研究生在校生总人数1987年为1632人，此后持续下降，直至1997年才恢复到1987年的规模。可见在20世纪八九十年代，河南省的研究生教育发展得十分缓慢。

就普通高校本专科招生而言，1993年，河南省首次突破4万人（40 492人），本专科在校生人数超过10万人（104 367人），此时距1977年恢复高考已经有16年之久。而中国的经济在这段时间内，在改革开放等一系列政策的影响下已经取得了飞速的发展并继续飞速发展着。这说明，高等教育发展的规模、速度和质量深受社会经济发展的制约，如果没有社会经济的高速发展，高等教育的发展只不过是一句空话。

1998年，河南省普通高校发展到51所，与1986年相比增加了4所，增幅为8.51%；专任教师达到16 963人，比1986年增加了4215人，增幅为33.06%；本专科招生人数为50 186人，是1986年的2.07倍；本专科在校生总人数为146 365人，是1986年的1.95倍；研究生招生人数为717人；在校研究生人数为1935人，比1986年增加355人，增幅为22.47%。由此可以看出，这一时期河南省高等教育在稳步增长。

四、创新中跨越（1999 年至今）

1999年是中国高等教育发展具有里程碑意义的一年。就在1999年，中国普通高校招生就业实行了全面并轨：一方面，普通高校开始实施大规模的扩招；另一方面，国家也不再负责给普通高校毕业生分配工作。当年的毕业生全部面向就业市场，实行学生和市场双向选择。我国普通高校招生就业实行并轨的原因是多方面的，其一是受东南亚爆发的金融风暴的影响，我国东南沿海地区以出口为导向的经济受到了相当大的影响，出口增速放缓，一些企业破产倒闭，这不仅对就业产生了深远的影响，而且也影响到了我国经济发展的整体水平。其二是为了缓解就业的压力。由东南亚金融风暴造成的经济不景气，不仅带来了更多的失业者，而且也给我国人民的就业带来了很大的压力。普通高校开始大规模扩招，更多的高中毕业生以及中专生（包括技校、职业高中毕业生）进入大学学习，既提高我国劳动者的整体科学文化素质，以促进经济社会和科学技术的发展，也暂时缓解就业压力。其三是经过20多年改革开放的积累，我国的社会经济取得了举世瞩目的成就，财政收入大幅度增加，各级政府有了更多的财力来支持各级各类教育（当然也包括高等教育）的发展。

伴随我国高等教育持续扩招的是：其一，很多中等专科学校合并升格，成为职业技术学院或者高等专科学校；其二，不少高等专科学校要么与本科院校合并升为大学，要么独立升为本科层次的学院；其三，不少学院升为大学；其四，在高校“合并热”的同时，很多学校趁此良机扩建新校区。这些现象无疑导致了我国包括河南省在内的高等教育规模的急剧扩张。

1999年，河南省拥有普通高等学校56所，比1998年增加了5所，其中，本科院校有18所，专科院校有38所，新设三门峡职业技术学院、郑州铁路职业技术学院和中原职业技术学院等5所专科层次的普通高校；河南省普通高校拥有教职工36 546人，其中，专任教师有18 702人，比1998年增加了1739人，增幅为10.25%；河南省普通高等学校本专科招生总人数为78 805人，比1998年增加了28 619人，增幅为57.03%；本专科在校生总人数为185 486人，比1998年增加了39 121人，增幅为26.73%；研究生招生总人数为1034人，比1998年增加了317人，增幅为44.21%；研究生在校生总人数为2392人，比1998年增加了457人，增幅为23.62%。[①]与1998年相比，1999年河南省高等教育的面貌发生了很大变化，这应归功于当年的大规模扩招，高等教育的这种大规模扩招在进入21世纪后持续了若干年（表2-2）。

① 河南省教育史志编纂委员会. 2000年河南教育年鉴[M]. 郑州：大象出版社，2000：68-489.

表 2-2　1999—2015 年河南省普通高校基本统计数据

年份	高校/所	专任教师/人	本专科招生/人	本专科在校生/人	研究生招生/人	研究生在校生/人
1999	56	18 702	78 805	185 486	1 034	2 392
2000	52	20 239	116 853	262 400	1 485	3 229
2001	64	24 610	140 130	369 149	2 114	4 656
2002	66	28 470	166 084	467 963	2 702	6 313
2003	71	33 344	190 214	557 240	3 818	8 465
2004	82	41 841	257 356	702 846	5 408	11 853
2005	83	46 309	277 578	851 846	6 561	15 830
2006	84	52 928	337 652	974 096	7 375	19 336
2007	82	58 800	355 200	1 095 200	7 957	21 667
2008	84	64 900	445 100	1 250 200	8 507	23 551
2009	99	71 500	457 400	1 368 800	9 918	26 431
2010	107	77 500	478 300	1 456 700	10 700	29 000
2011	117	82 000	471 400	1 500 100	10 800	30 900
2012	120	86 000	498 200	1 559 000	11 700	32 000
2013	127	90 900	508 400	1 618 300	12 200	33 300
2014	129	95 100	514 300	1 679 700	12 800	34 800
2015	129	98 000	559 200	1 766 900	13 600	37 600

资料来源：根据 1999—2007 年河南教育年鉴和 2008—2015 年河南省教育事业发展统计公报汇总。

表2-2的数据显示，2015年，河南省普通高等学校发展到129所，其中，本科院校有52所（包括8所独立学院），高职高专院校有77所，另有12所为成人高校，是1998年的2.53倍①；专任教师总人数为98 000人，是1998年的5.78倍；本专科招生总人数为559 200人，是1998年的11.14倍；本专科在校生总人数达1 766 900人，是1998年的12.07倍；研究生招生总人数为13 600人，是1998年的18.97倍；研究生在校生总人数为37 600人，是1998年的19.43倍。

除了大学扩招的宏观社会背景外，高校合并也对河南高等教育发展带来了重大影响。为了优化高等教育结构和布局，实现资源共享和优势互补，提高教育质量和办学效益，促进高等教育事业发展，我国在21世

① 教育部. 高等学校教育（机构）数[EB/OL].（2015-08-31）[2020-06-12]. http://www.moe.gov.cn/s78/A03/moe_560/jytjsj_2014/2014_gd/201508/t20150831_204482.html.

纪初掀起了高校合并的风潮。1998年，原浙江大学、杭州大学、浙江农业大学和浙江医科大学四校合并为新的浙江大学。在此背景下，2000年7月10日，原郑州大学、郑州工业大学和河南医科大学合并，组建成新的郑州大学。

新郑州大学的成立掀开了河南省高等教育新的一页。原郑州大学合校前已于1996年成为国家“211工程”重点建设院校。合校后的新郑州大学于2004年成为教育部与河南省政府共建高校，是全国第一所省部共建高校；2012年，入选“一省一校”国家重点支持建设高校[①]；2017年9月20日，郑州大学又成功进入国家世界一流大学建设高校行列。同时，河南大学成功进入世界一流学科建设序列，河南高等教育发展实现了历史性突破和跨越式发展。

由此可见，从1999年至今，是河南省有史以来高等教育发展的黄金时期。河南省在高等教育发展方面所取得的成就是有目共睹的，这一伟大成就的取得应归功于改革开放，归功于社会经济的发展，归功于全省各界人士的共同努力。

第二节　省际高等教育资源分布的比较

本书以2014年、2015年我国高校发展情况的统计数据为样本，以省（自治区、直辖市）为单位，选取了高校数量、隶属关系与层次，基础设施，师资水平，生均教育经费，学生规模，科研水平等方面的指标，深入探讨了河南省高等教育资源在中部六省乃至全国的位置。

一、高校数量、隶属关系与层次

各地区高校数量是衡量其拥有高等教育资源数量的重要指标之一。在当前高考招生体制下，由于属地原则，高校数量直接影响着该地区适

---

① 2018年3月初，郑州大学与河北大学、山西大学等共14所“一省一校”高校迈入了部省合建新阶段。

龄人口享有高等教育机会的多少。本书选取我国除港澳台地区以外的31个省（自治区、直辖市）为研究对象，分别统计了2014年全国各地区普通高等学校的总数及层次，并计算了每百万人口高校数及每百万人口重点高校数，以此作为衡量各地高校分布密度的重要指标。

（一）各地区的比较

如表2-3所示，各地普通高校数量差异显著。高校超过100所的有河北（118所）、辽宁（116所）、江苏（159所）、浙江（104所）、安徽（118所）、山东（141所）、河南（129所）、湖北（123所）、湖南（124所）、广东（141所）、四川（107所），其中，河南省的高校数量在全国位居第三。上述11个超过100所高校的教育大省每百万人口高校数分别仅为1.598、2.642、1.997、1.888、1.940、1.440、1.367、2.115、1.841、1.315、1.314。按人口数量计算高校分布密度，北京、天津和上海居全国前三，而作为人口大省的河南，在全国仅排在第29位，居倒数第三。

表 2-3　2014 年全国各地区普通高校分布统计

地区	高校总数/所	每百万人口高校数/所	重点高校（“211 工程”“985 工程”高校）/所	每百万人口重点高校数/所	各类高校占比/%		
					公立	民办	独立
北京	89	4.140	30	1.394	83.15	11.24	5.62
天津	55	3.620	3	0.198	80.00	1.82	18.18
河北	118	1.598	2	0.027	70.34	15.25	14.41
山西	79	2.140	1	0.027	81.01	8.86	10.13
内蒙古	50	1.996	1	0.040	80.00	16.00	4.00
辽宁	116	2.642	4	0.091	70.69	18.97	10.34
吉林	58	2.108	3	0.109	72.41	17.24	10.34
黑龙江	80	2.087	4	0.102	77.50	20.00	2.50
上海	68	2.803	9	0.371	70.59	26.47	2.94
江苏	159	1.997	11	0.138	67.30	16.98	15.72
浙江	104	1.888	1	0.018	65.38	13.46	21.15

续表

地区	高校总数/所	每百万人口高校数/所	重点高校（“211 工程”“985 工程”高校）/所	每百万人口重点高校数/所	各类高校占比/%		
					公立	民办	独立
安徽	118	1.940	3	0.049	73.73	16.95	9.32
福建	88	2.312	2	0.053	59.09	30.68	10.23
江西	95	2.092	1	0.022	68.42	17.89	13.68
山东	141	1.440	3	0.031	72.34	19.86	7.80
河南	129	1.367	1	0.011	71.32	22.48	6.20
湖北	123	2.115	7	0.120	65.04	15.45	19.51
湖南	124	1.841	4	0.059	75.00	12.90	12.10
广东	141	1.315	4	0.037	63.12	25.53	11.35
广西	70	1.472	1	0.021	70.00	17.14	12.86
海南	17	1.883	1	0.111	58.82	41.18	0
重庆	63	2.106	2	0.067	63.49	26.98	9.52
四川	107	1.314	5	0.061	69.16	21.50	9.35
贵州	55	1.568	1	0.029	80.00	5.45	14.55
云南	67	1.421	1	0.021	70.15	19.40	10.45
西藏	6	1.887	1	0.314	100.00	0	0
陕西	92	2.437	8	0.212	67.39	19.57	13.04
甘肃	43	1.660	1	0.039	83.72	4.65	11.63
青海	12	2.058	1	0.172	91.67	0	8.33
宁夏	18	2.719	1	0.151	77.78	11.11	11.11
新疆	44	1.915	2	0.087	79.55	9.09	11.36

资料来源：根据综合教育部发展规划司“2014 年教育统计数据”和《中国统计年鉴 2015》相关数据整理汇总。

作为重点的“211工程”“985工程”高校，拥有高等教育的优质资源。观察表2-3可以发现，北京每百万人口重点高校数高于1。天津、上海高等教育资源相对丰富的地区，按每百万人口计算的重点高校数分别为0.198、0.371，虽然远低于北京，但仍居于全国平均水平之上。河南省每百万人口重点高校仅为0.011，排在全国最后一位。

我国31个省（自治区、直辖市）公立普通高校占高校的百分比基本都超过了60%（除了海南、福建略低于60%），由此可见，政府仍然是普通高校的办学主体。民办高校规模较大（公立普通高校占高校总数的百分比小于70%）的地区有江苏、浙江、福建、江西、湖北、广东、海南、重庆、四川、陕西，多为经济相对发达的地区，这表明，民办教育的发展与该地区的经济发展状况休戚相关。经济发展水平高，其居民接受高等教育的意愿强，这就为民办高等教育的发展提供了更加广阔的需求空间。此外，民办高校数量越多，该地区居民接受高等教育的机会就越多，在国家财政性教育经费有限的情况下，民办普通高等教育的发展有利于进一步实现高等教育机会公平。以此观之，河南省公办高校的比例为71.32%，其民办高校还有很大的发展空间。

由表2-3、表2-4还可以看出，中部六省中，河南省的高校数量最多，但是由于河南省人口较多，所以每百万人口高校数仅为1.367，在中部六省中排最后一位。中部六省中，重点高校数量最多的是湖北省，每百万人口重点高校数为0.12。河南省重点高校仅有1所，每百万人口重点高校数仅为0.011，排全国倒数第一。

表 2-4　2014 年全国重点高校分布情况　　单位：所

地区	“211 工程”高校	“985 工程”高校	教育部直属高校	省部共建（不含中央直属）
北京	26	8	25	1
天津	3	2	2	0
河北	2	0	0	4
山西	1	0	0	3
内蒙古	1	0	0	2
辽宁	4	2	2	7
吉林	3	1	2	2
黑龙江	4	1	1	3
上海	9	4	8	3
江苏	11	2	7	5
浙江	1	1	1	4
安徽	3	1	1	1
福建	2	1	1	1
江西	1	0	0	6

续表

地区	"211工程"高校	"985工程" 高校	教育部直属高校	省部共建（不含中央直属）
山东	3	2	3	4
河南	1	0	0	7
湖北	7	2	7	6
湖南	3	3	2	5
广东	4	2	2	1
广西	1	0	0	3
海南	1	0	0	1
重庆	2	1	2	4
四川	5	2	4	4
贵州	1	0	0	2
云南	1	0	0	2
西藏	1	0	0	2
陕西	7	3	5	3
甘肃	1	0	1	3
青海	1	0	0	2
宁夏	1	0	0	1
新疆	1	0	0	0
合计	112	38	76	92
河南占全国比例/%	0.89	0	0	7.61

注：本章中凡未标明资料来源的图和表，均由笔者根据教育部发展规划司"2014年教育统计数据"（网址为http://www.moe.gov.cn/s78/A03/moe_560/jytjsj_2014/及其内部超链接网页）整理汇总，图表中不再一一注明该网址，特此说明。

若以教育部直属、省部共建两类高校数量衡量，则河南省无教育部直属高校，省部共建高校仅有7所，仅占全国的7.61%（表2-4）。其中省部共建若单指省政府与教育部共建，则河南省仅有郑州大学与河南大学2所。①

① 截止到2019年2月，河南省共有省部共建高校11所，其中与教育部共建的省部共建高校仅有3所：郑州大学（2004）为部省合建，河南大学（2008）与河南师范大学（2015）是省部共建。其余8所高校为省政府与水利部共建的华北水利水电大学，与农业部共建的河南农业大学，与国家粮食局共建的河南工业大学，与国家安监总局共建的河南理工大学，与国家中医药管理局共建的河南中医药大学，与国家烟草专卖局共建的郑州轻工业大学，与国家国防科技工业局共建的河南科技大学，以及与中国民用航空局共建的郑州航空工业管理学院。

单就中部六省来看，如表2-5所示，湖北省的教育部直属高校有7所，湖南省有2所，安徽省有1所，而河南省与江西省、山西省均无教育部直属高校；在省部共建高校中，河南省与湖北省、湖南省、江西省总体数量相差不大，考虑到生源规模，则明显显得薄弱。综上可知，河南省重点高校数量排在全国后位，河南省获得的优质教育资源较少。

表 2-5　2014 年中部六省优质高等教育资源一览表　　单位：所

地区	“211 工程”高校	“985 工程”高校	教育部直属高校	省部共建（不含中央直属）
湖北	7	2	7	6
安徽	3	1	1	1
湖南	3	3	2	5
山西	1	0	0	3
江西	1	0	0	6
河南	1	0	0	7

综上所述，我们可以得出以下结论。

第一，河南省的高校绝对数量可观，高校数量在全国位居第三，但相对数量严重不足，按人口数量计算高校分布密度，河南省在全国仅排在第29位，位居全国倒数第三。

第二，在重点高校这一项评比上，河南省无“985工程”高校，而同为中部六省的湖南省则有3所，湖北省也有2所；河南省仅有1所“211工程”院校，而同为中部六省的湖北省则有7所，安徽省与湖南省则分别有3所；河南无教育部直属高校，而同为中部六省的湖北省则有7所，湖南与安徽省各有1所；此外，河南省的省部共建高校仅有7所，占全国的7.61%，优质高等教育资源严重不足。

第三，河南省民办高校数量所占比例仍有很大提升空间。

（二）排行榜中的河南高校

高校排行榜往往用量化的方式，对高校办学质量进行评价，是衡量高校办学水平的重要参考指标。本书选取国内外比较有权威的大学排行榜，以了解河南省高校在全国高等学校中的位置。

武书连中国大学排行榜是我国持续时间长、影响广泛的排行榜。在武书连2016年中国大学排行榜前200名的高校中，河南仅有6所上榜，分别是郑州大学（37）、河南大学（68）、河南师范大学（124）、河南科技大学（163）、河南理工大学（165）、河南农业大学（175）。从中还可以看出，百强榜中仅有郑州大学与河南大学2所高校上榜。[①]

艾瑞深中国校友会网发布的大学排行榜评价体系涵盖人才培养、科学研究和社会影响三个一级指标，侧重衡量高校的人才、科学和社会贡献能力，完全采用体现大学人才培养、科学研究和社会服务的质量指标，覆盖教学水平、培养质量（杰出校友）、杰出师资、学科建设、科研成果、科研项目、创新基地、办学层次、文化传承、社会声誉和国际化水平等核心质量指标，涵盖的评价指标有220多项，确保了评价结果能够系统地体现中国大学的教学质量、学术水平、办学特色、社会影响和国际声望。艾瑞深中国校友会网发布的《2016中国大学评价研究报告》中，公布了2016年中国大学排行榜100强。其中，信息工程大学排第55名，郑州大学排第62名，河南其他高校没有上榜。[②]

在四川大学全球大学科技竞争力研究所发布的2016年全球大学科技竞争力排名中，全球前200名高校中有24所中国高校，河南省没有高校上榜。[③]

在上海软科发布的2017年“中国最好大学排名”中，展示了中国综合实力最强的500所大学，清华大学、北京大学和浙江大学位列前三。河南仅有27所大学进入全国500强，且没有高校进入百强。[④]2017年，在

---

① 2016 中国大学排行公布 河南 2 高校进百强　郑大 37[EB/OL].（2016-04-08）[2019-02-24]. http://mt.sohu.com/20160408/ n443621907.shtml.

② 张静. 2016 中国大学排行榜出炉：河南两校入百强[EB/OL].（2016-01-13）[2020-06-12]. http://www.sohu.com/a/54262450_117344.

③ 2016 全球大学科技竞争力排名，中国 24 所高校上榜![EB/OL].（2017-01-04）[2019-02-24]. http://learning.sohu.com/ 20170104/n477710163.shtml.

④ 黄辛. 2017“中国最好大学排名”发布[EB/OL].（2017-02-28）[2020-06-12]. http:// news.sciencenet.cn/htmlnews/2017/2/368871.shtm.

ARWU500强中，中国内地（大陆）共有45所高校入选，河南省没有高校上榜。①

在2018年 U.S. News 全球最好大学排名中，来自全球74个国家或地区的1250所知名大学入围。中国共有167所高校入围，在内地（大陆）入围的136所高校中，河南省仅有郑州大学（第62名）和河南师范大学（第119名）上榜。②

ESI 是当今世界普遍用来评价高校、学术机构、国家/地区国际学术水平及影响力的重要评价指标工具。根据2018年1月11日的 ESI 中国内地高校综合排名前100名排名榜，河南省仅郑州大学上榜（位列第45名），其国际排名为第913名。③

在2017年 QS 世界大学排名中，中国内地共有39所高校上榜，河南省没有高校上榜。④

河南高校在排行榜中的表现并非完全没有亮点。2016年12月23日，在“人民网第三届大学校长论坛”上，人民网发布了“2015—2016年度中国高校社会影响力排行榜”，在高校新媒体影响力排行榜中，郑州大学位居全国第1，河南大学位居全国第2⑤；在校大学生数排名中，郑州大学位居全国第1，河南大学位居全国第5⑥。2019年，郑州大学获2018年度最具影响力高校官方微博奖。⑦

综上，从国内外比较权威的排行榜来看，虽然河南省的高校数量在

---

① 2017 世界大学学术排名：中国 57 校跻身 500 强 清华首入 50 强[EB/OL].（2017-08-15）[2020-06-12]. http://www.guancha.cn/Education/2017_08_15_422920.shtml.

② USNews2018 世界大学排行榜出炉，167 所中国高校上榜！[EB/OL].（2017-10-25）[2019-02-24]. http://www.sohu. com/a/199953178_607269.

③ 重磅：最新 ESI 中国大学综合排名百强出炉（2018 年 1 月）! [EB/OL].（2018-01-15）[2019-02-24]. http://www.sohu.com/a/216859637_507484.

④ 新鲜出炉！2016/17 年 QS 世界大学排行榜 [EB/OL].（2016-09-07）[2020-06-12]. http://www.sohu.com/a/113874707_486912.

⑤ 河南省教育厅. 中国大学社会影响力排行榜郑州大学新媒体影响力位列第一[EB/OL].（2017-01-03）[2020-06-12]. http://www.haedu.gov.cn/2017/01/03/1483432055301.html.

⑥ 王迎节.中国大学哪家人数最多？郑大学生超 7 万全国第一[EB/OL].（2016-12-07）[2020-06-12]. http://henan.qq.com/a/20161207/031856.htm.

⑦ 郑州大学官方微博荣获 2018 年度最具影响力高校官方微博奖[EB/OL].（2019-02-28）[2019-03-03]. http://www16.zzu.edu.cn/msgs/vmsgisapi.dll/onemsg?msgid=1903040844398221655.

全国比较靠前，但其高等教育质量排名比较靠后，甚至一些大学排行榜中还不见河南省高校的身影。河南省高水平大学，尤其是一流大学的建设还任重而道远。

二、基础设施地区比较分析

基础设施是高校发展的物质基础,没有基础设施,高校发展无从谈起。因此,基础设施是衡量高校办学条件、判断高校办学效益的重要标准之一,一般包括学校占地面积、学校产权校舍建筑面积、固定资产、一般图书及教学科研仪器设备等方面。根据教育部发展规划司2015年公布的教育统计数据，笔者统计了2014年我国31个省（自治区、直辖市）的基础设施情况（表2-6），以考察河南省高校基础设施的建设情况。

为了更加直观地比较各地生均占地面积、生均学校产权校舍建筑面积、生均固定资产、生均一般图书、生均教学科研仪器设备5个指标的差异，本章分别将各地区的5个指标计算结果排序绘制成了柱状图（图2-1—图2-5）。

如图2-1所示，2014年，我国31个省（自治区、直辖市）普通高校的生均占地面积存在着较小的分布差异。其中，最高值出现在新疆（224.66 m^2/人），其次是宁夏（151.18 m^2/人），再次是内蒙古（138.68 m^2/人）。可以发现，排名在全国前三的省（自治区、直辖市）都在西部地区，而生均占地面积最小的是北京（67.98 m^2/人），其次是上海（68.71 m^2/人）。其余大部分省（自治区、直辖市）的生均占地面积为70—120 m^2/人。北京、上海等城市虽然高等教育发展水平相对较高，但人口密度较为集中，在校生多，学校数量多，土地资源有限，导致其生均占地面积较小。而西部地区，如宁夏、新疆等地人口相对稀疏，土地辽阔，学校总数较少，因而生均占地面积较大。河南省高校生均占地面积为110.92m^2/人，位于全国第11名，处于中上水平。

表 2-6　2014 年全国各地区高校基础设施一览表

地区	校舍面积/平方米	占地面积/平方米	固定资产/万元	一般图书/万册	科学教研仪器设备/万元	本科在校学生人数/人	研究生在校学生人数/人	在校学生总数/人	生均占地面积/（m^2/人）	生均学校产权校舍建筑面积/（m^2/人）	生均固定资产/（万元/人）	生均一般图书/（万册/人）	生均教学科研仪器设备/（万元/人）
北京	36 781 246	54 306 644	13 358 429	11 349	4 592 204	499 256	299 562	798 818	67.98	46.04	16.72	0.0142	5.75
天津	15 557 067	39 988 981	3 233 323	5 013	940 925	329 233	51 422	380 655	105.05	40.87	8.49	0.0132	2.47
河北	33 907 127	69 464 565	57 58 620	9 659	1 109 636	665 836	38 450	704 286	98.63	48.14	8.18	0.0137	1.58
山西	20 100 188	35 544 848	2 863 890	5 630	624 626	421 926	27 962	449 888	79.01	44.68	6.37	0.0125	1.39
内蒙古	13 167 010	34 961 673	2 704 224	3 359	517 350	234 824	17 278	252 102	138.68	52.23	10.73	0.0133	2.05
辽宁	29 534 199	67 260 644	6 666 417	8 924	1 334 484	705 124	92 575	797 699	84.32	37.02	8.36	0.0112	1.67
吉林	19 457 378	42 165 808	3 963 300	5 977	880 694	463 349	57 678	521 027	80.93	37.34	7.61	0.0115	1.69
黑龙江	25 867 881	58 914 323	5 566 751	7 441	1 238 245	515 481	61 174	576 655	102.17	44.86	9.65	0.0129	2.15
上海	19 369 511	34 235 372	7 558 801	7 102	2 175 958	364 679	133 554	498 233	68.71	38.88	15.17	0.0143	4.37
江苏	52 801 349	124 717 419	14 083 578	16 769.41	3 039 953.1	1 012 643	150 690	1 163 333	107.21	45.39	12.11	0.0144	2.61
浙江	28 685 472	57 632 884	8021308.7	9 855.15	1846 433.1	599 978	60 511	660 489	87.26	43.43	12.14	0.0149	2.80
安徽	31 270 277	67 197 785	4 844 576	8 329.6	1 139 874.4	605 040	46 590	651 630	103.12	47.99	7.43	0.0128	1.75
福建	19 871 504	46 212 521	4 900 870.5	6 911.01	935 701.55	477 753	39 312	517 065	89.37	38.43	9.48	0.0134	1.81
江西	30 719 259	66 941 069	4 855 477.3	84 45.27	803 299.61	497 642	27 660	525 302	127.43	58.48	9.24	0.0161	1.53
山东	55 585 909	131 640 710	10 436 793	16 279.42	1 955 611.5	960 951	74 313	1 035 264	127.16	53.69	10.08	0.0157	1.89
河南	55 615 559	109 810 544	7081 856.6	14 360.88	1 426 603.1	955 201	34 760	989 961	110.92	56.18	7.15	0.0145	1.44

续表

地区	校舍面积/平方米	占地面积/平方米	固定资产/万元	一般图书/万册	科学教研仪器设备/万元	本科在校学生人数/人	研究生在校学生人数/人	在校学生总数/人	生均占地面积/（m^2/人）	生均学校产权校舍建筑面积/（m^2/人）	生均固定资产/（万元/人）	生均一般图书/（万册/人）	生均教学科研仪器设备/（万元/人）
湖北	46 580 737	88 216 057	3 348 771.1	12 759.29	1 808 928.2	864 875	115 113	979 988	90.02	47.53	8.52	0.0130	1.85
湖南	32 601 135	73 323 795	5 845 890	10 073.12	1 172 637.2	665 305	66 293	731 598	100.22	44.56	7.99	0.0138	1.60
广东	39 401 845	96 088 642	9 367 770.5	14 277.35	2 136 429.9	998 186	86 568	1 084 754	88.58	36.32	8.64	0.0132	1.97
广西	19 506 243	43 401 141	2 683 001	5 588.53	691 502.58	355 979	25 888	381 867	113.66	51.08	7.03	0.0146	1.81
海南	4 568 213	13 167 052	1 061 003.9	1 458.72	178 332.73	104 704	4 168	108 872	120.94	41.96	9.75	0.0134	1.64
重庆	22 196 802	51 595 598	5 009 777.4	6 072.72	727 926.78	433 586	48 979	482 565	106.92	46.00	10.38	0.0126	1.51
四川	36 951 324	92 726 076	7 767 376.9	11 587.69	1 701 199.1	749 123	87 867	836 990	110.79	44.15	9.28	0.0138	2.03
贵州	15 937 790	38 950 373	2 207 761.1	4 017.45	413 671.63	273 417	14 667	288 084	135.20	55.32	7.66	0.0139	1.44
云南	14 980 585	40 039 926	3 895 865.7	5 263.72	505 296.78	379 211	30 980	410 191	97.61	36.52	9.50	0.0128	1.23
西藏	1 130 614	3 244 265	237 999.14	345.4	43 992.19	22 159	1 428	23 587	137.54	47.93	10.09	0.0146	1.87
陕西	36 349 302	57 408 128	7 279 047.9	10 063.62	1 532 283.9	705 800	98 756	804 556	71.35	45.18	9.05	0.0125	1.90
甘肃	12 797 496	26 654 352	1 983 175	3 401.01	445 106.48	288 351	29 080	317 431	83.97	40.32	6.25	0.0107	1.40
青海	1 703 735	4 383 149	230 933.21	520.67	64 211.4	34 320	3 035	37 355	117.34	45.61	6.18	0.0139	1.72
宁夏	3 342 495	11 451 551	775 414.81	913.1	149 854.73	71 616	4 130	75 746	151.18	44.13	10.24	0.0121	1.98
新疆	11 851 747	38 720 009	1 549 264.3	3 100.24	361 655.29	155 105	17 246	172 351	224.66	68.77	8.99	0.0180	2.10

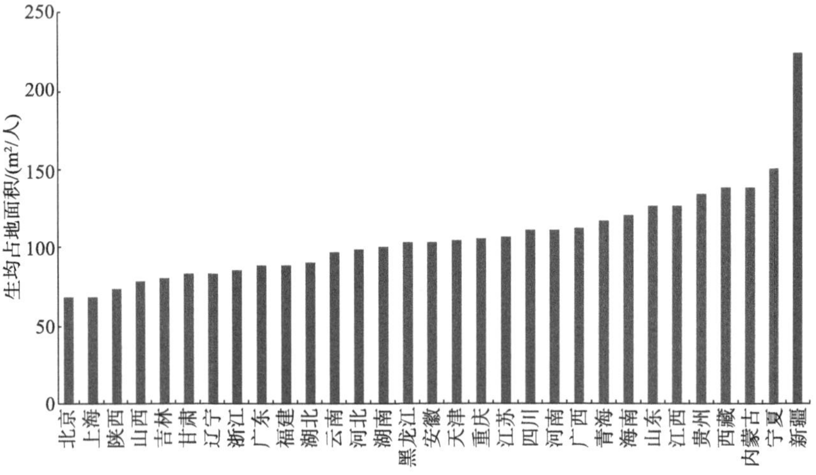

图 2-1　2014 年全国各地区高校生均占地面积

生均学校产权校舍建筑面积是衡量学校办学条件的又一指标。如图2-2所示，各地生均学校产权校舍建筑面积无明显差异，其中，最大值出现在新疆（68.77 m^2/人），其次是江西（58.48 m^2/人），河南为56.18 m^2/人，位于全国第3位。

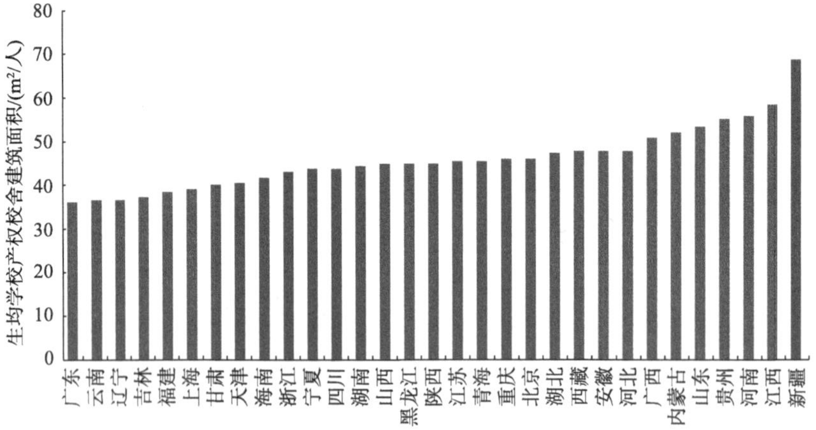

图 2-2　2014 年全国各地区高校生均学校产权校舍建筑面积

生均固定资产占有情况反映一个地区普通高校的平均办学条件。目前，我国各级政府仍然是普通高等教育的办学主体，因此生均固定资产在一定程度上可以体现出政府对当地高等教育的重视程度。从图2-3可以看到，各省（自治区、直辖市）高校的生均固定资产占有差异不是特别明显。排在前五的分别为北京、上海、浙江、江苏和内蒙古。这五个地区大部分的经济发展都较为发达。与上述地区相比，河南省2014年高校生均固定资产为7.15万元/人，位居全国倒数第5，处于下游水平。

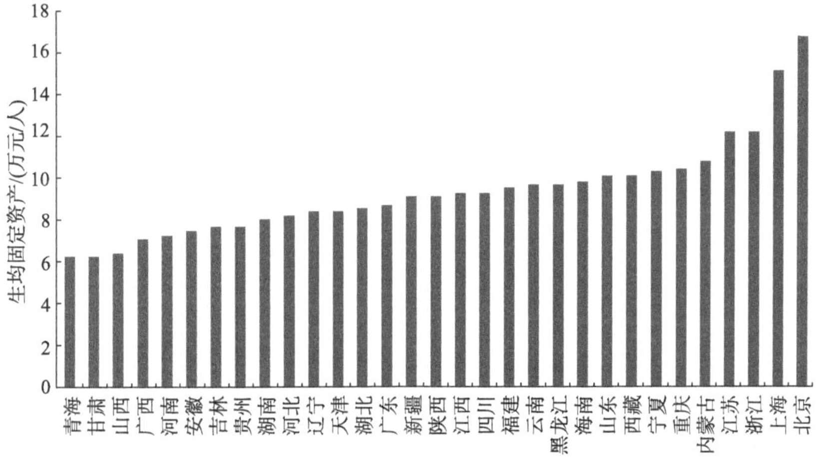

图 2-3　2014 年全国各地区高校生均固定资产

与生均固定资产类似，生均一般图书也是反映学校办学效益与条件的又一硬性指标。如图2-4所示，新疆生均一般图书最多，其次是江西，河南生均图书位于全国第7，处于中上水平。

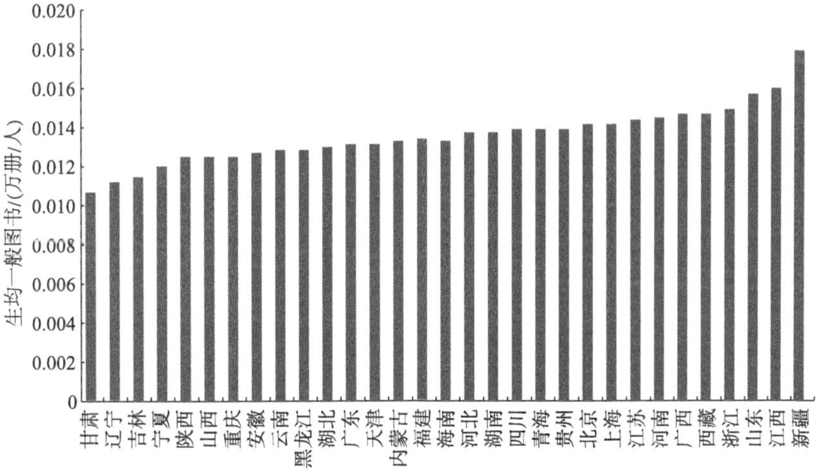

图 2-4　2014 年全国各地区高校生均一般图书

生均教学科研仪器设备是反映学校办学条件的一个硬性指标。发展科研是高校的三大基本社会职能之一，充足的生均教学科研仪器设备是推动学校科研创新的必备条件。根据教育部发展规划司所公布的最新数据，绘得2014年全国各省（自治区、直辖市）生均教学科研仪器设备图（图2-5）。由此可以发现，排在前三位的分别为北京（5.75万元/人）、上海（4.37万元/人）、浙江（2.80万元/人），河南高校生均科学教研仪器设备为1.44万元/人，居全国倒数第5。

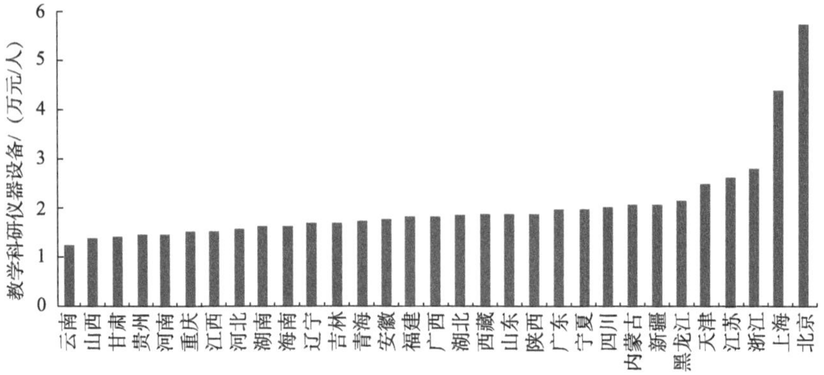

图 2-5　2014 年全国各地区生均教学科研仪器设备

中部六省高等教育基础设施排行方面，根据表2-6以及图2-1—图2-5可知，河南省的校舍面积、占地面积、一般图书在中部六省中均排第1；在校学生总数（本科在校学生人数加上研究生在校学生人数）在中部六省中也是最多的。

在生均占地面积、生均学校产权校舍建筑面积以及生均一般图书方面，排名第1的均是江西省，其次则均是河南省，位于中部六省第2。

就固定资产而言，河南在中部六省排名中仅次于湖北省，位居第2位。但河南在校学生总数最多，其生均固定资产在中部六省当中排行倒数第2。

就教学科研仪器设备而言，中部六省中，排名第1的是湖北，其次是河南，河南省在中部六省中排名第2，但生均教学科研仪器设备排名是倒数第2，处于中下游水平。

综上，河南省高等教育基础设施情况喜忧参半。一方面，生均学校产权校舍建筑面积位于全国第3位；生均一般图书位于全国第7位，生均占地面积位于全国第11位。这些都为河南省高等教育的进一步发展提供了良好的物质基础。但同时，也应看到，河南高校生均固定资产和生均教学科研仪器设备均为全国倒数第5，生均固定资产与生均教学科研仪器设备的缺乏，严重制约着河南高等教育的办学质量，对于高水平大学的建设也是极大的阻碍。

三、师资水平地区比较分析

师资数量与水平直接关系着高校教育质量的优劣。哈佛大学第23任校长詹姆斯·B. 科南特（Jamese B. Conant）提出，“高校的荣誉不在它的校舍和人数，而是它一代又一代素质优良的教师，一所学校要站得住，教师一定要出色”[①]。梅贻琦先生也曾言：“所谓大学者，非谓有大楼之谓也，有大师之谓也。”[②]在专任教师中，具有正高级职称的人数比例和具有副高级职称的人数比例反映了一个地区专任教师的总体质量和层次。一个地区专任教师具有博士学位的比例反映了该区域专任教师的高学历状况以及未来的发展潜力。此外，生师比也是衡量师资状况的一项重要指标。因为生师比意味着教师服务学生的能力与可能性。生师比越小，意味着服务学生的教师数量越多，越有利于学生成长成才。本书采用专任教师数量、专任教师职称结构、专任教师学历结构和高等教育生师比等指标来衡量河南省高等教育的师资状况。

（一）专任教师数量

专任教师是直接从事教育教学工作的教师，他们的数量直接关系着教育事业的顺利开展。专任教师数量越多，代表着该地区师资力量越雄厚。为了解河南省专任教师数量情况，根据教育部发展规划司公布的2014年教育统计资料整理成柱状图（图2-6）。从图2-6中可以看出，河南省高等教育专任教师数（96 995人）总量位居中部六省第1，在全国排名第4，数目可观。但由于河南省高校学生数也十分庞大，这一专

① 转引自刘道玉. 论大学教师队伍的建设[J]. 武汉科技大学学报（社会科学版），2014（2）：117-122.

② 转引自王满仓，杨建飞. 循古判今：梅贻琦对大学教育思想的判析及启示[J]. 西安电子科技大学学报（社会科学版），2019，29（3）：138-141.

任教师数量是否能够满足教育教学与科研需要，则需要综合考虑生师比来确定。

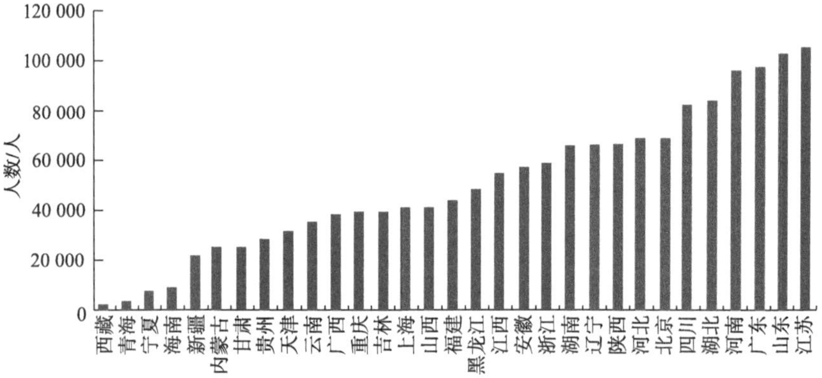

图 2-6 2014 年全国各地区高校专任教师数

教师数量是影响高等教育发展的重要指标，而比教师数量更重要的指标是教师的水平。拥有一支高质量的教师队伍，是提高高校教育水平，进而实现教育现代化与建设高等教育强国目标的智力保障。根据教育部发展规划司公布的2014年教育统计资料，全国各地区高等教育师资的大体状况见表2-7。

表 2-7 2014 年全国各地区普通高校总体师资状况 单位：%

地区	专任教师占教职工总数比例	行政教辅人员占教职工总数比例	专任教师中正高级职称人数比例	专任教师中副高级职称人数比例	专任教师中副高以上职称人数比例	具有博士学位专任教师占专任教师总数比例
全国平均	65.56	29.52	12.17	29.27	41.44	20.05
北京	48.05	38.87	25.07	35.28	60.35	54.50
天津	65.53	32.38	14.55	32.66	47.21	29.96
河北	66.88	30.12	13.95	29.67	43.62	12.79
山西	66.28	29.52	7.21	26.82	34.03	10.61
内蒙古	65.99	31.60	10.24	30.75	40.99	10.36
辽宁	65.43	31.96	13.69	30.98	44.67	19.87
吉林	61.23	33.55	14.84	31.33	46.17	20.78
黑龙江	60.94	35.33	15.35	32.86	48.21	20.52
上海	55.18	36.81	17.75	31.94	49.69	46.16
江苏	65.09	28.87	12.81	33.01	45.82	27.22

续表

地区	专任教师占教职工总数比例	行政教辅人员占教职工总数比例	专任教师中正高级职称人数比例	专任教师中副高级职称人数比例	专任教师中副高以上职称人数比例	具有博士学位专任教师占专任教师总数比例
浙江	66.44	28.67	13.59	30.82	44.41	26.36
安徽	70.21	23.98	7.93	26.79	34.72	13.50
福建	66.57	29.47	11.18	28.08	39.26	19.30
江西	71.31	24.49	10.06	26.93	36.99	10.35
山东	70.40	26.26	10.14	28.37	38.51	16.57
河南	73.01	22.83	8.35	26.60	34.95	12.57
湖北	64.32	30.63	12.70	31.33	44.03	22.25
湖南	66.45	28.81	10.74	29.09	39.83	15.76
广东	67.53	28.88	11.78	25.62	37.40	21.01
广西	65.70	25.61	10.55	27.29	37.84	11.30
海南	63.50	35.50	10.62	24.60	35.22	13.15
重庆	69.89	26.75	10.94	27.60	38.54	18.00
四川	68.06	26.97	10.41	26.28	36.69	15.61
贵州	72.20	26.53	9.41	30.77	40.18	9.02
云南	73.07	24.84	10.66	27.17	37.83	13.39
西藏	71.46	26.54	8.50	32.72	41.22	9.38
陕西	62.83	31.78	12.00	27.15	39.15	22.05
甘肃	68.52	25.13	11.50	30.34	41.84	13.88
青海	63.55	31.79	18.09	33.08	51.17	7.62
宁夏	68.81	27.57	15.59	28.18	43.77	10.92
新疆	64.76	33.67	5.94	28.18	34.12	9.65

专任教师占教职工总数的比例、行政教辅人员占教职工总数的比例这两个指标，反映了一个地区教职工总量的不同构成。由表2-7可知，不同地区之间专任教师占教职工总数的比例相差较大，为48.05%—73.07%，其中，北京市专任教师占教职工总数的比例最低，为48.05%（唯一低于50%的地区），而河南省专任教师占教职工总数的比例则高达73.01%，几乎与云南省（73.07%）并列第1。与此同时，河南省在行政教辅人员占教职工总数的比例这一指标上，所占比例最低，仅占两成出头；而北京市

的行政教辅人员占教职工总数的比例全国第1，高达38.87%。以上两个指标所揭示的河南省高等教育师资状况是令人忧虑的。因为行政教辅人员的比例偏低意味着广大专任教师要把大量的时间和精力放在许多本应由行政教辅人员承担的工作上，从而加重了他们的工作负担，进而影响其教学的质量和科研产出的水平。

（二）专任教师职称结构

专任教师的职称结构反映一个地区教师的总体质量和层次状况。职称越高，说明该地区专任教师的质量和层次越高。根据教育部发展规划司公布的2014年教育统计数据，笔者整理了部分省（自治区、直辖市）普通高校专任教师职称及占比情况（表2-8），并根据表2-7、表2-8的统计数据绘制了我国各地区专任教师中正高级职称人数的占比、副高级及其以上职称人数的占比的柱状图（图2-7—图2-9）。

表 2-8　2014 年全国部分地区普通高校专任教师职称及占比情况

地区	合计/人	正高级		副高级		中级		初级及以下	
		人数/人	占比/%	人数/人	占比/%	人数/人	占比/%	人数/人	占比/%
全国平均	1 566 048	190 528	12.2	458 388	29.3	627 233	40.1	289 899	18.5
北京	69 931	17 534	25.1	24 673	35.3	22 994	32.9	4 730	6.8
天津	30 945	4 649	15.0	10 432	33.8	12 516	40.4	3 348	10.8
上海	41 343	7 337	17.8	13 206	31.9	16 571	40.1	4 229	10.2
江苏	105 315	13 487	12.8	34 764	33.0	45 030	42.8	12 034	11.4
浙江	59 035	8 022	13.6	18 195	30.8	25 488	43.2	7 330	12.4
安徽	57 273	4 544	7.9	15 345	26.8	22 172	38.7	15 212	26.6
江西	55 318	5 563	10.1	14 899	26.9	22 996	41.6	11 860	21.4
山东	102 924	10 436	10.1	29 196	28.4	44 322	43.1	18 970	18.4
河南	96 995	8 103	8.4	25 799	26.6	38 899	40.1	24 194	24.9
湖北	83 859	10 652	12.7	26 276	31.3	31 694	37.8	15 237	18.2
湖南	65 714	7 055	10.7	19 114	29.2	27 559	41.9	11 986	18.2
贵州	28 515	2 684	9.4	8 773	30.8	9 297	32.6	7 761	27.2
西藏	2 601	221	8.5	851	32.7	1 001	38.5	528	20.3
青海	4 096	741	18.1	1 355	33.1	1 123	27.4	877	21.4
宁夏	7 831	1 221	15.6	2 207	28.2	2 229	28.5	2 174	27.7

由表2-8可知，2014年，全国普通高校拥有正高级职称的人数为190 528人，占全国普通高校专任教师总人数（1 566 048人）的12.2%；拥有副高级职称的人数为458 388人，占全国普通高校专任教师总人数的29.3%；拥有中级职称的人数为627 233人，占全国普通高校专任教师总人数的40.1%；拥有初级及以下职称的人数为289 899人，占全国普通高校专任教师总人数的18.5%。全国普通高校专任教师正高级、副高级、中级以及初级及以下人数之比为12.2：29.3：40.1：18.5。

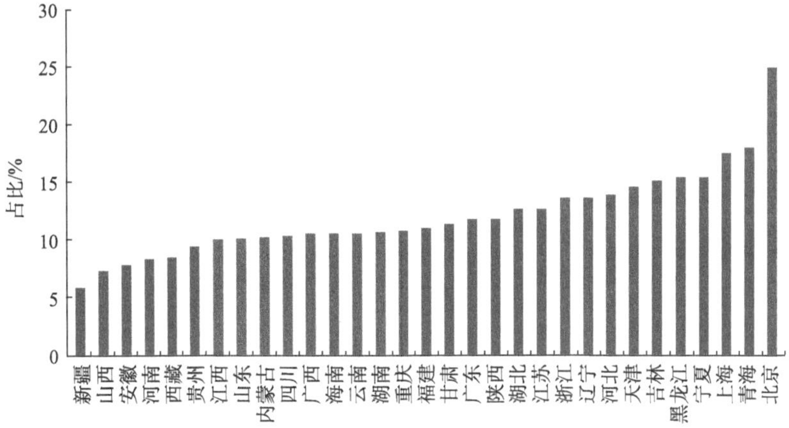

图 2-7　2014 年全国各地区普通高校专任教师中正高级职称占比

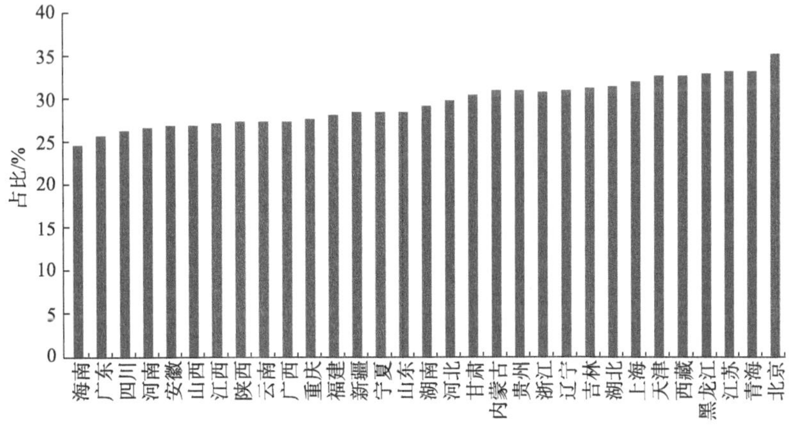

图 2-8　2014 年全国各地区普通高校专任教师中副高级职称占比

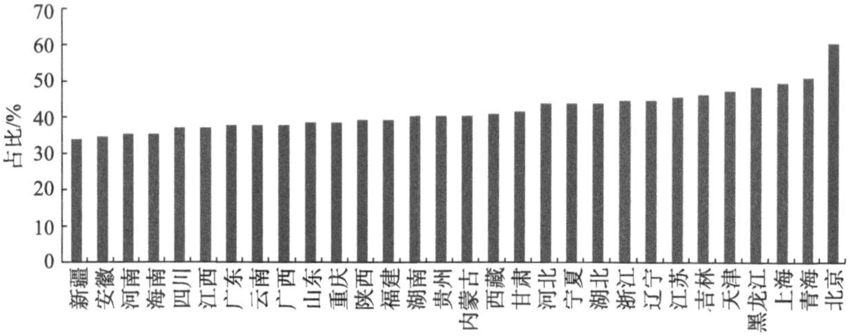

图 2-9　2014 年全国各地区普通高校专任教师中副高级以上职称占比

结合上述数据可知，专任教师中，正高级职称人数占比最大的是北京，为25.1%，且明显高于其他地区。河南省普通高校拥有正高级职称专任教师8103人，占全省普通高校专任教师总人数（96 995人）的8.4%，低于全国平均水平3.8个百分点，位列中部六省倒数第3名，全国倒数第4名；专任教师中，副高级职称人数占比最大的也是北京，为35.3%，河南省拥有副高级职称专任教师25 799人，占全省普通高校专任教师总人数的26.6%，低于全国平均水平2.7个百分点，位列中部六省倒数第1名，全国倒数第4名；专任教师中，具有副高级以上职称的人数占比并无显著差异，大部分省（自治区、直辖市）（26个）的比例在35%—50%。其中，比例最大的依然是北京，高达60.4%，这表明北京普通高校专任教师的队伍职称层次要高于其他地区。而河南省的表现依旧欠佳，其比例仅为35%，与全国平均水平的41.5%相比，低了6.5个百分点，位列中部六省倒数第2名，全国倒数第3名。河南省拥有中级职称专任教师38 899人，占全省普通高校专任教师总人数的40.1%，与全国平均水平持平；拥有初级及以下职称专任教师24 194人，占全省普通高校专任教师总人数的24.9%，高于全国平均水平6.4个百分点。总之，无论是普通高校专任教师正高级、副高级，还是副高级以上职称比例，河南省的排名都位于中部六省的中下游，在全国也排倒数第4以内。偏低的师资水平结构直接制约着河南省高等教育的发展，因此，提高师资水平、优化师资结构对于河南省来说刻不容缓。

（三）专任教师学历结构

衡量一个地区的师资水平，除了专任教师的数量与职称结构，其学历结构也是重要的指标。具有博士学位的专任教师比例反映了一个地区专任教师的高学历状况和未来的发展潜力，具有博士学历的专任教师所占比例越大，说明该地区专任教师学历水平越高，未来发展和上升的空间和可能性就越大。根据教育部发展规划司公布的2014年教育统计资料，笔者整理了部分地区普通高校专任教师学历结构情况（表2-9）和全国具有博士学位的专任教师数量情况（图2-10、图2-11）。

表 2-9　2014 年部分地区普通高校专任教师学历结构

地区	合计	博士		硕士		本科		专科以下	
		人数/人	占比/%	人数/人	占比/%	人数/人	占比/%	人数/人	占比/%
全国总计	1 566 048	313 943	20.0	559 720	35.7	670 504	42.8	21 881	1.4
北京	69 931	38 109	54.5	18 766	26.8	12 493	17.9	563	0.8
天津	31 945	9 572	30.0	11 202	35.1	10 970	34.3	201	0.6
上海	41 343	19 084	46.2	12 961	31.3	8 733	21.1	565	1.4
江苏	105 315	28 668	27.2	35 442	33.7	40 542	38.5	663	0.6
浙江	59 035	15 562	26.4	20 178	34.2	22 776	38.6	519	0.8
山东	102 924	17 050	16.6	35 847	34.8	48 531	47.2	1 496	1.4
河南	96 995	12 190	12.6	36 928	38.1	46 803	48.3	1 074	1.0
贵州	28 515	2 571	9.0	9 822	34.4	15 649	54.9	473	1.7
西藏	2 601	244	9.4	1 178	45.3	1 117	42.9	62	2.4
青海	4 096	312	7.6	1 052	25.7	2 595	63.4	137	3.3
宁夏	7 831	855	10.9	2 740	35.0	4 071	52.0	165	2.1

由表2-9可知，截止到2014年，全国普通高校拥有博士学位的专任教师有313 943人，占专任教师总数（1566 048人）的20.0%，拥有硕士学位的有559 720人，占总人数的35.7%，拥有本科及以下学历的专任教师有692 385人，占总人数的44.2%。

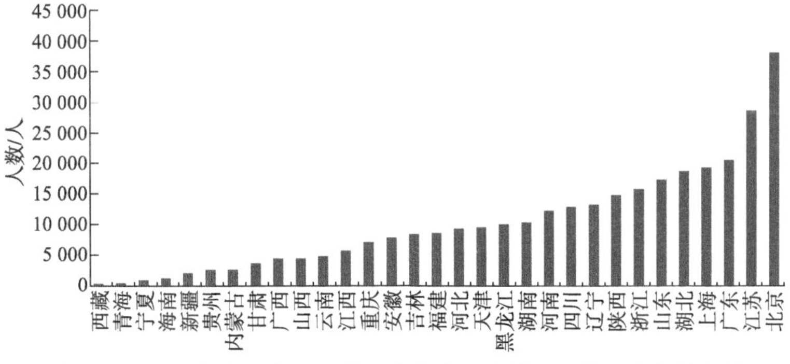

图 2-10　2014 年全国各地区普通高校中具有博士学位的专任教师数

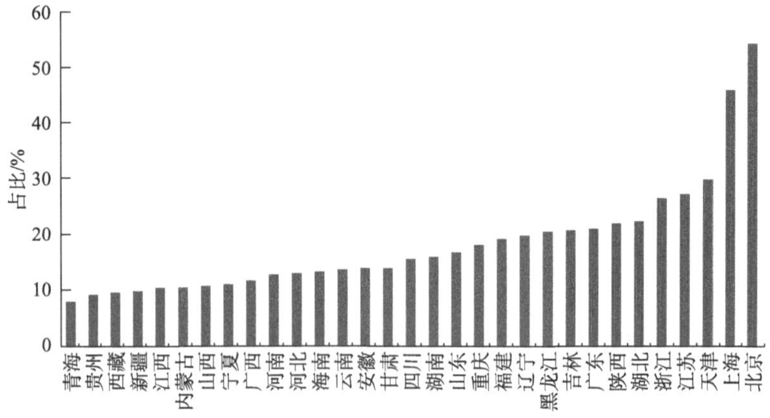

图 2-11 2014 年全国各地区普通高校中具有博士学位的专任教师占比

由表2-9与图2-10、图2-11可知，河南省普通高校中，具有博士学位的专任教师有12 190人，位居全国第11名；在中部六省中排在第2名，虽然名次可观，但与位居第1的湖北省（全国第5名）相比差距过大。这一数量对于人力资源大省、高考大省的河南来说，远远不够。2014年，河南省高校拥有博士学位的专任教师数占全省高校专任教师总数（96 995人）的12.6%，低于全国平均水平7.4个百分点，在全国排名第22名，处于下游水平，在中部六省中排在第4名；拥有硕士学位的专任教师为36 928人，占全省高校专任教师总数的38.1%，高于全国平均水平2.4个百分点；拥有本科及以下学历的有47 877人，占全省高校专任教师总人数的49.4%，高于全国平均水平5.2个百分点。由此可见，河南省专任教师的学历结构不够理想，这将导致河南高等教育的发展后劲不足。

（四）高等教育生师比

对于河南省专任教师数量是否充足这一问题，可以通过生师比这一指标进行衡量。生师比越低，意味着该地区学生规模越小，教师资源越充裕，越有利于提高教学质量；相应地，生师比越高，意味着该地区学生规模越大，教师资源越匮乏，越不利于学生的发展。根据教育部发展规划司公布的2014年教育统计资料，笔者整理了2014年全国各地区生师比的情况（表2-10、图2-12、图2-13）。

表 2-10　2014 年全国各地区普通高校生师比

地区	在校学生数/人							专任教师数/人	生师比	
	本科	专科	硕士	博士	本专小计	硕博小计	学生总数		本专科生师比	总生师比
北京	499 256	105 322	212 163	87 399	604 578	299 562	904 140	69 931	8.6 : 1	12.9 : 1
天津	329 233	176 562	43 076	8 436	505 795	51 512	557 307	31 945	15.8 : 1	17.4 : 1
河北	665 836	498 505	35 915	3 535	1 164 341	39 450	120 379	69 389	16.8 : 1	17.3 : 1
山西	4 219 26	291 292	25 514	2 448	713 218	27 962	741 180	41 769	17.1 : 1	17.7 : 1
内蒙古	234 824	171 590	16 099	1 179	406 414	17 278	423 692	25 239	16.1 : 1	16.8 : 1
辽宁	705 124	293 157	79 270	13 305	998 281	92 575	1 090 856	66 604	15.0 : 1	16.4 : 1
吉林	463 349	154 924	48 054	9 624	618 273	57 678	675 951	39 804	15.5 : 1	17.0 : 1
黑龙江	515 481	215 133	50 037	11 137	730 614	61 174	791 788	48 720	15.0 : 1	16.3 : 1
上海	364 679	141 965	105 962	27 592	506 644	133 554	640 198	41 343	12.3 : 1	15.5 : 1
江苏	1 012 643	685 993	124 757	25 933	1 698 636	150 690	1 849 326	105 315	16.1 : 1	17.6 : 1
浙江	599 978	378 238	49 877	10 634	978 216	60 511	1 038 727	59 035	16.6 : 1	17.6 : 1
安徽	605 040	475 505	41 505	5 085	1 080 545	46 590	1 127 135	57 273	18.9 : 1	19.7 : 1
福建	477 753	270 727	34 020	5 292	748 480	39 312	787 792	44 337	16.9 : 1	17.8 : 1
江西	497 642	418 773	26 640	1 020	916 415	27 660	944 075	55 318	16.6 : 1	17.1 : 1
山东	960 951	835 714	65 846	8 467	1796 665	74 313	1 870 978	102 924	17.5 : 1	18.2 : 1
河南	955 201	724 543	33 230	1 530	1679 744	34 760	1 714 504	96 995	17.3 : 1	17.7 : 1

续表

地区	在校学生数/人							专任教师数/人	生师比	
	本科	专科	硕士	博士	本专小计	硕博小计	学生总数		本专科生师比	总生师比
湖北	864 875	554 824	93 566	21 547	1 419 699	115 113	1 534 812	83 859	16.9 : 1	18.3 : 1
湖南	665 305	470 997	55 121	11 172	1 136 302	66 293	1 202 595	65 714	17.3 : 1	18.3 : 1
广东	998 186	796 002	72 399	14 169	1 794 188	86 568	1 880 756	97 812	18.3 : 1	19.2 : 1
广西	355 979	345 934	24 971	917	701 913	25 888	727 801	38 719	18.1 : 1	18.8 : 1
海南	104 704	75 861	3 975	193	180 565	4 168	184 733	8 975	20.1 : 1	20.6 : 1
重庆	433 586	257 969	43 505	5 474	691 555	48 979	740 534	39 560	17.5 : 1	18.7 : 1
四川	749 123	579 206	74 468	13 399	1 328 329	87 867	1 416 196	82 779	16.0 : 1	17.1 : 1
贵州	273 417	186 984	14 257	410	460 401	14 667	475 068	28 515	16.1 : 1	16.7 : 1
云南	379 211	197 833	28 774	2 206	577 044	30 980	608 024	35 463	16.3 : 1	17.1 : 1
西藏	22 159	11 315	1 403	25	33 474	1 428	34 902	2 601	12.9 : 1	13.4 : 1
陕西	705 800	393 813	81 613	17 143	1 099 613	98 756	1 198 369	66 686	16.5 : 1	18.0 : 1
甘肃	288 351	163 949	25 710	3 370	452 300	29 080	481 380	25 726	17.6 : 1	18.7 : 1
青海	34 320	18 587	2 973	62	52 907	3 035	55 942	4 096	12.9 : 1	13.7 : 1
宁夏	71 616	39 816	4 019	111	111 432	4 130	115 562	7 831	14.2 : 1	14.8 : 1
新疆	155 105	135 313	16 294	952	290 418	17 246	307 664	21 771	13.3 : 1	14.1 : 1

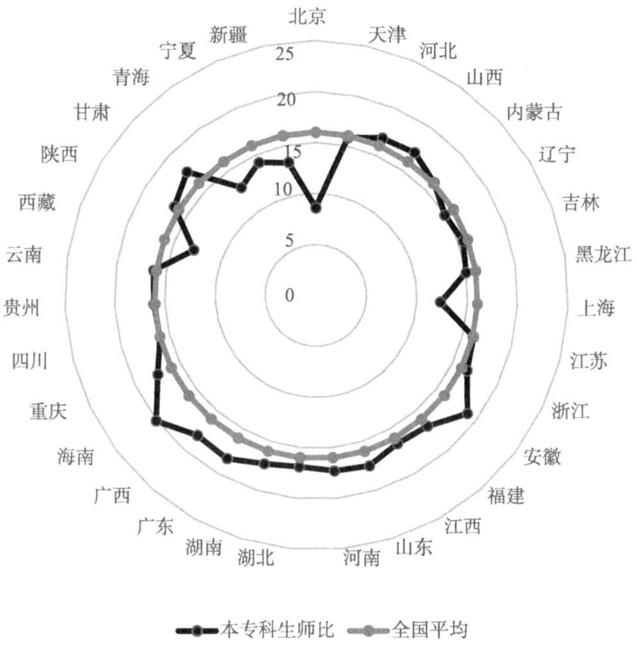

图 2-12　2014 年全国各地区普通高校本专科生师比

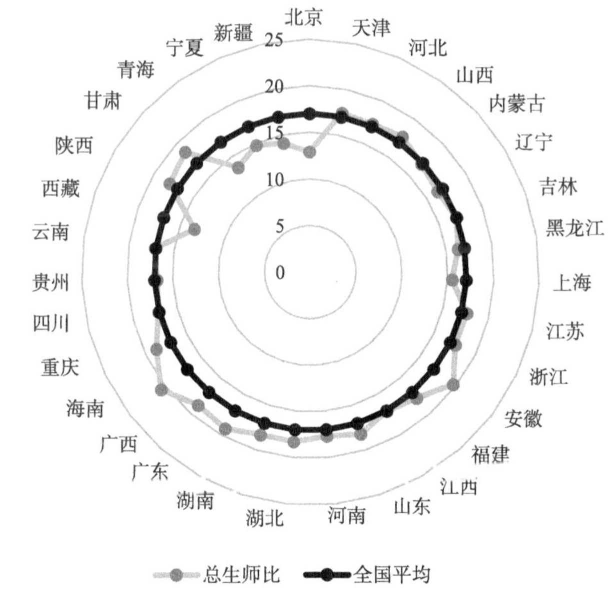

图 2-13　2014 年全国各地区普通高校生师比

2014年，全国普通高校拥有本专科学生总数为2547.7万人，专任教师共计156.6万人，生师比约为16：1。就全国范围而言，本专科生师比最低的是北京市，仅为8.6∶1，其次为上海市，仅为12.3∶1。本专科生师比较高的首推海南与安徽两省，分别为20.1∶1和18.9∶1。河南省本专科生师比是北京市的两倍多，以17.3∶1与湖南省位居全国第7名；在中部六省中，与湖南省并列第2名。即使将硕博学生纳入进来，进行总体在校学生数的考量，河南总生师比仍以17.7∶1位列全国第10名。

综上可知，河南省行政教辅人员占教职工总数的比例仅为22.83%，居全国倒数第1，导致许多本应行政教辅人员完成的工作要由专任教师来完成，极大地占用了专任教师的时间；虽然专任教师总量位居全国第4，但学生规模大，河南省本专科生师比是北京市的两倍多，以17.3∶1与湖南省并列中部六省第2名，为全国第7名，专任教师数量严重不足；职称结构不合理，专任教师学历偏低；河南省普通高校专任教师中具有正高级、副高级以及副高级以上职称的人数比例均排在全国倒数第4以内，且拥有博士学位教师的比例在全国排在第22名，处于下游水平，在中部六省中排在第4名。

河南省高校专任教师数量不足，具有高学历、高级职称的人数均低于全国平均水平，行政教辅人员占教职工总数的比例居全国倒数第1，生师比却高于全国平均水平。这说明河南省高校教师工作压力较大，这在一定程度上影响了河南省高校的教育质量和对学生的培养质量。

四、生均教育经费地区比较分析

（一）生均公共财政预算教育事业费①

教育投资占GDP或国民生产总值（gross national product，GNP）的百分比标志着国家对教育投资的实际水平，教育投资占财政总支出的百分比则表明了国家在教育投资方面的态度，这是衡量和判断教育投入数量是否合理的重要标准。根据教育部发展规划司公布的历年全国教育经费执行情况统计公告，笔者整理了2001年、2005年、2006年、2010年、2011年和2014年全国部分地区生均公共财政预算教育事业费的情况（表2-11）。

① 为与预算法表述保持一致，从2018年起，山西省等将“生均公共财政预算教育事业费”修改为“生均一般公共预算教育事业费”。本书仍沿用旧说。

表 2-11　全国部分地区普通高校生均公共财政预算教育事业费　单位：元

地区	2014 年	2011 年	2010 年	2006 年	2005 年	2001 年
全国平均	16 102.72	13 877.53	9 589.73	5 868.53	5 375.94	6 816.23
北京	58 548.41	44 073.80	34 546.43	18 228.36	17 036.50	12 730.42
上海	27 111.70	29 560.09	21 258.08	11 942.85	11 500.73	12 455.66
西藏	22 714.91	24 618.69	17 155.04	9 872.67	11 864.34	14 448.07
天津	18 667.98	19 142.80	12 395.91	9 158.63	9 134.45	8 078.25
宁夏	17 948.27	28 444.17	10 741.24	5 861.48	3 157.96	7 036.23
内蒙古	17 682.18	13 783.39	10 147.22	4 109.84	3 314.83	3 470.16
江苏	15 728.38	12 042.91	10 089.18	5 315.15	4 937.73	5 420.89
浙江	14 868.84	12 014.80	10 508.34	7 154.51	6 417.14	7 430.12
广东	14 361.68	11 837.00	11 200.22	8 272.89	7 529.40	9 060.17
新疆	14 289.26	15 696.38	13 194.92	3 651.19	3 135.87	2 162.31
海南	13 951.93	9 128.91	8 877.30	2 693.09	3 968.48	8 416.59
青海	13 397.21	19 995.63	10 944.41	7 343.27	5 972.89	4 893.83
贵州	13 093.56	10 140.61	8 823.65	3 905.26	3 721.96	2 124.67
河南	12 231.98	8 699.04	4 276.64	4 487.95	3 727.09	3 283.87
山东	11 962.13	10 750.95	6 913.92	3 371.39	3 195.17	4 919.54
山西	11 715.30	9 372.53	6 681.89	3 939.48	4 049.50	5 179.06
四川	11 623.22	9 001.27	6 481.06	2 352.76	2 076.09	3 179.71
云南	11 570.24	10 592.02	8 515.23	4 663.75	4 875.59	7 508.51
安徽	11 235.56	8 886.74	4 854.69	3 485.29	3 468.17	3 709.97
湖北	11 086.72	8 973.36	5 947.88	3 325.72	2 636.97	3 702.23

资料来源：根据 2001 年、2005 年、2006 年、2010 年、2011 年和 2014 年全国教育经费执行情况统计公告整理。

由表2-11可知，2014年，全国普通高校生均公共财政预算教育事业费平均为16 102.72元，是2001年的2.36倍；生均公共财政预算教育事业费最高的是北京（58 548.41元，同比2001年的12 730.42元增加了3.6倍），是全国生均平均数的3.64倍；生均公共财政预算教育事业费最低的是湖北，仅有11 086.72元，比全国平均数少了5016元，仅为全国平均水平的68.85%。

根据表2-11，2014年，河南省普通高校生均公共财政预算教育事业费为12 231.98元，比全国平均数少了3870.74元，仅为全国平均数的75.96%。查询《中国教育经费统计年鉴（2015）》可知，2014年，全国普通高校生均公共财政预算教育事业费为16 102.72元，比2013年增长了3.28%。其中，增长最快的是北京（22.93%）；河南省的增长率为14.52%，位于全国第五，在中部六省中增速位于第一。[①]虽然河南省的增幅高于全国平均水平，但是由于历史等原因，整体上在全国仍处于落后的地位。

（二）生均公共财政预算公用经费[②]

2014年，全国普通高校生均公共财政预算公用经费平均为7637.97元，与2001年的2613.56元相比，增加了1.92倍；全国生均公共财政预算公用经费最高的为北京（34 710.96元），是全国平均数的4.54倍，比2001年的6221.25元增加了4.58倍（表2-12）。

表 2-12 全国各地区普通高校生均公共财政预算公用经费 单位：元

地区	2014 年	2011 年	2010 年	2005 年	2001 年
全国平均	7 637.97	7 459.51	4 362.73	2 237.57	2 613.56
北京	34 710.96	26 465.43	19 896.42	10 688.17	6 221.25
天津	18 224.68	10 850.65	5 237.56	4 021.63	3 244.01
上海	17 831.19	23 492.42	15 438.48	6 865.05	6 504.37
宁夏	8 313.68	21 374.01	4 336.72	883.17	1 810.00
重庆	8 181.15	9 073.88	4 625.17	2 095.82	2 375.14
甘肃	7 706.92	5 125.06	2 764.49	980.48	1 008.07
海南	7 637.47	3 842.52	3 732.54	1 011.47	2 361.43
辽宁	7 309.70	4 906.86	2 287.49	1 596.77	1 455.16

① 中国教育经费统计年鉴（2015）[EB/OL].（2018-05-18）[2020-02-26]. http://www.doc88.com/p-0196481812020.html.

② 为与预算法表述保持一致，从2018年起，山西省将“生均公共财政预算公用经费”修改为“生均一般公共预算公用经费”。本书仍沿用旧说。

续表

地区	2014 年	2011 年	2010 年	2005 年	2001 年
内蒙古	7 153.14	7 911.96	5 042.42	709.46	248.42
江苏	6 940.78	7 196.70	5 213.14	2 189.23	1 709.49
福建	6 918.24	4 006.27	2 983.48	1 885.04	1 655.96
陕西	6 886.48	8 505.62	3 779.75	1 266.14	1 141.66
西藏	6 738.22	12 869.62	6 679.70	4 596.24	3 483.68
安徽	6 701.01	5 153.64	1 672.96	548.77	499.33
广西	6 699.22	5 745.81	2 702.68	1 408.09	1 553.66
浙江	6 579.33	4 771.38	3 819.66	2 273.32	2 538.45
河北	6 520.68	4 253.09	1 616.21	635.49	955.35
河南	6 510.68	4 768.50	1 441.28	1 280.46	1 021.80
湖南	6 278.24	5 699.85	1 495.88	970.47	968.72
江西	6 178.38	4 086.06	2 983.48	625.15	1 029.75
贵州	6 086.65	4 330.00	4 161.00	939.30	408.10
吉林	5 810.11	8 622.94	4 909.68	1 994.67	1 327.84
新疆	5 655.15	8 008.89	7 092.75	925.64	346.99
广东	5 546.02	5 418.52	5 864.76	3 399.36	3 527.85
四川	5 484.51	4 110.93	4 084.40	940.53	1 178.64
山西	5 227.05	3 557.44	1 850.42	1 100.27	1 132.25
黑龙江	5 226.34	5 682.06	2 029.52	1 131.22	1 054.41
云南	5 080.44	5 877.00	4 606.43	1 873.91	3 421.01
山东	4 559.01	5 675.75	2 225.89	787.01	1 351.76
青海	4 442.74	10 851.65	3 661.77	1 216.21	1 614.27
湖北	3 864.77	4 888.00	2 199.08	1 009.59	1 644.63

资料来源：根据 2001 年、2005 年、2010 年、2011 年和 2014 年全国教育经费执行情况统计公告整理。

表2-12数据显示，与2001年相比，2014年，河南省普通高校在校生生均公共财政预算公用经费增加了5.37倍，从全国倒数第8名提高到第18

名，进步十分明显。另据表2-13，2014年，河南省普通高校生均公共财政预算公用经费与2013年相比有显著增长，增长率为12.21%，为全国第5名，在中部六省中位于第2。但由表2-12可知，2014年，河南普通高校生均公共财政预算公用经费仍然比全国平均水平低了1127.29元，为全国平均水平的85.24%。

此外，2013年，河南省普通高等学校生均教育经费支出为17 093.73元，位于全国倒数第1名。①

表 2-13　2013—2014 年全国各地区普通高校生均公共财政预算公用经费增长情况

地区	2013 年/元	2014 年/元	增长率/%	地区	2013 年/元	2014 年/元	增长率/%
全国平均	7 899.07	7 637.97	−3.31	河南	5 802.23	6 510.68	12.21
北京	27 058.65	34 710.96	28.28	湖北	6 226.56	3 864.77	−37.93
天津	15 135.72	10 224.68	−32.45	湖南	6 798.33	6 278.24	−7.65
河北	7 431.32	6 520.68	−12.25	广东	6 045.81	5 546.02	−8.27
山西	5 123.86	5 227.05	2.01	广西	6 893.75	6 699.62	−2.82
内蒙古	6 759.06	7 153.14	5.83	海南	9 030.19	7 637.47	−15.42
辽宁	6 615.02	7 309.70	10.50	重庆	8 106.90	8 181.15	0.92
吉林	5 123.42	5 810.11	13.40	四川	6 555.45	5 484.51	−16.34
黑龙江	5 186.78	5 266.34	1.53	贵州	7 598.55	6 086.65	−19.90
上海	23 857.38	17 831.19	−25.26	云南	6 907.51	5 080.44	−26.45
江苏	8 500.99	6 940.78	−18.35	西藏	13 019.87	6 738.22	−48.25
浙江	6 006.52	6 579.33	9.54	陕西	7 739.15	6 886.48	−11.02
安徽	5 940.13	6 701.01	12.81	甘肃	6 028.09	7 706.92	27.85
福建	5 111.43	6 918.24	35.35	青海	6 064.91	4 442.74	−26.75
江西	6 608.62	6 178.38	−6.51	宁夏	9 114.14	8 313.68	−8.78
山东	4 826.51	4 559.01	−5.54	新疆	6 164.47	5 655.15	−8.26

资料来源：教育部发展规划司．2015 年教育统计数据[EB/OL].（2016-10-11）[2020-03-27]. http://www.moe.gov.cn/s78/A03/moe_560/jytjsj_2015/和中国教育经费统计年鉴（2015）[EB/OL].（2018-05-18）[2020-03-27]. http://www.doc88.com/p-0196481812020.html.

综上所述，整体上河南省高等教育经费公共财政投入处于较低的水

① 教育部财务司，国家统计局社会科技和文化产业统计司.中国教育经费统计年鉴（2014）[M].北京：中国统计出版社，2015.

平，近年来，虽然经费投入增加很快，但与全国其他各地相比仍然具有比较大的差距。

五、学生规模地区比较分析

（一）每万人口普通高校在校生数

各地每万人口普通高校在校生数在一定程度上反映了该地区适龄人口入学机会的多少，也预示着未来该地区的从业者结构与受教育层次。本书根据教育部公布的2014年各地普通高校在校生数及人口数，整理、计算了各地每万人口普通高校在校生数，结果如表2-14与图2-14所示。

表 2-14　2014 年全国各地区每万人口普通高校在校生数一览表

地区	总人口/万人	在校生总数/人	每万人口在校生数/人	地区	总人口/万人	在校生总数/人	每万人口在校生数/人
北京	2 152	904 140	420	甘肃	2 591	481 380	186
天津	1 517	557 307	367	安徽	6 083	1 127 135	185
陕西	3 775	1 198 369	317	河南	9 436	1 714 504	182
湖北	5 816	1 534 812	264	湖南	6 737	1 202 595	179
上海	2 426	640 198	264	广东	10 724	1 880 756	175
辽宁	4 391	1 090 856	248	宁夏	662	115 562	175
重庆	2 991	740 534	248	四川	8 140	1 416 196	174
吉林	2 752	675 951	246	内蒙古	2 505	423 692	169
江苏	7 960	1 849 326	232	河北	7 384	1 203 791	163
江西	4 542	944 075	208	广西	4 754	727 801	153
福建	3 806	787 792	207	贵州	3 508	475 068	135
黑龙江	3 833	791 788	207	新疆	2 298	307 664	134
海南	903	184 733	205	云南	4 714	608 024	129
山西	3 648	741 180	203	西藏	318	34 902	110
山东	9 789	1 870 978	191	青海	583	55 942	96
浙江	5 508	1 038 727	189				

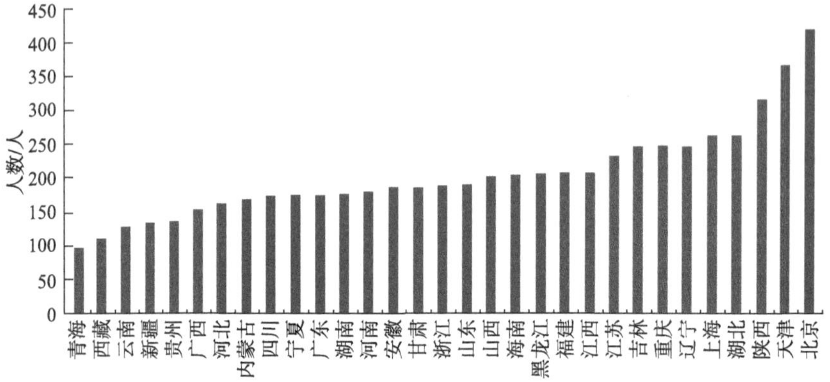

图 2-14　2014 年全国各地区普通高校每万人口在校生数

由此可知，北京每万人口普通高校在校生数最多，达到420人；天津、陕西、湖北、上海、吉林、辽宁、重庆、江苏等地每万人口普通高校在校生数居全国前列，都在230—370人。每万人口普通高校在校生数低于150人的有青海、西藏、云南、贵州、新疆。这些地区都是西部偏远地区与少数民族聚居地区，经济发展水平相对滞后，高等教育规模较小。河南省每万人口普通高校在校生数为182人，位于全国第19名，这对于作为高考大省的河南来说是不理想的。可以说，河南省高等教育资源还不能满足人民接受高等教育的需求。

此外，如图2-15所示，在中部六省的比较中，河南省每万人口在校生数的排名仅优于湖南省，位居倒数第2名，与位于全国第4名的湖北省相比，每万人口在校生数相差高达82人。

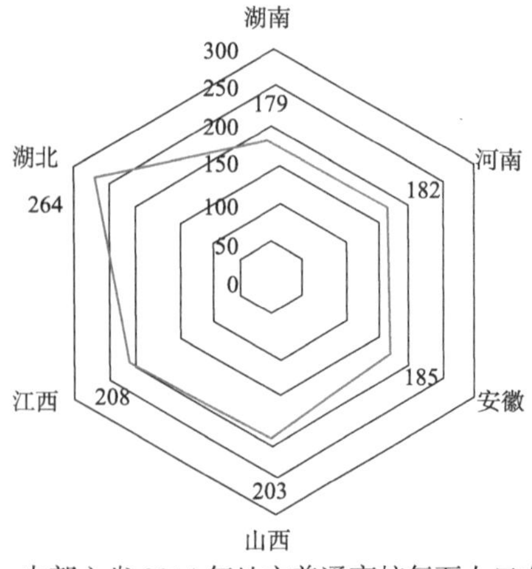

图 2-15　中部六省 2014 年地方普通高校每万人口在校生数

（二）普通高校校均学生数

一方面，河南省每万人口在校生数较少；另一方面，河南省普通高校校均学生数过多。如表2-15所示，2014年，河南省普通高校校均学生数为13 291人，仅次于广东省，位居全国第2名。另如图2-16所示，河南省普通高校校均学生数位居中部六省第1名，与第2名的湖北省相差813人，是第6名山西省校均学生数的1.42倍。可以说，河南高校学生规模过大，与受教育人口需求严重不匹配。

表 2-15　2014 年全国各地区普通高校校均学生数一览表

地区	在校生总数/人	高校总数/所	校均学生数/人	地区	在校生总数/人	高校总数/所	校均学生数/人
青海	5 5942	12	4 662	天津	557 307	55	10 133
西藏	34 902	6	5 817	北京	904 140	89	10 159
宁夏	115 562	18	6 420	河北	1 203 791	118	10 202
新疆	307 664	44	6 992	广西	727 801	70	10 397
内蒙古	423 692	50	8 474	海南	184 733	17	10 867
贵州	475 068	55	8 638	甘肃	481 380	43	11 195
福建	787 792	88	8 952	江苏	1 849 326	159	11 631
云南	608 024	67	9 075	吉林	675 951	58	11 654
山西	741 180	79	9 382	重庆	740 534	63	11 755
辽宁	1 090 856	116	9 404	湖北	1 534 812	123	12 478
上海	640 198	68	9 415	陕西	1 198 369	92	13 026
安徽	1 127 135	118	9 552	四川	1 416 196	107	13 235
湖南	1 202 595	124	9 698	山东	1 870 978	141	13 269
黑龙江	791 788	80	9 897	河南	1 714 504	129	13 291
江西	944 075	95	9 938	广东	1 880 756	141	13 339
浙江	1 038 727	104	9 988				

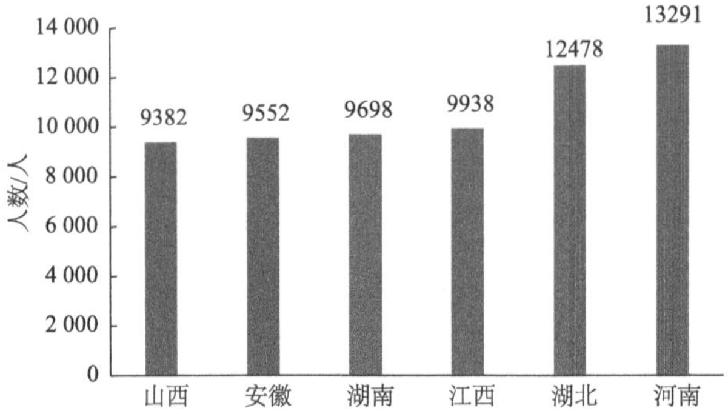

图 2-16　2014 年中部六省普通高校校均学生数

通过进一步对数据进行分析，发现在河南省普通高校中普遍存在着学生规模过大,而且结构不合理的问题——学生多集中于地方普通高校，而非部属与重点大学。根据教育部公布的相关数据，笔者将其整理后得出2014年全国各地区及中部六省地方普通高校校均学生数，如图2-17、图2-18所示。

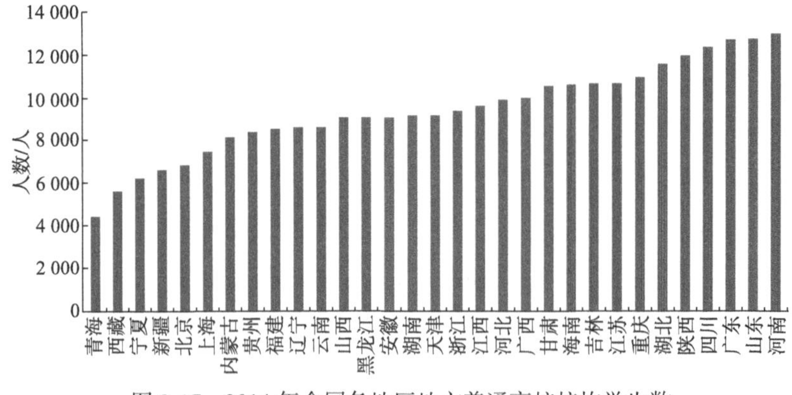

图 2-17　2014 年全国各地区地方普通高校校均学生数

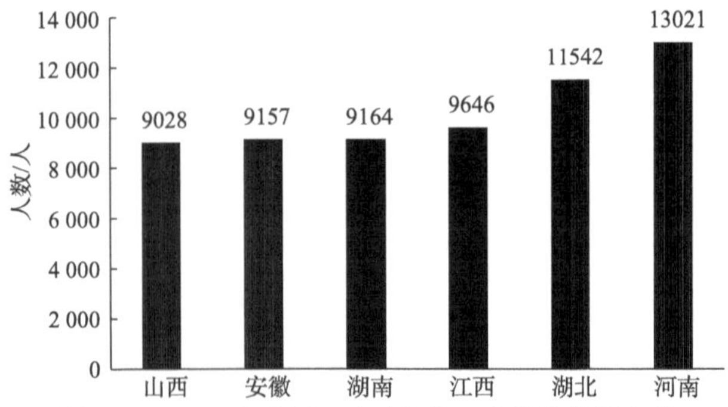

图 2-18　2014 年中部六省地方普通高校校均学生数

由图2-17可知，2014年，河南省在全国各地区地方普通高校校均学生数排行中，以13 021人高居全国第1名，且比位居第2名的山东省（12 742人）多了279人。结合图2-18可知，在中部六省中，河南省地方普通高校校均学生数比第2名的湖北省多了1479人，是其1.13倍，是第6名山西省的1.44倍。由此可见，由于河南省重点高校匮乏，学生考取本省重点大学的概率较小，而主要集中于地方普通高校，人口大省、生源大省的省情使得高校校均学生数过大。换句话说，河南省目前的高校数量是不足的，尤其重点高校十分匮乏。

（三）普通高校学生比例与层次

在校生总数占全国在校生总数的比例，是反映该地区高等教育规模的重要指标之一。如表2-16所示，这一比例超过5%的地区有6个，河南位列其中，其他的省（自治区、直辖市）是江苏、广东、湖北、四川和山东。对照同期的人口比例，不难发现，这6个省既是人口大省，又是教育大省。西部地区和人口较少地区的高等教育规模较小。这又一次证明了河南省在校生人数众多的事实。结合图2-19进一步梳理可得，河南省高校在校学生数为1 714 504人，占全国在校生总数的6.27%，位列全国第4名。另由图2-20可知，其位列中部六省首位。

表 2-16　2014 年全国各地区普通高等院校在校生情况

地区	本专科在校生/人	硕士在校生/人	博士在校生/人	在校生总数/人	在校生总数占全国在校生总数的比例/%
北京	604 578	212 163	87 399	904 140	3.31
天津	505 795	43 076	8 436	557 307	2.04
河北	1 164 341	35 915	3 535	1 203 791	4.41
山西	713 218	25 514	2 448	741 180	2.71
内蒙古	406 414	16 099	1 179	423 692	1.55
辽宁	998 281	79 270	13 305	1 090 856	3.99
吉林	618 273	48 054	9 624	675 951	2.47
黑龙江	730 614	50 037	11 137	791 788	2.90
上海	506 644	105 962	27 592	640 198	2.34
江苏	1 698 636	124 757	25 933	1 849 326	6.77
浙江	978 216	49 877	10 634	1 038 727	3.80

续表

地区	本专科在校生/人	硕士在校生/人	博士在校生/人	在校生总数/人	在校生总数占全国在校生总数的比例/%
安徽	1 080 545	41 505	5 085	1 127 135	4.12
福建	748 480	34 020	5 292	787 792	2.88
江西	916 415	26 640	1 020	944 075	3.46
山东	1 796 665	65 846	8 467	1 870 978	6.85
河南	1 679 744	33 230	1 530	1 714 504	6.27
湖北	1 419 699	93 566	21 547	1 534 812	5.62
湖南	1 136 302	55 121	11 172	1 202 595	4.40
广东	1 794 188	72 399	14 169	1 880 756	6.88
广西	701 913	24 971	917	727 801	2.66
海南	180 565	3 975	193	184 733	0.68
重庆	691 555	43 505	5 474	740 534	2.71
四川	1 328 329	74 468	13 399	1 416 196	5.18
贵州	460 401	14 257	410	475 068	1.74
云南	577 044	28 774	2 206	608 024	2.23
西藏	33 474	1 403	25	34 902	0.13
陕西	1 099 613	81 613	17 143	1 198 369	4.39
甘肃	452 300	25 710	3 370	481 380	1.76
青海	52 907	2 973	62	55 942	0.20
宁夏	111 432	4 019	111	115 562	0.42
新疆	290 418	16 294	952	307 664	1.13

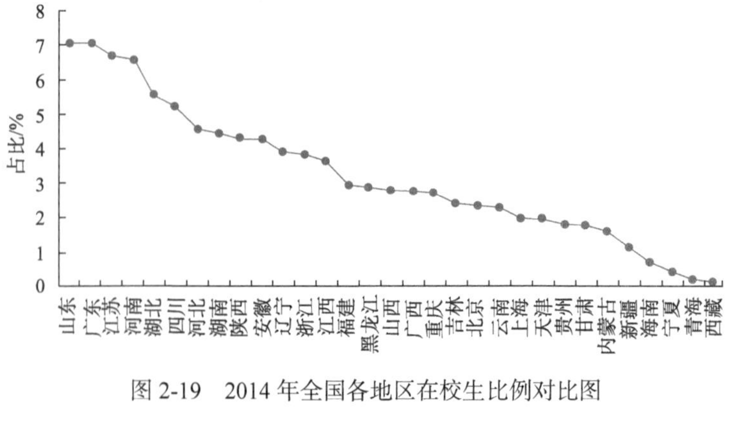

图 2-19　2014 年全国各地区在校生比例对比图

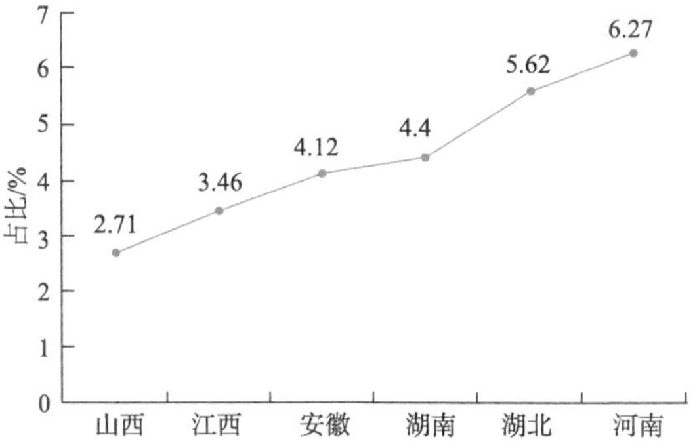

图 2-20　2014 年中部六省在校生比例对比图

（四）普通高校各类学生占全国在校生总数的比例

各地区普通高校各类学生占全国在校生总数的比例，反映了各地区不同层次高等教育的规模情况。把表2-16中的数据处理后计算出全国普通高校在校生层次及其比例，见表2-17。由表2-17可知，各地区的本专科在校生数与在校生总数占全国在校生总数的比例基本一致，而硕士、博士在校生数占全国在校生总数的比例则呈现不同的情况：北京地区的该比例要高于其他地区，其次是上海、江苏、广东、湖北、陕西等高等教育较发达的地区，该比例都在4%以上。这些地区是培养高层次人才的主要地区。

表 2-17　2014 年全国各地区普通高校在校生层次及其比例　单位：%

地区	在校生总数占全国在校生总数的比例	本专科在校生数占全国地方普通高校本专科在校生总数的比例	硕士在校生数占全国地方普通高校硕士在校生总数比例	博士在校生数占全国地方普通高校博士在校生总数的比例
北京	3.31	2.37	13.82	27.95
天津	2.04	1.99	2.81	2.70
河北	4.41	4.57	2.34	1.13
山西	2.71	2.80	1.66	0.78
内蒙古	1.55	1.60	1.05	0.38
辽宁	3.99	3.92	5.16	4.26
吉林	2.47	2.43	3.13	3.08

续表

地区	在校生总数占全国在校生总数的比例	本专科在校生数占全国地方普通高校本专科在校生总数的比例	硕士在校生数占全国地方普通高校硕士在校生总数比例	博士在校生数占全国地方普通高校博士在校生总数的比例
黑龙江	2.90	2.87	3.26	3.56
上海	2.34	1.99	6.9	8.82
江苏	6.77	6.67	8.13	8.29
浙江	3.80	3.84	3.25	3.40
安徽	4.12	4.24	2.70	1.63
福建	2.88	2.94	2.22	1.69
江西	3.46	3.60	1.74	0.33
山东	6.85	7.05	4.29	2.71
河南	6.27	6.59	2.16	0.49
湖北	5.62	5.57	6.10	6.89
湖南	4.40	4.46	3.59	3.57
广东	6.88	7.04	4.72	4.53
广西	2.66	2.76	1.63	0.29
海南	0.68	0.71	0.26	0.06
重庆	2.71	2.71	2.83	1.75
四川	5.18	5.21	4.85	4.29
贵州	1.74	1.81	0.93	0.13
云南	2.23	2.26	1.87	0.71
西藏	0.13	0.13	0.09	0.01
陕西	4.39	4.32	5.32	5.48
甘肃	1.76	1.78	1.67	1.08
青海	0.20	0.21	0.19	0.02
宁夏	0.42	0.44	0.26	0.04
新疆	1.13	1.14	1.06	0.30

为进一步了解河南省高等教育培养的人才层次，本书将研究生毕业数与招生数也纳入考察范围，对教育部公布的数据进行整理后制成2014年全国部分地区高校研究生人数表（表2-18）。

表 2-18　2014 年部分地区高等院校研究生人数　　单位：人

地区	毕业人数			招生人数			在校生人数		
	合计	博士	硕士	合计	博士	硕士	合计	博士	硕士
全国总计	535 863	53 653	482 210	621 323	72 634	548 689	1 847 689	312 676	1 535 013
北京	83 155	16 786	66 369	101 016	21 974	79 042	299 562	87 399	212 163
江苏	41 679	4 066	37 613	49 105	5 677	43 428	150 690	25 933	124 757
上海	36 572	4 516	32 056	43 930	6 338	37 592	133 554	27 592	105 962
湖北	32 261	4 043	28 218	39 141	4 902	34 239	115 113	21 547	93 566
陕西	27 083	1 847	25 236	32 217	3 448	28 769	98 756	17 143	81 613
辽宁	28 815	1 853	26 962	31 240	2 656	28 584	92 575	13 305	79 270
四川	24 873	2 100	22 773	27 817	2 911	24 906	87 867	13 399	74 468
广东	25 538	2 837	22 701	29 769	3 559	26 210	86 568	14 169	72 399
山东	23 379	1 532	21 847	26 545	1 967	24 578	74 313	8 467	6 846
湖南	18 914	1 500	17 414	20 889	2 094	18 795	66 293	11 172	55 121
浙江	16 535	1 698	14 837	20 164	2 343	17 821	60 511	10 634	49 877
吉林	17 003	1 817	15 186	19 960	2 187	17 773	57 678	9 624	48 054
天津	15 774	1 656	14 118	17 552	2 121	15 431	51 422	8 346	43 076
重庆	14 915	889	14 026	16 647	1 258	15 389	48 979	5 474	43 505
安徽	13 859	1 155	12 704	16 249	1 414	14 835	46 590	5 085	41 505
福建	10 878	900	9 978	12 505	1 180	11 325	39 312	5 292	34 020
河北	12 131	409	11 722	13 175	571	12 604	38 450	2 535	35 915
河南	11 172	256	10 916	12 805	468	12 337	34 760	1 530	33 230
云南	8 987	355	8 632	10 462	474	9 988	30 980	2 206	28 774

表2-16、表2-17与表2-18的相关数据显示，2014年，河南省本专科在校生数为1 679 744人，占全国地方普通高校本专科在校生总数的6.59%，仅次于山东省、广东省与江苏省，位列全国第4名。但硕士与博士培养数

量却极为有限。硕士在校生数为33 230人，占当年全国硕士在校生总人数（1 535 013人）的2.16%，位居全国31个省（自治区、直辖市）的倒数第11名；博士在校生仅为1530人，仅占当年全国博士生在校生数（312 676人）的0.49%，位居全国倒数第10名。

在研究生招生方面，2014年，河南省博士招生人数为468人，占全国博士招生人数（72 634人）的0.64%，在31个省（自治区、直辖市）中位居倒数第10名；河南省硕士招生12 337人，占全国硕士招生总人数（548 689人）的2.25%，位居全国倒数第14名。同时，在年度毕业研究生方面，2014年，河南省毕业博士256人，占全国博士毕业生总人数（53 653人）的0.48%，位居全国倒数第10名。河南省毕业硕士生为10 916人，占全国硕士毕业生总人数（482 210人）的2.26%，在31个省（自治区、直辖市）中位居倒数第14名。①

以上数据清晰地说明了河南省高等教育人才培养的层次偏低，以本专科生培养为主，而没有把培养的重点放在硕士、博士研究生上。这不利于贯彻人才强省战略。

在中部六省高等教育人才培养层次的比较中，也能清晰地看到这一点。结合表2-17与图2-21可知，在中部六省中，河南省本专科培养居于第1名，硕士培养居于第4名，博士培养居于倒数第2名。这说明河南省人才培养主要以本专科生为主，学生的层次总体不高。

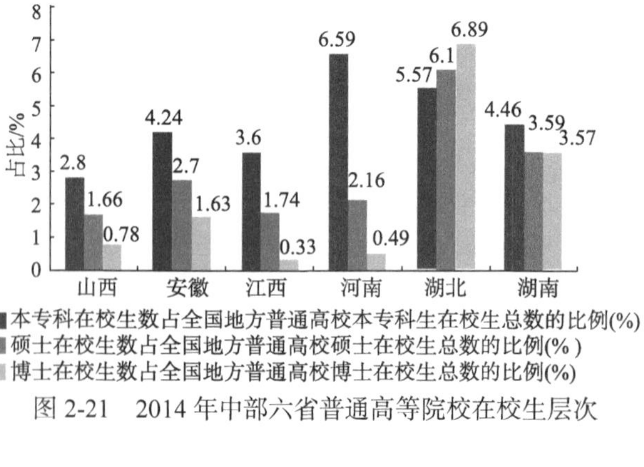

图 2-21　2014 年中部六省普通高等院校在校生层次

① 教育部. 高等学校（机构）研究生数[EB/OL].（2015-09-01）[2020-06-06]. http://www.moe.gov.cn/s78/A03/moe_560/jytjsj_2014/2014_gd/201509/t20150901_204868.html.

综上可知：①2014年，河南省高校在校生总数占全国在校生总数的6.27%，位列全国第4名、中部六省首位。②河南省每万人口普通高校在校生数为182人，位于全国第19名；在中部六省中，仅优于湖南省，居倒数第2名。③河南省的普通高校校均学生规模过大，2014年，河南省普通高校校均学生数为13 291人，位居全国第2名，中部六省第1名，比第2名的湖北省多813人，是第6名山西省校均学生数的1.42倍。④由于重点高校匮乏，河南学生多集中于地方普通高校，而非部属与重点大学。⑤河南省高等教育人才培养的层次偏低，以本专科生培养为主，硕士生与博士生培养人数极为有限，这与实行高教强省战略极不匹配。

六、科研水平地区比较分析

人才培养、科学研究、社会服务是高等教育的三大职能。其中，教师的科研水平不仅对提升教学成效、培养优秀人才有重要意义，而且还能起到为当地经济社会服务、推动区域社会发展的重要作用。因此，衡量高等教育质量与水平，科研是极其重要的一项指标。研究与开发（research and deveplomment，R&D）项目数，能够体现一个地区普通高校每个专任教师所承担的科研项目的数量，反映该地区的科研水平；专利授权数反映教师的科研能力以及该地区普通高校的科研水平；论文数也是衡量高校科研水平的重要指标。根据2015年高校科技统计资料汇编数据，笔者分别统计了各地普通高校的 R&D 项目数、专利授权数、论文数，并根据各地普通高校的专任教师数，计算各地的师均 R&D 项目数、师均专利授权数、师均论文数，编制成2014年我国普通高校科研水平的分布统计表（表2-19），以衡量河南省普通高校科研水平在全国中的位置。

由表2-19可知，在 R&D 项目总数上，河南省为892项，位居全国第12名；在中部六省中位居第2名，且与第1名的湖北省（1487项）相差较大，仅约为湖北省的60%。尽管河南省的专任教师数（96 995人）要多于湖北省（83 859人），但在专利授权数上，河南省为2636项，位居全国第12名；在中部六省的排名中，不敌安徽省（3151项）与湖北省（3779项），位居第3名，专利授权数仅约等于第1名湖北省的70%。在论文数上，河南省为30 174篇，位居全国第12名。在中部六省的排名中，不敌湖南省（33 321篇）与湖北省（53 055篇），位居第3名，论文数仅约等于湖北省的57%。综上，虽然河南省专任教师数位居全国第4名，但科研产出较弱，无论是在 R&D 项目数、专利授权数，还是论文数上都仅位于全国第12名；在中部六省中，与第1名的湖北省也相差甚大。

表 2-19　2014 年全国各地区普通高校科研水平统计表

地区	R&D 项目数/项	专利授权数/项	论文数/篇	专任教师/人	师均 R&D 项目数/项	师均专利授权数/项	师均论文数/篇
北京	3 377	7 251	80 966	69 931	0.048	0.104	1.158
天津	490	1 738	19 946	31 945	0.015	0.054	0.624
河北	704	1 354	21 396	69 389	0.010	0.020	0.308
山西	173	621	10 739	41 769	0.004	0.015	0.257
内蒙古	29	271	9 283	25 239	0.001	0.011	0.368
辽宁	1 112	2 430	36 837	66 604	0.017	0.036	0.553
吉林	230	1 611	17 495	39 804	0.006	0.040	0.440
黑龙江	514	4 137	30 463	48 720	0.011	0.085	0.625
上海	2 897	5 387	56 302	41 343	0.070	0.130	1.362
江苏	5 156	13 063	81 844	105 315	0.049	0.124	0.777
浙江	1 629	8 106	28 334	59 035	0.028	0.137	0.480
安徽	284	3 151	28 442	57 273	0.005	0.055	0.497
福建	1 132	1 459	12 419	44 337	0.026	0.033	0.280
江西	508	646	18 903	55 318	0.009	0.012	0.342
山东	867	4 906	40 926	102 924	0.008	0.048	0.398
河南	892	2 636	30 174	96 995	0.009	0.027	0.311
湖北	1 487	3 779	53 055	83 859	0.018	0.045	0.633
湖南	735	2 484	33 321	65 714	0.011	0.038	0.507
广东	1 123	3 699	42 139	97 812	0.011	0.038	0.431
广西	648	987	18 267	38 719	0.017	0.025	0.472

续表

地区	R&D项目数/项	专利授权数/项	论文数/篇	专任教师/人	师均R&D项目数/项	师均专利授权数/项	师均论文数/篇
海南	5	61	2 490	8 975	0.001	0.007	0.277
重庆	980	1 622	21 007	39 560	0.025	0.041	0.531
四川	1 576	3 216	44 833	82 779	0.019	0.039	0.542
贵州	19	430	8 392	28 515	0.001	0.015	0.294
云南	195	1 406	13 852	35 463	0.005	0.040	0.391
西藏	6	12	662	2 601	0.002	0.005	0.255
陕西	1 354	5 024	39 188	66 686	0.020	0.075	0.588
甘肃	29	608	12 215	25 726	0.001	0.024	0.475
青海	59	18	1 595	4 096	0.014	0.004	0.389
宁夏	1	66	4 894	7 831	0.000	0.008	0.625
新疆	83	190	9 494	21 771	0.004	0.009	0.436
总计	28 294	82 369	82 9873	1 566 048	0.018	0.053	0.530

为了更直观地比较各地的差异，本书将表2-19中的相关数据进行处理后排序绘制成柱状图，见图2-22—图2-27。

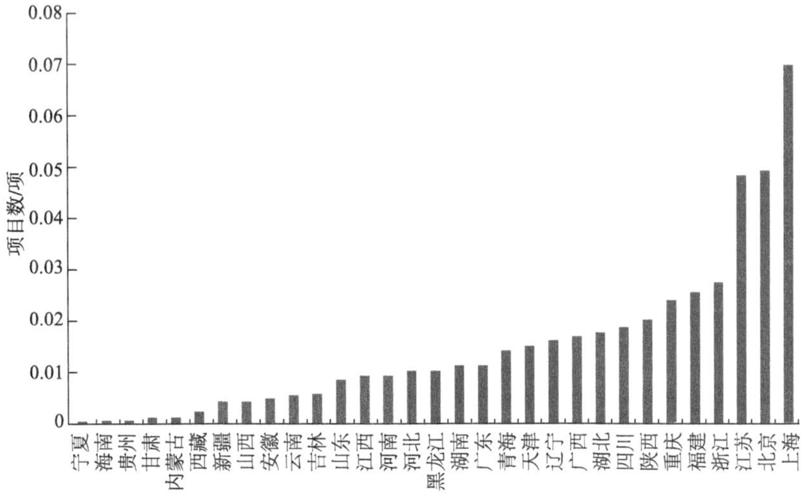

图 2-22　2014 年各地区普通高校师均 R&D 项目数

如图2-22所示，2014年，我国31个省（自治区、直辖市）普通高校师均 R&D 项目数分布差异明显。上海、北京、江苏的师均 R&D 项目数位于前3名；而宁夏、海南、贵州、甘肃等地区的师均 R&D 项目数都特别低，说明这些地区的高校科研能力较弱。河南省师均 R&D 项目数仅为0.009项，低于全国平均水平（0.018项），位列全国第18名，处于我国中下游水平。另据图2-23可知，河南省师均 R&D 项目数，与江西省一道并列中部六省的第3名，仅为湖北省的一半。

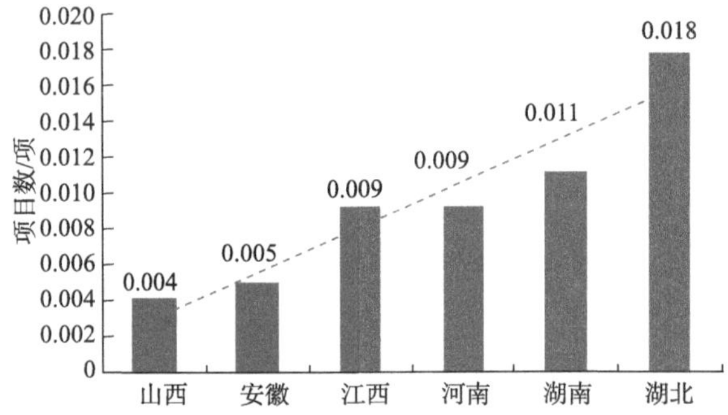

图 2-23 2014 年中部六省普通高校师均 R&D 项目数

注：图中虚线为 2014 年中部六省普通高校师均 R&D 项目数线性趋势线，便于直观对比，余同。

师均专利授权数反映一个地区普通高校将科研产品转化为知识产权的程度，以及教师的科研能力和该地区普通高校的科研水平。由图2-24可知，我国各地普通高校师均专利授权数分布极不均衡，其中，浙江最多（0.137），其次是上海（0.13）、江苏（0.124）。河南省师均专利授

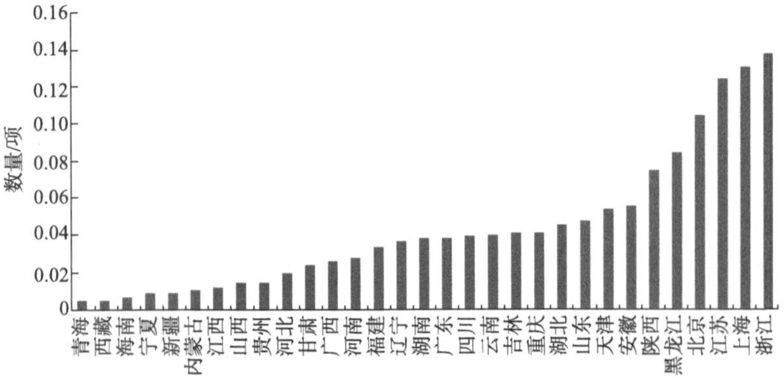

图 2-24 2014 年我国各地区普通高校师均专利授权数

权数仅为0.027，与前三名差距巨大，即使与全国平均水平（0.053）相比，也刚到其一半。另据图2-25可知，在中部六省的排名中，河南位居第4名，其师均专利授权数还不到安徽的一半。

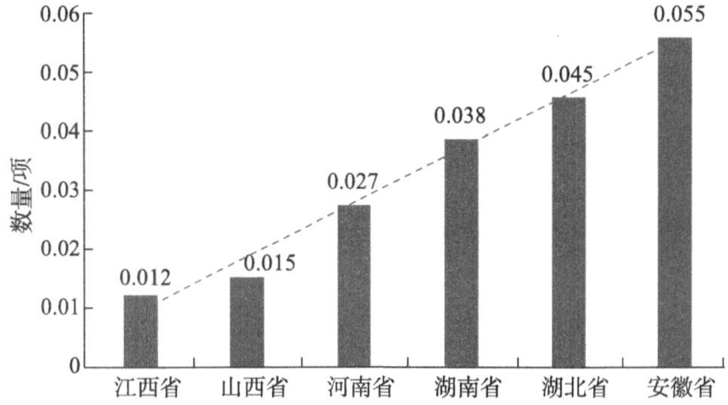

图 2-25　2014 年中部六省师均专利授权数

师均论文数是衡量高校科研水平的重要指标。如图2-26所示，除上海、北京、江苏外，其他各地区的分布较为平均。河南省的师均论文数为0.311篇，位列全国倒数第7名，远低于全国平均水平（0.53篇）。另据图2-27所示，在中部六省的排名中，河南省仅优于山西省，位列倒数第2名，其师均论文数不到第1名湖北省的一半。

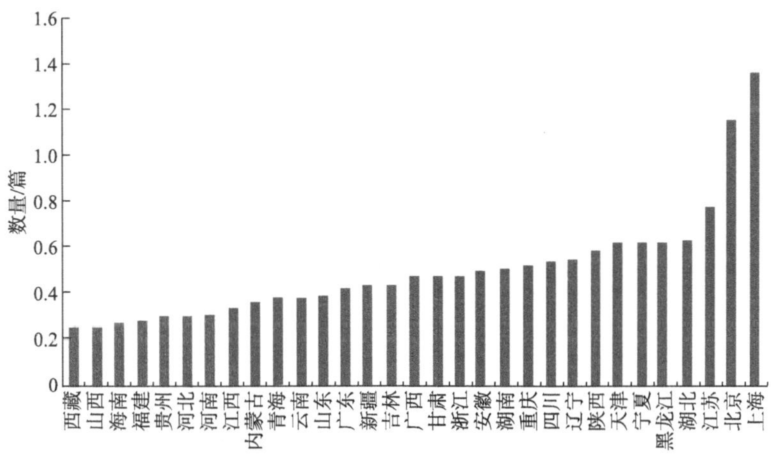

图 2-26　2014 年全国各地区普通高校师均论文数

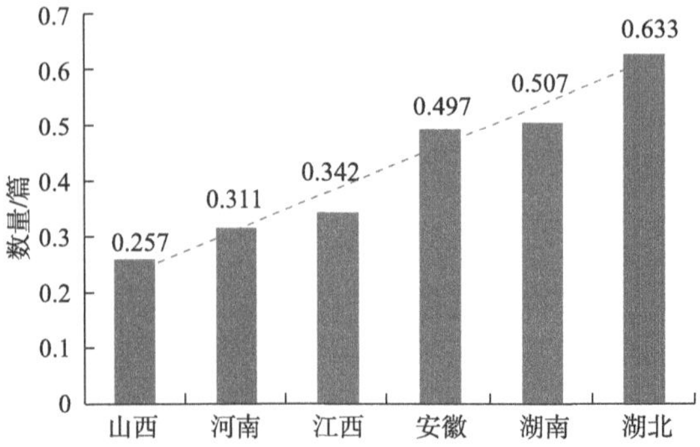

图 2-27　2014 年中部六省普通高校师均论文数

总之，在 R&D 项目数、专利授权数和论文总数上，河南省均位于全国第12名，这与其教育大省应有的位置并不匹配。而在师均 R&D 项目数、师均专利授权数、师均论文数上，河南省都处在中等偏下的位置，说明其普通高校的科研水平没有达到国家平均水平。即使在中部六省中，河南省的科研水平也不算突出，这与河南省人口大省、教育大省的省情是分不开的，这种现状极大地制约了河南经济社会发展的速度与潜力。因此必须加大科研支持力度，提升其科研的数量与质量，以扭转这一严峻局面。

综上所述，河南省高等教育在高校密度与层次、基础设施、师资水平、生师比、生均教育经费投入、学生结构、科研水平等方面，与全国乃至中部六省相比，都有着明显的差距。相对于河南省人口大省和区域经济社会发展的现状，河南省高等教育建设，尤其是一流大学建设明显滞后。在此背景下，在河南省建设一流大学有着独特的重大意义，显得尤为迫切和必要。

第三节　河南省高等教育发展面临的问题

作为社会经济发展的“思想库”、“智囊团”和“动力源”，高等教育的发展水平是一个地区现代化程度和综合实力的重要标志。21世纪以来，河南省深入实施科教兴豫和人才强省战略，把高等教育发展摆在突出位置，认真落实国家中长期教育改革和发展规划纲要，抢抓机遇，强化措施，加大投入，办学规模迅速扩大、办学水平不断提升、办学活力持续增强，高等教育进入了大众化深入发展、内涵建设全面加强的新阶段，服务经济社会发展的能力和作用明显增强。如表2-14所示，截止到2014年底，河南全省普通高校拥有在校生数达1 714 504人，仅次于山东（1 870 978人）、广东（1 880 756人）和江苏（1 849 326人），名列全国第四，跻身于全国高等教育大省行列。在“穷省办大教育”的情况下，河南省高等教育取得的长足进步来之不易。

在看到取得的成绩的同时，也应看到目前河南省高等教育发展大而不强、宽而不精的现状，这种现状严重制约着中部崛起、在全面建成小康社会中中原更出彩战略目标的实现。结合前述维度与呈现出的数据事实，河南省高等教育发展主要存在以下几个方面的问题。

一、优质高等教育资源匮乏

改革开放以来，河南省高等教育在校生规模从不足2.8万人[①]发展到2015年的180.45万人[②]，这一成就的取得是前所未有的。但与此同时，也应该看到河南省高等教育资源在配置方面还存在着不少的问题，主要表现在以下几个方面。

（一）生源数量大，高等教育资源匮乏

河南省高等教育资源匮乏，主要包括高等教育整体资源不足与高等教育优质资源短缺两个方面。高等教育整体资源不足主要体现在河南省普通高校在校生数占总人口数的比例偏低和高等教育毛入学率偏低等方面。高等教育优质资源的短缺则主要体现在重点大学数量偏少、重点学科与重点实验室数量不多等方面。

第一，在高等院校数量、层次方面。与中部六省的其他省乃至全国平均水平相比，河南省还有很大差距。例如，2014年，河南高校数量在全国位居第三，在中部六省中，位列第一，但由于河南省是人口大省，按人口

① 孙增福. 1987 年河南教育年鉴[Z]. 郑州：河南教育出版社. 1988：704.

② 河南省教育厅. 2015 年河南省教育事业发展统计公报[EB/OL].（2016-05-16）[2020-05-30]. http://www.haedu.gov.cn/2016/05/16/1463367234225.html.

数量计算高校分布密度的话，河南省每百万人口高校数仅为1.367，在全国仅排在第29位，位居全国倒数第三，在中部六省中位居倒数第一。

第二，在高等教育毛入学率方面，2017年，河南省高等教育毛入学率为41.78%[①]，与2007年的毛入学率19.68%相比，增长了的112.3%，可谓进步不小，但与全国平均水平（45.7%）[②]相比仍有不小的差距。

第三，在优质高等教育资源方面，重点高校属于高等教育的优质资源。众所周知，全国共有39所“985工程”大学和116所“211工程”大学（包括坚持两地办学的高校，如中国石油大学、中国地质大学、中国矿业大学和华北电力大学），而河南省129所普通高校中仅有郑州大学一所“211工程”大学。不仅与东部地区的北京（26所）、江苏（11所）、上海（9所）等省（自治区、直辖市）相差甚远，而且与同为中西部地区的湖北（7所）、陕西（7所）、四川（5所）等省（自治区、直辖市）相比，也有很大的差距。实际上，河南省每百万人口重点高校仅为0.011，在全国排在最后一位，这与河南省经济社会的发展极不相称。如果按全国现有人口（13.68亿人）来计算，平均每3507万人中有1所“985工程”大学，每1179万人中有1所“211工程”大学。按此比例，2010年，河南省人口就已经突破了1亿人[③]，应分别有“985工程”和“211工程”大学3所和8所。

省部共建高校数量是衡量优质高等教育资源的另一项指标。河南省拥有11所新型的省部共建大学，但大多是与国务院相关部委局共建的，与教育部共建大学只有郑州大学、河南大学和河南师范大学3所。

重点学科和重点实验室也是衡量优质高等教育资源的重要指标。在全国高校103个国家重点实验室中，河南省一个也没有。[④]由教育部科学技术司公布的42家国家工程研究中心中，河南省仅有郑州大学的橡塑模

---

① 河南省教育厅. 2017 年河南省教育事业发展统计公报[EB/OL].（2018-04-02）[2019-02-24]. http://www.haedu.gov.cn/2018/04/02/1523265555694.html.

② 教育部. 2017 年全国教育事业发展统计公报[EB/OL].（2018-07-19）[2019-02-24]. http://www.moe.gov.cn/jyb_sjzl/sjzl_ fztjgb/201807/t20180719_343508.html.

③ 河南省统计局国家统计局河南调查总队. 2017 年河南省国民经济和社会发展统计公报[EB/OL].（2018-02-28）[2020-05-30]. http://www.henandaily.cn/content/fzhan/sjsh/2018/0228/90012.html.

④ 教育部科学技术司. 国家重点实验室名单[EB/OL].（2010-01-29）[2019-02-24]. http://www.moe.gov.cn/s78/A16/A16_xzzx/xzzx_ptjd/201510/t20151023_215288.html.

具国家工程研究中心一家。[①]由国家发展和改革委员会主管的167家国家工程实验室是国家科技创新体系的重要组成部分，其中河南省仅有3家；而由高校承担的国家工程实验室仅有河南工业大学的小麦和玉米深加工国家工程实验室一家。[②]

在新一轮“双一流”建设中，郑州大学迈入一流大学建设行列，河南大学也迈入了一流学科建设行列，这让高等教育资源严重匮乏的河南省看到了希望。不过这仅仅是一个好的开端，对于广大河南人民接受优质高等教育的需求来说，仍是杯水车薪。因此，河南省包括高水平大学在内的优质教育资源的匮乏，影响了河南省经济社会和高科技的发展，同时也导致河南省尽管是全国经济大省却不是经济强省的历史定位。

（二）优势学科偏少，特色不明显

河南省学科的整体质量不高，高端学科数量偏少，特色与优势不明显。教育部学科评估结果以及 ESI 全球排名鲜明地体现了这一点。

2017年12月28日，教育部学位与研究生教育发展中心发布了全国第四轮学科评估结果。这是我国首次对外公布学科建设主要成就，其可以清晰地反映出我国高校之间、省际高等教育学科优势与不足和发展过程中不平衡不充分的情况。此次评估共有513个单位的7449个学科参评，评估结果将排位前70%的学科分为9档公布：前2%（或前2名）为 A+，2%—5%为 A（不含2%，下同），5%—10%为 A−；10%—20%为 B+，20%—30%为 B，30%—40%为 B−；40%—50%为 C+，50%—60%为 C，60%—70%为 C−。此次评估共有 A+学科210个，A 学科156个，A−学科344个，共710个学科被评为优秀学科。河南省在优秀学科上仅有2所高校有所斩获：解放军信息工程大学的1个学科被评为 A+，河南理工大学的1个学科被评为 A−。[③]

---

① 教育部科学技术司.国家工程研究中心名单[EB/OL].（2015-10-23）[2019-02-24]. http://www.moe.gov.cn/s78/A16/A16_xzzx/xzzx_ptjd/201510/t20151023_215298.html.

② 中商产业研究院. 2016 年 167 家国家工程实验室名单.[EB/OL].（2016-09-22）[2020-06-13]. http://www.askci.com/news/chanye/20160922/09210064159.shtml.

③ 中国教育在线网. 2017 全国第四轮学科评估结果公布（完整版）[EB/OL].（2017-12-28）[2020-05-30]. http://gaokao.eol.cn/news/201712/t20171228_1577266.shtml.

在ESI全球排名中，河南高等教育高端学科不足的表现更为突出。截至2018年1月，整个河南省，仅郑州大学入选2018年1月中国内地高校ESI综合排名前100名百强榜。作为河南省唯一的“双一流”建设高校，郑州大学也仅有化学、临床医学、材料科学、工程、药理学与毒理学、生物与生物化学等6个学科（领域）进入ESI全球排名前1%。郑州大学位列ESI学术机构全球排名第913位，位列全国高校第45位。[①]因此，河南省高端学科数与兄弟省还有很大距离。在此仅以江苏省为例，江苏有23所高校的109个学科进入ESI全球排名前1%[②]，有11个学科进入ESI全球排名前1‰[③]。

（三）办学层次低，高学历人才培养不足

人才培养是高校的根本职能，人才培养质量是高校教育教学质量的最终体现。国内外知名大学不仅学术大师云集，更能够通过招生汇聚英才，将“一流的生源”培养成“一流的人才”。反观河南省高等教育，由于缺少高水平大学，河南省专科院校所占比例过大，办学层次低。就全国范围内而言，2015年，全国共拥有普通高校2560所（包括独立学院275所），其中，本科院校有1219所，占全国普通高校总数的47.62%；高职（专科）院校1341所，占全国普通高校总数的52.38%。[④]反观河南省，同年河南拥有普通高校129所，其中，本科院校有52所（含8所独立学院），占河南省普通高校总数的40.31%，低于全国该比例7.31个百分点；高职高专院校77所，其占河南省普通高校总数的比例则高于全国该比例7.31个百分点。[⑤]

偏低的办学层次导致学校培养的毕业生学历层次偏低，高层次人才

---

① 郑州大学党委宣传部. 郑州大学新增学科ESI排名进入全球前1%（图）[EB/OL].（2018-02-01）[2020-07-15]. http://www5.zzu.edu.cn/xuan/info/1008/3560.htm.

② 葛灵丹. 江苏23所高校109个学科进ESI前1%[EB/OL].（2018-01-21）[2018-02-26]. http://news.sina.cn/2018-01-21/detail-ifyquixe5376485.d.html?vt=4&pos=3.

③ 章峰，糜梦逸，吴刚. 江苏高校11个学科进ESI世界千分之一[EB/OL].（2018-01-20）[2018-02-26]. http://news.jstv.com/a/20180120/1516448329302.shtml.

④ 教育部. 2015年全国教育事业发展统计公报[EB/OL].（2016-07-6）[2018-02-26]. http://www.moe.gov.cn/srcsite/A03/s180/moe_633/201607/t20160706_270976.html.

⑤ 河南省教育厅. 2015年河南省教育事业发展统计公报[EB/OL].（2016-05-16）[2019-02-24]. http://www.haedu.gov.cn/2016/05/16/1463367388162.html.

尤其是高端精英型人才的培养能力明显不足，严重影响了河南省高校的办学水平与核心竞争力。首先，表2-20的相关数据显示，2014年，全国普通高校本专科在校生总人数为25 476 999人，其中，本科生在校生人数为15 410 653人，占全国普通高校本专科在校生总人数的60.49%；专科生在校生人数为10 066 346人，占全国普通高校本专科在校生总人数的39.51%。2014年，全国普通高校共计6 593 671名本专科毕业生，其中，本科毕业生人数为3 413 787人，占全国本专科毕业生总人数的51.77%；专科毕业生人数为3 179 884人，占全国本专科毕业生总人数的48.23%。反观河南省，2014年，本专科在校生人数占全国本专科在校生总人数的6.59%，位列全国第4位。本专科毕业生人数占全国本专科毕业生总人数的6.75%，其中，本科毕业生为208 915人，占河南省普通高校本专科毕业生总人数的46.92%，低于全国该比例4.85个百分点；专科毕业生人数为236 337人，高于全国该比例4.85个百分点。[①]由此可以明显地看出，河南省本科毕业生所占比例低于全国平均水平，而专科毕业生比例过大。

表 2-20 2014 年部分地区普通高校本专科学生数 单位：人

地区	毕业人数			招生人数			在校生人数		
	合计	本科	专科	合计	本科	专科	合计	本科	专科
北京	149 231	115 102	34 129	156 928	125 328	31 600	604 578	499 256	105 322
江苏	478 713	245 558	233 155	444 886	250 613	194 273	1 698 636	1 012 643	685 993
上海	132 411	85 103	47 308	137 985	88 424	49 561	506 644	364 679	141 965
湖北	390 921	198 066	192 855	393 140	203 830	189 310	1 419 699	864 875	554 824
陕西	277 356	150 931	126 425	288 268	168 353	119 915	1 099 613	705 800	393 813
河南	445 252	208 915	236 337	473 235	235 486	238 749	1 679 744	955 201	724 543
贵州	98 599	51 173	47 426	139 429	65 665	73 764	460 401	273 417	186 984
西藏	9 109	4 891	4 218	8 802	5 612	3 190	33 474	22 159	11 315
青海	12 732	7 150	5 582	15 477	8 652	6 825	52 907	34 320	18 587
宁夏	24 456	13 282	11 174	32 807	19 001	13 806	111 432	71 616	39 816
全国总计	6 593 671	3 413 787	3 179 884	7 213 987	3 834 152	3 379 835	25 476 999	15 410 653	10 066 346

① 教育部发展规划司.高等教育普通本、专科学生数[EB/OL].（2015-05-29）[2019-02-24]. http://www.moe.gov.cn/s78/A03/moe_560/jytjsj_2014/2014_gd/201509/t20150901_204819.html.

其次，高学历人才依赖具有硕士点与博士点学位授权的单位的培养。河南省研究生学位授予点，尤其是博士学位授予点数量远低于其他地区，研究生招生与培养规模偏小。河南省硕士学位授权单位仅有19所，博士学位授权单位（不包括军队院校和科研院所）仅有9所。①由此导致河南包括硕士生在内的高学历人才培养数量极为有限。如表2-17、表2-18所示，2014年，河南省在校博士生人数仅为1530人，占全国在校博士生总人数（312 676人）的0.49%，这一人数位列全国第22位、中部六省第5位。博士毕业生人数位居全国第22位，博士生招生人数位居全国第22位。与此相类似，2014年，河南省在校硕士生人数为33 230人，占当年全国硕士生在校生总人数（1 535 013人）的2.16%，这一人数位居全国第19位。硕士毕业生人数和招生人数均位居全国第18位。②尽管2018年1月教育部公布的学位授权审核结果显示，河南高校新增了36个博士点和54个硕士学位授权点③，但由于基础薄弱，河南高校博士与硕士授权点仍然十分匮乏，其培养的研究生规模依然偏小。

综上所述，河南省高等教育办学层次偏低，无论是博士生还是硕士生的培养力度，都严重不足。这与作为全国第一人口大省、第一高考生源大省、第四高等教育规模大省以及第五经济大省的地位是极不相称的。偏低的办学层次、高学历人才培养的不足，难以为经济社会发展提供必要的人力资源与智力支撑。

二、高等教育经费严重短缺

高等教育的发展离不开一定的教育经费的投入，大学特别是高水平大学在一定程度上都是依靠一定的资金支撑才发展起来的。自1999年高等教育招生就业实行并轨至今，随着我国高等教育大众化的日益推进以及高等教育规模的迅速扩张，高等教育经费的投入也水涨船高。

---

① 河南省教育厅新闻办．我省新增四个博士、硕士学位授予单位[EB/OL].（2013-07-24）[2019-02-24]. http://www.haedu. gov.cn/2013/07/24/1374658742281.html.

② 教育部.高等学校（机构）研究生数[EB/OL].（2015-09-01）[2020-06-06]. http://www.moe.gov.cn/s78/A03/moe_560/jytjsj_2014/2014_gd/201509/t20150901_204868.html.

③ 史晓琪．河南高校新增 36 个博士点 54 个硕士学位授权点[EB/OL].（2018-01-12）[2019-02-24]. http://www.huaxia.com/ ytsc/hnyw/2018/01/5603252.html.

但是高等教育扩张规模和速度的过快，不可避免地导致高等教育经费严重短缺。就河南省而言，河南省高等教育经费短缺的现状主要表现在生均公共财政预算教育事业费与生均公共财政预算公用经费两个方面。

在生均公共财政预算教育事业费方面，如前所述，2014年，河南省普通高校生均公共财政预算教育事业费为12 231.98元，是2001年3283.87元的3.72倍。虽然增幅高于全国平均水平（2.36倍），但该数值仍比全国平均数（16 102.72元）少了3870.74元，仅为全国平均数的75.96%，位居全国第25位。

在生均公共财政预算公用经费方面，如前所述，与2001年相比，2014年，河南省普通高校生均公共财政预算公用经费增加了5.37倍，在全国的排名从第27位提高到了第18位，进步十分明显。但2014年的生均公共财政预算公用经费仍然比全国平均水平低了1127.29元。

综上所述，河南省包括普通高校生均公共财政预算教育事业费与生均公共财政预算公用经费在内的教育经费投入均位于较低的水平，近年来虽然经费投入增幅较大，但由于历史等因素，与全国平均水平相比仍然具有比较大的差距，整体上在全国处于落后的地位。

三、高校办学水平相对较低

当下，河南省普通高校在发展过程中存在着专任教师数量不足，专任教师学历结构、职称结构不合理，科研产出水平不高，国际竞争力有待提升等现象，影响到了河南省高等教育的规模和质量，并在一定程度上阻碍了河南省高等教育的发展和学生的培养质量，致使办学水平不高的问题较为突出。

（一）专任教师数量不足

教师是教育发展的第一资源。河南省专任教师数（96 995人）总量位居全国第4位、中部六省第1位，总量可观。但由于河南高校学生数也十分庞大，所以虽然总量可观，却并不意味着专任教师数量是充足的。在衡量专任教师数量是否充足的指标中，最经常用的是生师比。生师比越低，表示该地区教师资源越充裕。2014年，全国普通高校本专科生师比约为16∶1，生师比最低的是北京市，仅为8.6∶1，其次为上海市，仅为12.3∶1。

河南省本专科生师比是17.3：1，是北京市生师比（8.6：1）的两倍多，与湖南省并列全国第7。如果将硕博生也纳入总体在校学生数中，河南总生师比则变为17.7：1，位居全国第10名。因此尽管专任教师总量位居全国第4，但河南省专任教师数量仍严重不足，难以满足高等教育事业的发展。

（二）专任教师学历与职称结构不合理

专任教师数量不足是制约河南高等教育发展的现实障碍。教师队伍结构不合理则极大地限制了其发展。河南高等教育专任教师队伍结构不合理主要体现在学历结构与职称结构方面。

学历结构方面表现为具有博士学位的专任教师占专任教师总数的比例偏低。如前所述，河南省普通高校具有博士学位的专任教师为12 190人，位居全国第11名，中部六省第2名，但与第1名的湖北省（18 657人，位列全国第5名）相比，仍有很大的提升空间。进一步研究发现，河南省普通高校拥有博士学位的专任教师数占河南省专任教师总数（96 995人）的12.6%，这一比例低于全国平均水平7.4个百分点，位列全国第22名、中部六省第4名，处于下游水平。

在职称结构方面，专任教师的职称结构反映一个地区教师的总体质量和层次状况，职称越高，代表该地区专任教师的质量和层次越高。如前所述，河南省普通高校专任教师中，具有副高以上职称的人数为33 902人，虽总量排全国第6名，但仅占全省专任教师的35%，比全国平均水平低了6.5个百分点，排全国倒数第4名。

总之，河南省普通高校专任教师的学历结构与职称结构不合理，拥有博士学位的专任教师比例与拥有正高、副高以及副高以上职称的专任教师比例均偏低，处于全国下游水平。因此，河南省要重视提高师资水平、改善师资结构，以促进河南省高等教育的蓬勃发展。

（三）科研产出水平不高

作为高等教育的三大职能之一，科研水平的高低既关乎人才培养质量，又对一个地区的经济社会发展有着重大影响。R&D 项目数、专利授权数和论文数是衡量科研水平高低的重要指标。以此三项指标衡量河南省高等教育科研水平可知，其科研产出水平并不高。如前所述，2014年，河南省普通高校在 R&D 项目数、专利授权数、论文总数上，均位于全国第12名。师均 R&D 项目数位列全国第18名、中部六省第3名，低于我国大部分地区。河南省普通高校师均专利授权数在全国范围内位列第19名、中部六省第4名，同样低于我国大部分地区。而普通高校师均论文数只位列全国第25名，中部六省倒数第2名。这与河南省人口大省、教育大省的地位是极不匹配的。

国家自然科学基金（简称“国自科”）项目立项数也是衡量高等教育机构科研水平的关键性指标。根据2017年12月26日国家自然科学基金委员会公布的“国家自然科学基金资助项目统计资料（2017年度）”，河南省获得2017年国家自然科学基金面上项目276项，占全部面上项目（18 136项）的1.52%，位列全国第18名；在中部六省中排第4名，且和前3名（安徽省为461项，居全国第13名；湖南省为579项，居全国第11名；湖北省为1201项，居全国第5名）相差甚远。获得青年科学基金项目575项，占全部青年科学基金项目（17 523项）的3.28%，位列全国第12名；在中部六省中排第3名，且和湖北省的1133项差距过大。在全部667项重点项目上，河南省仅获得1项，位列全国第23名，和江西省并列中部六省倒数第1名。在198项杰出青年基金项目和142项海外及港澳学者合作研究基金项目上,河南省均无一斩获。在399项优秀青年科学基金项目上，河南省仅获得1项，位列全国第21名，在中部六省中排第5名。①综上，除了在青年科学基金项目上差强人意外，河南省自然科学基金项目立项数在全国均处于下游水平。

国家社会科学基金（简称“国社科”）项目是目前我国唯一的国家级哲学、社会科学和人文科学的基金研究项目，其立项资助项目的地区分布在一定程度上反映了各地区的科研水平。首先，从国家社会科学基金项目的高校分布上看，2015—2017年，国家社会科学基金项目共涉及全国800所高校，其中，中国人民大学在青年项目、一般项目与重点项目上共计立项138项，位列全国第1名。立项总数前100名的高校中，郑州大

① 国家自然科学基金委员会. 国家自然科学基金资助项目统计资料（2017 年度）[EB/OL].（2017-12-26）[2019-02-24]. http://www.nsfc.gov.cn/nsfc/cen/xmtj/pdf/2017_table.pdf.

学共立项96项，位列全国第11名；河南大学共立项93项，位列全国第13名；河南师范大学共立项50项，位列全国第57名。除此之外，河南再无高校获得立项。其次，从国家社会科学基金项目的区域分布上看，2015—2017年，河南省共获得486项国家社会科学基金项目立项，占立项总数的4.06%，位列全国第9名。考虑到河南省高等教育专任教师数位列全国第4名，中部六省第1名的现实，这个排名并不令人乐观。对比湖南省的表现，更能清晰地反映这一严峻现实。2014年，湖南省专任教师数仅为65 714人，与河南省的96 995人差距不小，排在全国第11名，但其在2015—2017年获国家社会科学基金项目立项573项，位列全国第7名。[①]

最后，众多高校排行榜将科研作为衡量高校教育质量的重要指标，因此，从排行榜中亦可看出河南省高等教育科研产出水平不高的现实。例如，河南省仅有郑州大学与河南大学两所高校登上了2016年中国大学排行榜百强榜（武书连版）；中国内地（大陆）共有45所高校上榜上海软科公布的2017年世界大学学术排名500强，但是河南省没有一所高校入选；中国内地（大陆）有136所高校入围《美国新闻与世界报道》发布的2018年 U.S. News 世界大学排行榜，但河南省仅有郑州大学（第65名）和河南师范大学（第119名）上榜；中国内地（大陆）共有39所高校进入2017年 QS 世界大学排行榜中，河南省却没有高校上榜；在2018年1月的 ESI 中国内地高校综合排名前100名中，河南省仅有郑州大学上榜（位列第45名）。

（四）国际竞争力有待提升

教育国际化是世界高等教育的发展趋势，面对高等教育国际化，河南省的国际竞争力亟待提升。一方面，河南省高等教育国际竞争力不足体现在人才竞争能力偏弱，高校中留学生的规模不大，尤其是对教育较发达国家的高质量留学生的吸引力不足。其主要原因有河南省社会经济发展水平落后、高等教育发展水平偏低、待遇偏低以及良好的学术环境的缺乏等。另一方面，河南省高等教育应对由高等教育市场开放带来的冲击力的能力不足，在办学思路、人才培养定位、课程设置、管理方式

---

① Jeremy. 2015—2017 年国家社科基金立项项目统计分析[EB/OL].（2017-08-10）[2019-02-24]. http://blog.sciencenet.cn/blog-2903646-1070512.html.

等方面的传统特色比较浓厚，难以适应高等教育国际化的要求。同时，高等教育市场开放后，世界范围内高水平大学对高端学者的争抢对河南省高校的教师队伍质量及其稳定性产生巨大的威胁，河南省高校囿于自身学术水平、学术环境、待遇等因素，缺乏足够的竞争力。另外，当前，由河南省高校主导推行的中外合作办学项目数量不多，尤其是高层次的合作项目偏少，也是其高等教育国际化竞争力不足的重要表现。

第四节　河南省高等教育发展出现困境的原因

上述问题的产生绝不是一蹴而就的，而是由多方面因素造成的。概括起来进行分析，本书认为主要有以下几个方面。

一、高等教育发展基础比较薄弱

河南省高等教育起步并不晚，造成河南省高等教育基础相对薄弱的主要因素是我国历史上的高等教育布局政策。作为河南省高等教育发展史上的一座丰碑，河南大学在其发展历程中饱经沧桑。1948年，中共中央中原局以原河南大学部分师生为基础，在宝丰县建立中原大学，翌年迁至武汉办学。在高校院系调整中，1953年4月，“中原大学校名取消，其财经学院与中山、湖南两大学的财经学院，中山、湖南及南昌三大学经济系，广西大学经济系及会计银行系，中山大学社会系劳动组合并，在武昌成立中南财经学院；其政法学院与中山、湖南、广西三大学政法系合并，在武昌成立中南政法学院；其民族学院在武昌独立成立中南民族学院”①。

中原大学迁至武汉后，河南大学开始重组，但重组后的河南大学在1952年的院系调整中被拆分，其农学院、医学院、行政学院组建成新的河南农学院、河南医学院、河南政法管理干部学校，水利系搬迁至武汉并入了新成立的武汉水利学院，财经系并入武汉中南财经学院，植物病虫害专业并

① 建国初期全国高等学校院系调整文献选载（一九五一年——九五三年）[Z]. 党的文献，2002，(6)：59-71.

入华中农学院，畜牧兽医专业并入江西农学院，土木系和数理系（数学专业）并入湖南大学。被拆分后的河南大学与平原师范学院合并，更名为河南师范学院，后来又几度更名，日渐式微。全国高校院系调整后，河南省仅有河南师范学院、河南农学院、河南医学院三所高校。

除此之外，河南省高校错失历次国家重点高校政策机遇也是造成其高等教育发展基础薄弱的重要原因。重点大学都是经历了国家长期支持、重点建设才形成的。自1952年院校调整，国家试行重点大学政策以来，我国分别在1954年、1959年、1960年、1978年、1984年、1991年、1995年、1998年和2017年9次确定“重点高校”，对当今高等教育发展产生了深远影响。梳理历次重点高校名单发现，C9高校[①]入选次数均大于5次，36所A类一流大学中有35所入选次数大于5次。[②]而反观河南省，在这9次确定“重点高校”的国家重大战略决策中，河南省仅有郑州大学入选了“211工程”大学和2017年的“双一流”建设高校，仅入选2次；河南大学入选2017年的一流学科建设高校，仅入选1次。除此之外，再无其他河南高校入选。

二、教育成本分担机制没有形成

目前，造成河南省教育经费投入短缺的原因是高等教育成本社会分担机制尚未完全形成。其中除了历史原因、校办产业不发达、学校的学杂费偏低以外，政府教育投入总体水平低与社会捐赠不彰也是重要原因。

（一）教育投入总体水平低

“一个国家和地区一定时期的经济发展状况决定着这个国家高等教育的发展速度、规模和质量。”[③] 河南省经济规模虽然一直稳居全国第5名[④]，但是，河南省作为全国第一人口大省和高等教育规模大省，由

① C9高校指九校联盟，于2009年10月启动，联盟成员包括北京大学、复旦大学、哈尔滨工业大学、南京大学、清华大学、上海交通大学、西安交通大学、浙江大学、中国科学技术大学等9所高校。

② 杨家福，朱衣.历史回眸：九次重点大学评选，140 所双一流高校表现如何？[EB/OL] .（2018-01-15）[2020-05-30]. http://kuaibao.qq.com/s/20180115G0YNRL00.

③ 崔来廷. 美国公立高校高等教育成本分担解析[J]. 现代教育管理，2012（1）：119-123.

④ 河南 70 年的时代答卷：经济总量连续 15 年稳居全国第 5[EB/OL].（2019-11-21）[2020-05-30]. http://www.henandaily.cn/content/2019/1121/198353.html.

于人口和在校生众多，人均 GDP 一直处于较低的水平，高等教育规模庞大与教育经费投入总体水平低的矛盾比较突出。

2014年，全国公共财政教育经费总支出为26 420.58亿元，占全国GDP（636 139亿元）的4.15%，比2013年的4.16%下降了0.01个百分点，占公共财政支出的比例为17.57%（表2-21）。

表 2-21 全国部分地区公共财政教育经费支出及占公共财政支出的比例

地区	2014 年公共财政教育经费		2010 年公共财政教育经费		2005 年公共财政教育经费		2000 年公共财政教育经费	
	支出/亿元	占比/%	支出/亿元	占比/%	支出/亿元	占比/%	支出/亿元	占比/%
北京	758.49	16.76	505.78	18.61	208.42	19.69	82.90	18.71
天津	517.01	17.92	225.28	16.36	78.50	17.76	33.83	18.09
河北	802.31	17.15	543.70	19.28	203.95	20.83	86.41	20.79
山西	495.80	16.07	341.34	17.67	119.29	17.84	44.69	19.86
内蒙古	459.34	11.84	351.37	13.78	94.87	13.91	37.07	14.99
辽宁	604.14	11.89	464.59	14.55	186.73	15.50	85.71	16.54
吉林	403.43	13.85	270.18	15.12	95.60	15.15	48.76	18.70
上海	674.36	13.70	435.75	13.19	234.44	14.24	113.01	18.57
江苏	1 485.19	17.53	877.82	17.86	319.33	19.08	136.56	23.10
浙江	1 018.57	19.74	639.27	19.93	275.23	21.75	91.25	21.16
安徽	743.07	15.93	437.84	16.92	140.41	19.69	61.25	18.93
福建	628.09	18.99	378.99	22.36	143.54	24.20	74.78	23.07
江西	696.22	17.93	311.04	16.17	95.85	17.00	42.21	18.89
山东	1 460.15	20.34	773.66	18.66	278.10	18.97	135.51	22.10
河南	1 097.58	18.21	674.56	19.75	231.26	20.72	96.31	21.62
湖北	690.63	14.00	373.51	14.93	127.43	16.36	62.72	17.01
湖南	823.67	16.42	443.55	16.11	152.07	14.41	62.56	17.98
广东	1 779.50	19.44	1033.70	19.07	499.17	19.62	186.49	17.26
贵州	631.83	17.83	307.03	18.82	99.07	19.03	36.09	17.90
陕西	694.68	17.53	370.44	16.70	96.57	15.11	42.90	15.79
青海	156.23	11.59	97.30	13.09	24.42	14.39	10.03	14.70
宁夏	119.59	11.95	22.00	14.70	26.41	16.48	10.05	16.53
全国总计	26 420.58	17.57	14 163.90	15.76	4 846.04	15.48	2 191.77	13.80

资料来源：教育部. 教育经费执行公告[EB/OL]. (2016-11-10) [2020-03-27]. http://www.moe.gov.cn/jyb_sjzl/sjzl_jfzxgg/.

表2-21的数据显示，河南省公共财政教育经费总支出由2000年的96.31亿元提高到2014年的1097.58亿元，增长了10.39倍，公共财政教育经费支出占本省公共财政支出的比例由21.62%降至18.21%。单从这一点来看，河南省在全国并不落后。但从公共财政教育经费支出占GDP的比例来看，2014年，河南省公共财政教育经费总支出占全省GDP（34 939.38亿元）的3.02%，低于全国平均水平1.13个百分点，远落后于全国平均水平。[①]教育的发展水平归根结底是由社会经济发展水平所决定的，河南省经济发展水平相对滞后，教育投资不足，并进而影响到高等教育的整体发展。

（二）社会捐赠不彰

根据约翰斯通教授提出的高等教育成本分担机制，由于公共财政性教育投入不足，高等教育成本应由学生及其家长、社会以及高校来共同分担。社会分担高等教育成本是指社会组织、个人、校友以各种名义进行捐赠。放眼全球，社会捐赠是欧美包括哈佛与耶鲁大学在内的一流大学办学经费的主要来源，是彰显其教育教学质量和国际影响力的核心指标之一。可以说，作为社会成本分担机制的重要组成部分，社会捐赠对高等教育的良性发展至关重要，但当前我国社会对高等教育的捐赠积极性并不高，在高校办学经费中所占比例还有很大的提升空间。

首先，造成当下社会捐赠不彰的主要原因在于缺乏相关的法律支持。时至今日，全国人民代表大会虽然制定了《中华人民共和国捐赠法》，但是该法对于私人对包括教育、科学、文化以及救助残疾人等在内的社会公益事业的捐赠的规定都太过于笼统和含糊，虽然捐赠法第四章对捐赠者规定了“优惠措施”。例如，第二十四条明确规定：“……依照法律、行政法规的规定享受企业所得税方面的优惠。”第二十六条规定：“境外向公益性社会团体和公益性非营利的事业单位捐赠的用于公益事业的物资，依照法律、行政法规的

① 河南省统计局，国家统计局河南调查总队.2014 河南省国民经济和社会发展统计公报发布[EB/OL].（2015-03-03）[2020-05-30]. http://www.henan.gov.cn/2015/03-03/349188.html.

规定减征或者免征进口关税和进口环节的增值税。”第二十七条规定：“对于捐赠的工程项目，当地人民政府应当给予支持和优惠。”但实际上，如何优惠，具体办法是什么，法律规定却语焉不详。这就使私人捐赠者感到茫然。此外，包括河南省在内的各省（自治区、直辖市）权力机构颁布本地的社会捐赠条例的也极为少见。由于缺乏法律规范，社会组织和私人的捐赠意愿普遍不高。

其次，社会捐赠也与当地经济社会发展水平以及高校校友相关。通常来说，经济发达地区，企业与个人的财富较多，社会捐赠的资金相应也较丰厚；而经济欠发达地区，社会捐赠资金相应较少。与此相类似的是，高校办学历史越悠久，越是重点大学，培养的人才越多，其所获得的社会捐赠，尤其是校友捐赠资金越可观；反之高校办学历史越短，越是非重点大学，培养的人才越少，其校友捐赠的资金越不理想。艾瑞深中国校友会“2018中国大学社会捐赠排行榜100强”（表2-22）显示，截至2017年12月，河南省仅有4所高校上榜，且均在50强之外。它们分别是河南大学（第59名，社会捐赠1.59亿元）、河南科技大学（第69名，社会捐赠1.17亿元）、郑州大学（第71名，社会捐赠1.13亿元）和河南中医药大学（第86名，社会捐赠1亿元）。四校共计获得社会捐赠4.89亿元，这一数字尚不及第33名西安交通大学一校所获得的社会捐赠（5.15亿元），更不用提与同处中部的湖北省的差距，仅武汉大学一校所获社会捐赠即达28.56亿元，是河南省4所高校社会捐赠总额的5.84倍。另“2017中国高校富豪校友排行榜100强”相关数据显示，河南全省仅3所高校上榜，分别是排在第34名的郑州大学（培养亿万富豪10人）、第65名的河南大学（培养亿万富豪5人）和第95名的河南财经政法大学（培养亿万富豪3人）。三校共计培养18名亿万富豪，这一数字尚不及排在第20名的电子科技大学（19名亿万富豪）。[①]

① 2017 年中国大学富豪校友排行榜：哪些大学最盛产富豪？[EB/OL].（2017-11-26）[2020-05-30]. http://www.sohu.com/a/206734456_232611.

表 2-22 艾瑞深中国校友会“2018 中国大学社会捐赠排行榜 100 强”

捐赠排名	学校名称	捐赠总额/亿元	综合排名	捐赠排名	学校名称	捐赠总额/亿元	综合排名
1	清华大学	95.48	2	30	重庆大学	5.46	31
2	北京大学	76.65	1	31	大连大学	5.43	184
3	汕头大学	49.61	159	32	华侨大学	5.36	144
4	浙江大学	46.38	3	33	西安交通大学	5.15	14
5	武汉大学	28.56	7	34	扬州大学	4.79	97
6	上海交通大学	27.08	6	35	吉林大学	4.58	10
7	复旦大学	26.54	4	36	长安大学	4.57	61
8	武汉学院	24.8	8	37	福州大学	4.49	81
9	中国人民大学	24.79	5	38	华中科技大学	4.31	11
10	南京大学	23.46	8	39	南方科技大学	4.14	—
11	厦门大学	19.79	21	40	东北电力大学	3.9	184
12	电子科技大学	17.75	34	41	山东大学	3.69	20
13	天津大学	14.25	13	42	华南理工大学	3.54	26
14	中山大学	11.51	9	43	北京航空航天大学	3.25	24
15	中南大学	10.87	17	43	苏州大学	3.25	58
16	四川大学	9.4	12	45	中国农业大学	3.24	33
17	同济大学	9.14	23	46	北京交通大学	2.45	40
18	宁波大学	8.65	87	47	西北工业大学	2.4	30
19	东北大学	8.18	26	47	广西大学	2.4	83
20	广东以色列理工学院	7.9	—	49	中国科学技术大学	2.19	16
21	深圳大学	7.57	73	50	华东师范大学	2.18	28
22	河海大学	7.42	42	50	南京工业大学	2.18	106
23	闽江学院	7	467	52	东南大学	1.99	22
24	中国传媒大学	6.21	—	52	北京外国语大学	1.99	—
25	暨南大学	6.1	74	54	哈尔滨工业大学	1.86	18
26	昆明理工大学	5.82	72	55	山西财经大学	1.78	299
27	东莞理工学院	5.68	229	55	湖南大学	1.78	35
27	北京师范大学	5.68	19	57	西南财经大学	1.76	94
29	南开大学	5.59	14	58	太原理工大学	1.71	104

续表

捐赠排名	学校名称	捐赠总额/亿元	综合排名	捐赠排名	学校名称	捐赠总额/亿元	综合排名
59	河南大学	1.59	84	80	华中师范大学	1.04	41
60	安徽大学	1.52	103	80	南京师范大学	1.04	44
61	大连理工大学	1.49	25	82	上海理工大学	1.03	95
62	浙江师范大学	1.41	92	83	内蒙古师范大学	1.02	243
63	江南大学	1.38	75	83	新疆农业大学	1.02	261
63	西南大学	1.38	37	85	南京邮电大学	1.01	118
65	南京中医药大学	1.37	182	86	河南中医药大学	1	296
66	中国政法大学	1.32	65	86	香港中文大学（深圳）	1	—
67	对外经济贸易大学	1.25	91	86	温州肯恩大学	1	—
68	云南农业大学	1.19	191	86	海南热带海洋学院	1	563
69	河南科技大学	1.17	138	90	南京理工大学	0.93	44
70	福建农林大学	1.14	119	91	西南交通大学	0.92	39
71	郑州大学	1.13	49	92	中国药科大学	0.88	127
72	杭州师范大学	1.11	172	93	三峡大学	0.87	219
73	集美大学	1.1	243	94	贵州大学	0.86	122
73	湘潭大学	1.1	108	95	北京科技大学	0.85	47
75	中央财经大学	1.08	99	95	莆田学院	0.85	518
76	武汉理工大学	1.07	38	97	浙江工业大学	0.84	89
76	广西民族大学	1.07	229	97	江西师范大学	0.84	132
76	武汉科技大学	1.07	149	99	厦门理工学院	0.83	394
79	新疆大学	1.05	107	100	重庆邮电大学	0.79	168

资料来源：艾瑞深校友会网 2018 中国大学社会捐赠排行榜 100 强，清华大学蝉联第一[EB/OL].（2018-01-18）[2019-02-24]. http://edu.people.com.cn/n1/2018/0118/c416031-29773179.html.

三、吸引高端教师的环境不优越

目前，造成河南省高等教育大而不强的原因是多方面的，突出表现在优质师资短缺与办学环境欠佳上。

本地师资培养不足，吸引人才缺乏竞争力。百年大计，教育为本；教育大计，教师为本。不论是高质量的教学、雄厚的科研水平还是卓越的社会服务，都有赖于一支高素质的教师队伍。只有一流的人才，才能有一流的科研产出。遗憾的是，由于河南省经济发展相对滞后，公共财政收入有限，高等教育经费投入不足一直是河南省高等教育发展的难题之一。又由于高水平大学短缺和人才培养层次偏低，河南省高校的本地师资，尤其是高端师资培养不足，难以满足经济社会发展需求。院士作为高端师资人才的典型代表，2015年，在河南省工作的“两院”院士总数仅为23人[①]，在国内处于中等以下水平。直至2011年，河南省高等教育领域才产生第一位“长江学者”。2016年，教育部公布440名“长江学者”特聘教授、讲座教授和青年学者建议人选，其中仅有1名河南省高校教师作为讲座教授建议人选而入围。[②]河南省“国家杰出青年科学基金”获得者的数量也远远低于其他大部分地区。

另外，河南省对高等教育经费投入的不足，也导致了河南高校教职工的工作待遇普遍不高。不要说北京、上海、广州、深圳，就是其他东南沿海地区的高校教职工，其待遇一般都要比河南省高校教职工高出一倍甚至更多。而我国高等教育发展总体上仍处于“东强西弱”“中部塌陷”的态势[③]，作为“塌陷”的中部省，河南省的高校在引进高水平人才方面确实缺乏竞争力。

在引进高水平人才不力的情况下，河南还面临着优秀人才不断流失的困境，尤其是在新一轮“双一流”建设的背景下，各地区和各高校人才竞争出现白热化，各地纷纷出台优惠政策招贤纳士。如2017年12月初，广东省委组织部、省人力资源和社会保障厅等13个部门联合出台了《关于加快新时代博士和博士后人才创新发展的若干意见》，该意见从创建博士工作站、设立博士和博士后创新创业基金、建立博士和博士后事业编制保障制度、建立全球博士和博士后人才招募机制，并从住房保障、

---

① 王迎节，谭萍. 2015 年中国工程院新增 70 名院士 河南两位专家当选[EB/OL].（2015-12-08）[2020-05-30]. http://news.dahe.cn/2015/12-08/106121819.html.

② 教育部. 教育部关于公布 2016 年度“长江学者奖励计划”入选名单的通知[EB/OL].（2017-04-03）[2020-05-30]. http:// cnkyjyw.com/h-nd-189.html.

③ 姜朝晖. 高校人才合理有序流动：理论之维与实践之径[J]. 高等教育管理，2017（5）：7-12.

子女入学、户口迁移、配偶就业等方面提出务实政策措施，以解决人才后顾之忧。[①]在高校层面竞争更加激烈，“有的高校不惜采取重金‘挖人’引进‘戴帽’人才。这导致正常的人才流动演变成为一场靠高薪组建‘雇佣军’的混战，对高校整体的生态环境和可持续发展带来了严重的影响”[②]。比如，2017年初，华东师范大学高层次人才招聘公告开出了800万房补、100万年薪。[③]又如暨南大学2017年年底的招聘计划中对优秀人才开出了如下丰厚的待遇。[④]

1. 第二层次（领军人才）

应聘条件：海外著名大学的教授，海外著名研究机构资深研究员，或其他学术地位、水平与此相当的人选（聘期内每年在学校工作9个月以上），能带领本学科在其领域赶超或者保持全国领先水平的领军人才，原则上自然科学不超过50周岁，人文社会科学不超过55岁（以当年12月31日为计算截止日）。

相关待遇：（1）年薪不低于80万（税前）；（2）科研配套经费不低于500万；（3）购房补贴安家费不低于300万（税前）；（4）在博士生招生、招收博士后和科研助理方面给予支持；（5）解决户口，解决子女中小幼入学问题以及提供优质附属三甲医院医疗服务；（6）解决配偶的工作问题；（7）提供高层次人才一站式服务；（8）提供校内周转房一套以及每年7.2万元的租房补贴（税前，为期三年）。

2. 第三层次（杰出人才）

应聘条件：海外知名高校、科研院所副教授（或相当职务）以上。原则上自然科学不超过42岁，人文社会科学不超过47岁（以当年12

---

① 我省出台博士和博士后人才新政[EB/OL].（2017-12-06）[2019-02-24]. http://www.gd.gov.cn/gzhd/zcjd/snzcsd/201712/t20171206_262564.htm.

② 解艳华. 全国政协常委葛剑平：建设“双一流大学”不能靠高薪买“雇佣军”[EB/OL].（2017-03-04）[2020-05-30]. http://www.idmresearch.com/news/html/?1918.html.

③ 何小桃. 高校抢人学者身价飙涨！有人开出100万年薪+800万房补[EB/OL].（2018-01-14）[2020-05-30]. http://news.youth.cn/jsxw/201801/t20180114_11281840.htm.

④ 暨南大学招聘[EB/OL].（2017-11-09）[2019-02-24]. http://zpjob.acabridge.cn/job/49765.

月 31 日为计算截止日）。

相关待遇：（1）年薪不低于 50 万（税前）；（2）科研配套经费不低于 200 万；（3）购房补贴安家费不低于 200 万（税前）；（4）学校聘任正高职称；（5）在博士生招生、招收博士后和科研助理方面给予支持；（6）解决户口，解决子女中小幼入学问题以及提供优质附属三甲医院医疗服务；（7）解决配偶的工作问题；（8）提供高层次人才一站式服务；（9）提供校内周转房一套以及每年 4.8 万元的租房补贴（税前，为期三年）。

3. 第四层次（青年拔尖）

应聘条件：海外知名高校、科研院所拥有正式教学科研职位的杰出人才或优秀博士、博士后。原则上不超过 40 周岁（以当年 12 月 31 日为计算截止日）。

相关待遇：（1）年薪不低于 25 万（税前）；（2）科研配套经费不低于 50 万；（3）购房补贴安家费不低于 50 万（税前）；（4）业绩成果突出者，可由学校评估后申请按绿色通道方式聘任正高或副高职称；（5）解决户口，解决子女中小幼入学问题以及提供优质附属三甲医院医疗服务；（6）提供为期三年的租房补贴（税前），其中正高 3.6 万/年、副高 2.4 万/年。

4. 第五层次（优秀青年学者）

应聘条件：35 岁以下的海外优秀青年教师、博士后、博士等青年人才，以及学校相关专业急需的海外具有较好发展潜力的优秀博士、博士后。

相关待遇：（1）年薪不低于 20 万（税前）；（2）科研配套经费 20 万—50 万；（3）购房补贴安家费不低于 20 万（税前）；（4）业绩成果突出者，可由学校评估后申请按绿色通道方式聘任副高职称；（5）解决户口，解决子女中小幼入学问题以及提供优质附属三甲医院医疗服务；（6）提供为期三年的租房补贴（税前），其中副高 2.4 万/年、中级 1.8 万/年。

注：紧急专业优秀人才可按照以上各层次的条件适当放宽要求，有标志性重要成果的优秀人才可参照以上条件特殊办理。

放眼经济发达地区，这样的待遇十分普遍。在此背景下，处于经济欠发达地区的河南高校的人才流失现象十分严重。

除了具体的待遇外，也应看到，一流的人才还需有一流的管理与服务，如此才能提高办学水平。当前，河南高校中科研人员的社会地位和经济地位虽有所提高，但仍属中下水平。人才在一些地方和单位得不到真正的尊重和爱护，一些地方和单位在管理现有人才时，官本位作风浓厚，服务意识不强，不能为人才提供更优越、更宽松、更合理的环境服务。欠佳的办学环境，加重了广大教师的非教育工作负担，制约着他们的积极性、主动性与创造性，导致他们实际获得的尊严感与获得感不明显，影响了整个高等教育的办学活力。

第五节　河南省高等教育发展的政策建议

针对河南省高等教育资源配置过程中存在的问题以及产生问题的原因，应采取以下策略加以解决。

一、优先发展教育，不断扩大优质高等教育资源

（一）继续实施高等教育重点建设策略

党的十九大报告着重指出，“建设教育强国是中华民族伟大复兴的基础工程，必须把教育事业放在优先位置，深化教育改革，加快教育现代化，办好人民满意的教育”。当前河南处在全面建成小康社会的重要关口，河南自贸区建设、郑州国家中心城市建设、郑洛新自主创新示范区建设、中原城市群建设等一系列的国家级经济社会发展战略都需要强大的智力支撑。与中部六省的湖北省相比，河南有自己独特的经济社会区位优势，但高等教育，尤其是一流大学资源是其重大短板。因此，必须高度重视，迎头赶上。

2011年10月，《国务院关于支持河南省加快建设中原经济区的指导意见》指出，“加快高水平大学和重点学科建设，支持郑州大学和河南

大学创建国内一流大学，将符合条件的高校纳入‘中西部高等教育振兴计划’”。该文件为河南省建设高水平大学指引了方向。2015年10月，国务院开始实施统筹推进世界一流大学和一流学科建设总体方案，乘此东风，河南省也从本省“十三五”计划开始，力争把郑州大学和河南大学按照国家一流、世界知名大学的标准进行建设。2017年9月20日，郑州大学进入全国42所世界一流大学建设高校行列，河南大学也成功进入世界一流学科建设行列。这使河南省人才强省战略得到了关键性的国家政策支持。这得益于河南人民的大力支持，得益于国家推进高等教育强国建设的科学布局，更得益于河南经济社会的快速发展和省委、省政府建设高等教育强省、打造一流大学的坚定决心。可以说，河南省推进郑州大学与河南大学迈进“双一流”建设行列的目标已经基本实现。

但也应清醒地认识到，郑州大学迈入“双一流”建设高校仅仅是开端而非终点。正如郑州大学校长刘炯天所言：“‘双一流’建设不是用来说的，而是要用来干的。不是拿来做排名的，而是要建设的。”①进入“双一流”建设高校行列，也使得郑州大学面临着前所未有的压力与挑战。毕竟政策的支持只是一时的，国家“双一流”建设计划是动态调整的。②如果没有省委、省政府的后续大力支持，郑州大学是很难完成广大河南人民交付的历史使命的，河南大学亦然。建议省委、省政府进一步大力支持郑州大学与河南大学的“双一流”建设，力争到21世纪中叶，使两校成为具有中国特色、世界一流的国际知名大学，为河南的人才强省、全面建成小康社会与中华民族伟大复兴提供强大的人力支撑。

（二）适当控制重点建设大学学生规模

如前所述，河南省普通高校每万人口在校生数严重不足且校均学生规模过大，2014年，河南省以校均学生数13 291人排名全国第2；在中部六省排名中，位居第1名，与第2名的湖北省相差813人，是第6名山西省校均学生数的1.42倍。而河南省“双一流”大学仅有郑州大学一所，绝大多数

① 蔡继乐，柴葳. 刘炯天："双一流" 不是说的是干的[EB/OL].（2017-10-22）[2019-02-24]. http://www.jyb.cn/zcg/xwy/wzxw/ 201710/t20171022_805398.html.

② 中西部 14 所：双一流下的兴奋、失落与挑战[EB/OL].（2017-10-10）[2019-02-24]. http://www.cingta.com/detail/3868.

学生都集中在地方普通院校。总之，河南省高校与受教育人口需求是严重不匹配的。

大学的办学定位涉及大学的主要使命，诸如科学研究、人才培养、社会服务等，那么大学或者说高校是不是规模越大就越好，越小就越不好呢？实际上，大学规模的大或者小无关乎大学的办学质量。世界上很多著名的大学不能简单地概括其是规模大或者小，无论是综合性大学诸如牛津大学（2.2万人）、剑桥大学（2万人）、哈佛大学（3.6万人）、普林斯顿大学（8213人）、斯坦福大学（1.6万人）、耶鲁大学（1.3万人）、康奈尔大学（2.4万人）、加利福尼亚大学伯克利校区（3.5万人）等，还是理工科院校诸如新加坡南洋理工大学（3.3万人）、麻省理工学院（1.1万人）、加州理工学院（2233人）、巴黎高等师范学院（2330人）、瑞士联邦理工大学（2.2万人）、伦敦政治经济学院（9500人）等[①]，它们都是世界一流大学，可见能不能成为世界一流大学并不是决定于大学规模的大与小，像普林斯顿大学（6000人）、加州理工学院（2000人）、巴黎高等师范学院等院校规模并不大，有的甚至可以称为袖珍大学，但这并不妨碍其成为世界一流大学。

因此，根据河南省省情，省委、省政府计划从“十三五”开始，在扩大优质高等教育资源的同时，积极引导河南省高校明晰各自的办学定位，适当控制学校规模，制止盲目地贪大求全。高等教育的发展应以服务中原区域经济社会发展为导向，以培育中原经济区的经济社会发展所需要的各种人才为已任，重点培育和发展在装备制造、汽车、电子信息、食品、轻工、建材、金融、交通、物流、新能源、商贸等急需人才的领域有优势的特色骨干大学和应用技术型大学，如河南农业大学、河南师范大学、河南工业大学、河南科技大学、河南理工大学、华北水利水电大学、河南中医学院、河南财经政法大学、郑州轻工业学院等。力图经过15—30年的建设，使这些特色骨干大学在全国拥有较高的知名度，使若干所大学成为中国一流的、在世界上具有一定知名度的高水平大学。

① 学校人数见各学校官方网站。

（三）引进或者规划组建高水平大学

如前所述，高等教育布局的不合理，造成河南高等教育资源，尤其是优质高等教育资源严重不足，并由此带来了高等教育与经济社会发展严重不匹配、教育公平问题凸显等问题。虽然在国家推进高等教育强国建设的科学布局下，郑州大学迈入了一流大学建设行列，河南大学也步入了一流学科建设行列，但对于亿万中原儿女来说，优质高等教育资源还是十分缺乏。通过加强与国际、国内一流大学合作，进一步集聚优质资源，在本地区建设一流大学新分校或研究生院，无疑是促进本地高等教育跨越式发展的一条捷径。①

于1999年建立的深圳虚拟大学园已经聚集了清华大学、北京大学等53所国内外知名院校以及中国科学院、中国工程院院士活动基地和中国社会科学院研究生院。在深圳引进的实体办学单位中，北京大学、清华大学、哈尔滨工业大学、中山大学、香港中文大学、深圳北理莫斯科大学、天津大学佐治亚理工深圳学院已经开始招生，中国科学院大学、中国科技大学、上海交通大学、武汉大学、中国人民大学、北京中医药大学等高校的直属校区正在筹建中。此外，深圳还广泛与国内著名大学、国外名校联合办学，如正在筹建的深圳大学-希伯来学院、深圳吉大昆士兰大学、俄罗斯列宾美术学院深圳学院、湖南大学罗切斯特设计学院、清华-伯克利深圳学院、华南理工罗格斯创新学院等。②根据深圳市制定的目标，到2025年，深圳高校数量计划达到20所左右，全日制在校生达至20万人；3—5所高校综合排名进入全国前50；进入教育部学科评估前10%、ESI 世界排名前1%的学科，分别达到50个和30个以上。③在“双一流”建设中，深圳市高等教育必将大放异彩。

在高校争夺战中，南边有深圳、北边有青岛。“没有高水平的大学撑不起高水平的城市，这件事青岛现在不做，未来将失去发展机会。”正

---

① 吴小玮. 省域“双一流”建设政策文本的内容分析[J]. 中国高教研究，2017（8）：56-60.

② 深圳高校究竟有多少？细数之后已被这些国内外名校吓懵[EB/OL].（2016-12-30）[2019-02-24]. http://edu.sz.bendibao.com/edu/20161230/787508.shtm.

③ 高校争夺战之深圳：不知不觉已引进 17 所 985+1 所 211+6 所香港高校![EB/OL].（2018-02-18）[2019-02-24]. http://www.sohu.com/a/223088379_479698.

是基于这样的认识，自2012年以后，北京大学、复旦大学、吉林大学、上海财经大学、北京航空航天大学、天津大学、中央美院、西安交通大学等高校和青岛签署合作协议。据统计，2017年，已确定在青岛市落地的高校达29所，它们将在青岛或者建设分校，或者建立研究院。已经落地且开始运行的有13所。截至2019年底，在青岛的高校总量已超过50所以上。①

杭州借鉴深圳与青岛的经验，出台了《关于加快推进杭州人才国际化的实施意见》，该意见规划了未来10年的城市高等教育图景："引进世界一流大学，建设1所独立法人的中外合作大学；引进5所以上国内一流大学来杭建设分校、校区或研究生院；引进建设20个高等教育层次的非独立法人中外合作办学机构或中外合作办学项目；引进国内外优质高等教育和科研资源或世界500强企业建设30个高水平科研院所；重点引进国家'双一流'建设大学、全球排名前100位的世界一流大学，以及全国学科评估前五位，或全球排名前20位的学科。"②

因此，省委、省政府在重点建设郑州大学、河南大学的同时，还应借鉴深圳与青岛的经验，积极引进国内外世界一流大学、一流学科资源，按照"双一流"标准组建新的高水平大学，进一步增加优质高等教育资源。一方面，河南省应主动与国内外一流大学特别是欧美一流大学进行协商合作，引进国际一流大学资源，跨常规联合组建3—5所新机制大学，新组建的大学规模尽量控制在5000人以下，实施以研究生教育为主、本科生教育为辅的高等教育。另一方面，河南省还应与国内一流大学以及中国科学院、中国社会科学院合作，在河南组建国内一流大学的研究院、分校，或者让这些国内一流大学、科研机构与郑州大学、河南大学双向合作，组建新的学院，力争在5—10年内组建5—10所这样的高校。加上现有的纳入河南省高等教育发展战略规划的大学，经过15—30年的发展，相信河南省将会成为我国高等教育的重镇。

---

① 青岛高校总量已超 50 所，这些在建高校有新进展[EB/OL].（2019-06-13）[2020-05-30]. http://new.qq.com/omn/20190613/20190613A0N1X5.html.

② 魏奋. 重磅！杭州出台"全球聚才十条"最高可获 1 亿元资助[EB/OL].（2018-02-28）[2020-05-30]. http://news.eastday.com/s/20180228/u1ai11249658.html.

（四）着力推进高等教育治理现代化

扩大优质高等教育资源，增加高等教育机构数量是一方面。另外扩大高校办学自主权，优化其内部治理机制，从而提高其教育质量也是不可忽视的途径。《中华人民共和国高等教育法》（2015年修正）从第三十二条到第三十八条，分别规定了高校的7项自主权，诸如高校可自主调节系科招生比例；依法自主设置和调整学科、专业；自主制定教学计划、选编教材、组织实施教学活动；自主开展科学研究、技术开发和社会服务；自主开展与境外高等学校之间的科学技术文化交流与合作；自主确定教学、科学研究、行政职能部门等内部组织机构的设置和人员配备，按照国家有关规定，评聘教师和其他专业技术人员的职务，调整津贴及工资分配，以及对举办者提供的财产、国家财政性资助、受捐赠财产依法自主管理和使用等。上述高校的7项办学自主权不是政府的选择，而是国家法律的明文确权，具有法律上的至上性。[①]对此，辽宁省早在2015年就下放这7项办学自主权给高校。此外，该省还在探索高校依法自主办学的负面清单管理改革。[②]2018年2月26日，中共中央办公厅、国务院办公厅印发的《关于分类推进人才评价机制改革的指导意见》再次强调了"保障和落实用人单位自主权"。在依法治国与依法治校，推进教育治理现代化，建设中国特色现代大学制度的背景下，真正落实高校这7项办学自主权，对于激发高校办学活力，扩大优质高等教育资源，进而全面提高高等教育质量意义重大。河南省也应依法行政，尽快真正落实高校这7项办学自主权。

二、增加公共财政投入，建立多元化、多渠道的经费投入体制

高等教育的发展归根结底是由社会经济和高科技的发展所决定的，而高等教育的发展反过来又促进和推动社会经济和高科技的发展。纵观世界各国以及经济社会发达地区的高等教育发展经验，高等教育的发展仅仅依靠公共财政的投入是远远不够的，应该建立多元化、多渠道的高

① 孙霄兵. 我国高等学校办学自主权的发展及其运行[J]. 中国高教研究，2014（9）：9-15.

② 刘玉. 辽宁：今年将"下放"七项办学自主权给高校[N]. 中国教育报，2015-02-28，（1）.

等教育经费投入体制。

根据高等教育成本分担理论，高等教育经费应该由高等教育发展的受益者来共同分担，而分担的主体是国家或政府、学生及其家长、社会及高等院校。高等教育的发展离不开大量的经费投入，高水平大学的建设更是如此。针对河南省高等教育发展的现状以及教育经费投入的现实，河南省应采取以下措施。

（一）进一步增加高等教育公共财政投入

根据经济学的一般原理，谁受益谁投资。国家是高等教育发展的最大受益者，因此，投资高等教育是各级政府义不容辞的责任。依据我国现有的高等教育管理体制，河南省的高校绝大多数属于省政府及地方政府投资，作为高等教育发展的受益者以及高等教育成本的分担者，河南省政府对省属高校进行公共财政投资是分内的事，所以，省政府有责任、有义务加大对省属高校的经费投入。

由于高等教育对社会经济和高科技发展所发挥的重要作用，世界各国或地区特别是发达国家或地区无不重视对教育的投入。纵观世界各国或地区，越是高等教育发达的国家或地区，对教育特别是高等教育的投入占 GDP 的比重也就越高。就拿世界上高等教育最为发达的美国来说，自20世纪80年代以来，美国的教育投入占 GDP 的比重一直在不断提高，1980—2000年，美国的教育投入占 GDP 的比重从1980—1981财年的6.2%提高至2000—2001财年的6.9%。在进入21世纪之后的十几年内，又从2001—2002财年的7.1%提高到2012—2013财年的7.2%，即使是在金融风暴肆虐期间，美国的教育投入占 GDP 的比重也没有减少，反而在提升，2008—2009财年、2009—2010财年、2010—2011财年，美国的教育投入占 GDP 的比重分别为7.4%、7.6%、7.5%。[①]

进入21世纪以来，河南省教育经费投入占本省 GDP 的比重始终徘徊在3%。这样的教育经费投入比例使河南高等教育在新一轮“双一流”建设的竞争中处于劣势地位。不必说北京市拟5年内为高精尖中心总拨款

① Snyder T D. Mobile Digest Education Statistics 2013[EB/OL].（2014-11-01）[2020-06-12]. http://nces.ed.gov/pubs2014/2014086.pdf.

50亿—100亿元[①]，也不必说广东省的“双高”大学3年投入高达300多亿元[②]。在此仅与同处中部六省的湖北省做比较。近年来，湖北省的高等教育发展取得显著成效，在“双一流”建设中也铆足干劲，力争上游，省政府提供超150亿元用于一流大学和一流学科的建设。[③]反观河南省虽经努力，但“十三五”期间用于“双一流”建设的资金仅为40亿元[④]，河南想实现高等教育弯道超车，挑战巨大。

因此，增加对教育特别是高等教育的投入势在必行，河南省应力争在3—5年的时间内把对教育的投入赶上或者超过全国平均水平。只有这样，河南省的高等教育才能保持较高的发展速度，并提高高等教育的办学质量。

（二）适当提高公办普通高校学费

根据约翰斯通教授提出的高等教育成本分担理论，学生及其家长也是高等教育发展的主要受益者之一，理应分担一定的高等教育培养成本。现实中，2000年至今，物价水平的大幅提升，导致高校办学成本和学生培养成本大幅上涨，而基本维持不变的学费标准让各地各高校，特别是让部分中西部高校和省属高校感到较大的经费压力。2012年以来，据不完全统计，天津、江苏、福建、山东、湖北、湖南、广西、贵州、宁夏、浙江、广东、山西、内蒙古、青海等省（自治区、直辖市）均已上调普通高校学费。各相关省（自治区、直辖市）大多是根据不同专业制定了不同的学费标准，不同专业涨幅不同，学费涨幅多为20%—35%。[⑤]因此，无论是在理论上，还是在现实中，都应适当提高公办普通高校学费。

河南省的普通高校学费标准仍是按照2004年《河南省发展和改革委

① 北京市教育委员会. 北京市教育委员会关于印发北京高等学校高精尖创新中心建设计划的通知[EB/OL].（2016-02-24）[2019-02-24]. http://www.gov.cn/zhengce/2016-02/24/content_5045566.htm.

② 姚瑶，吴少敏. 3 年投入超 300 亿！广东大力支持“双高”大学，5 高校跻身国家“双一流”[EB/OL].（2020-05-30）. http:www.sohu.com/a/196663118_232611.

③ 省人民政府关于推进一流大学和一流学科建设的实施意见[EB/OL].（2017-01-06）[2019-02-24]. http://gkml.hubei. gov.cn/auto5472/auto5473/201701/t20170106_936549.html.

④ 段伟朵. 河南拟筹 40.27 亿支持郑大、河大“双一流”建设[EB/OL].（2018-11-28）[2020-05-30]. http://hn.cnr.cn/hngbjy/20181128/t20181128_524428583.shtml.

⑤ 陈少远，张晨，刘博智等. 高等院校学费标准调整调查[N]. 中国教育报，2016-08-16，（4）.

员会、财政厅、教育厅关于对我省普通高校学费标准进行结构性调整的通知》的规定收取的，即公办本科院校文科类学生每生每年学费为3400元，理工科类学生每生每年为3700元，医学类学生每生每年4500元，以及艺术类学生每生每年5700元。[①]为保障河南高等教育的长远发展，普通高校学费应由河南省物价局根据现在的高等教育成本进行重新核算，核算后适当提高公办高校生均学费标准，以减轻普通高校教育经费不足的压力。考虑到河南省的省情，建议学费在现有标准的基础上提高20%。

（三）鼓励和支持社会力量捐赠助学

受河南省社会生产力以及社会经济发展水平的制约，在相对较短的时间内大幅度增加对高等教育的财政投入显然是不切合实际的。由于社会组织及个人也是高等教育发展的直接受益者之一，所以其也应该分担一定的高等教育培养成本。社会分担高等教育培养成本是通过社会组织以及个人对高校的捐赠来实现的，这种社会捐赠一般有两种表现形式：一是社会力量举办高等教育（即民办高校）；二是对高等教育进行捐赠（包括金钱、土地、房屋、有价和无价证券、图书和物品等）。但是对于捐赠者而言，其对高等教育进行捐赠是自愿的，而不是必须要这样做，大多数捐赠者是不需要社会或者被捐赠对象给予任何回报的。由于我国是一个发展中国家，人们还没有养成捐赠的习惯，考虑到一些捐赠者可能要求政府及社会给予其一定的捐赠回报，而且这样做也是合法、合情、合理的。因此，本书建议，河南省有关部门，如河南省人民代表大会、省政府出台地方性法规和政策，借鉴国外发达国家成功的经验，对高等教育以及其他社会公益事业的捐赠者给予等量的免税待遇，捐多少就免除多少税收。对于大规模的社会捐赠，为了不影响地方税收，可以采取分期逐年扣除的免税政策（最长不应超过5年）。例如，某企业或者某人向河南省高等教育基金或者某大学捐赠10亿元人民币，那么在5年内，对该企业或者该人每年免除税收2亿元人民币，5年全部免除该企业或个人应缴纳的10亿元税款。这样，对当地政府的税收也不至于影响太大，或

① 史晓琪. 多地高校涨学费 今年河南公办高校学费不上调[EB/OL].（2016-07-23）[2019-02-24]. http://www.henan.gov.cn/jrhn/system/2016/07/23/010658824.shtml.

影响到社会事业的公共开支。此外，对高校经营性收入也可实行完全减免税收的政策。

（四）进一步提高高校的社会服务水平

根据高等教育成本分担理论，高校也是高等教育发展的直接受益者之一，也应该分担一部分高等教育成本。高校分担的教育成本是通过校办产业和高校的社会服务来支付的。高校特别是高水平大学通过开展社会服务、创办校办企业，以其盈利来分担高等教育成本。依据国内外大学开展社会服务的经验来看，通常一流大学以其雄厚的实力通过开办企业、医疗卫生保健中心等进行有偿社会服务，有其得天独厚的条件，并且经营成功的不乏其例，国内一流大学诸如北京大学（北大紫光）、清华大学（清华同方）、上海交通大学（上海交大昂立股份有限公司）等，国外的世界一流大学更是不胜枚举。但对于河南省高校而言，除了郑州大学（9所附属医院、一个大学科技园）等少数几所大学之外，鲜有成功之例。因此，河南省有关部门及相关高校应积极鼓励大学特别是高水平大学及特色骨干大学进行创业，以河南省大学科技园为高校创业孵化基地，积极打造具有河南高校特征的品牌企业，借以分担河南省普通高校的部分结余成本，逐步形成以公共财政投资为主，以社会捐赠、学费收入及高校创收为辅的多元化教育经费投入体制。

三、优化教师队伍结构，持续营造良好的办学环境

（一）积极引进和培养高层次人才

在现代社会，无论是综合国力的竞争，还是高科技的竞争，归根结底都是人才的竞争，只有积极引进人才、培养人才、抓住人才，才能为高等教育的发展注入鲜活的力量。人才特别是高科技人才从哪里来？主要是由大学培养出来的，那么大学又是如何培养人才特别是一流人才的呢？2005年，温家宝总理在看望钱学森的时候，钱老感慨地说："这么多年培养的学生，还没有哪一个的学术成就，能够跟民国时期培养的大师相比。"钱老又发问："为什么我们的学校总是培养不出杰出人才？"①

① 肖楠."钱老之问"与西南联大人的反思[N].中华读书报，2015-01-28，（21）.

这就是“钱学森之问”。“钱学森之问”在此后的10年内一直拷问着我国的大学,当然也包括河南省的大学,我们为什么培养不出一流人才呢?当然原因可能是多方面的,但缺乏高水平的大学和师资是最根本的原因。而河南省由于缺少高水平大学，优秀师资短缺问题更加突出。因此，河南省要想建设高水平大学，在新一轮的“双一流”建设中占得先机，就必须高度重视优秀人才的引进与培养工作。

实际上，在高水平大学的建设中，对于高层次人才的争夺已经趋于白热化。随着“双一流”建设的启动，各高水平大学对优秀人才的争夺也趋向白热化。北京市将70%的经费用于聘任国内外高端人才。①2020年，江苏省特聘教授引进工作仍在进行中。据调查，2016—2019年，江苏省分别引进特聘教授70人、73人、75人、75人，省政府文件中规定的是“每年引进70人左右”。②可见这项工作在稳步推进。湖北省对每年新增加创新人才的高校给予经费奖励。③广东省某理工大学为优秀青年博士提供一次性26万元安家购房补贴及最高30万元科研启动费④,广东省另一所大学则为“长江学者”开出200万元购房补贴和安家费的条件。⑤很显然，直接引进人才是一种快速提升学校实力的方式，如华东某经济发达省的一所“211工程”大学凭借“挖人”，使该校排名从100名上升至前20名。⑥

综上所述，当下引进高层次人才，并让其引领河南省高等教育的教学、科研工作势在必行。唯有此，才能有效解决河南省当前师资结构不

---

① 北京市教育委员会. 北京市教育委员会关于印发北京高等学校高精尖创新中心建设计划的通知[EB/OL].（2016-02-24）[2019-02-24]. http://www.gov.cn/zhengce/2016-02/24/content_5045566.htm.

② 江苏省政府. 省政府关于印发江苏高水平大学建设方案的通知[EB/OL].（2016-06-15）[2019-02-24]. http://www.jiangsu.gov.cn/art/2016/6/15/art_46143_2543172.html.

③ 湖北省人民政府. 省人民政府关于推进一流大学和一流学科建设的实施意见[EB/OL].（2016-12-28）[2020-05- 30]. http://www.hubei.gov.cn/govfile/ezf/201701/t20170106_1032899.shtml.

④ 21 世纪经济报道. 高校“挖人大战”：能挖出世界一流大学?[EB/OL].（2017-03-17）[2020-05-30]. http://item.btime. com/37vfhp0onuv8f1pbvf7ubdkctdj?page=1.

⑤ 张衡. 高校挖人大战催生“跳槽型”教授[EB/OL].（2017-04-17）[2020-05-30]. http://www.changjiangtimes.com/2017/04/565378.html.

⑥ 戴春晨. 高校“挖人大战”：一院校靠挖人排名从 100 升至前 20[EB/OL].（2017-03-17） [2019-02-24]. http://www. zhitech.net/v-1-118476.aspx.

合理、科研水平不高、基础设施不完善等问题；也唯有此，才能显著提高河南省人才培养层次，为社会主义经济发展提供强大的人力支撑。当然，也应看到，高水平的师资依赖于较高的工作待遇和良好的工作环境，这就要求河南省教育行政部门着力完善诸如推进体制机制改革、提高管理服务水平、增加高等教育的财政投入等一系列配套措施工作。

（二）进一步加强教师队伍建设

高水平教师队伍的建设不仅要靠从外部引进，更要靠提高自身高校教师的整体科研教学水平。学校若只顾引进人才，将有限的教育经费资源更多地分配给外来人才[①]，本校教师队伍的培养就会被忽视，本校教师队伍建设、培训、使用等健全的配套措施就会缺乏，则校内原有人才所具备的潜力将得不到有效的发现与挖掘。这种舍近求远的方式不仅打击了本校教师提高自身实力的积极性，容易导致教师队伍水平差距不断拉大，也在某种程度上影响着高校的学术氛围，从长远来看并不利于高水平大学的建设，是一种对现有教师资源的浪费，容易使我国本就缺乏的优质教师资源面临更大的挑战。

因此，在高水平大学建设中，高校必须注重平衡人才的引进与培养，用科学的方法，有组织地、系统地引进人才；引进后更要用好人才，帮助引进的人才迅速熟悉教学环境，为学校的发展做出应有的贡献，并发挥模范带头作用，带动本校教师队伍科研教学水平的提高，促进学校实现跨越式发展。同时各高校要加强对本校教师的培养，为不同教师制定不同的、可行的培养方案与制度，帮助本校教师不断提高科研与教育教学水平，提高河南省高校教师中副教授以上教师占专任教师总数比例、拥有博士学位的教师占专任教师总数的比例。

（三）提高行政管理和教辅人员比例

如前所述，河南省专任教师占教职工总数的比例过大，高达73.01%，几乎与云南省（73.07%）并列全国第一。同时，河南省行政教辅人员占教职工总数的比例仅为22.83%，为全国最低，而北京市的这一比例则高

① 李福华. 高等学校人才引进政策与人力资本投资风险[J]. 清华大学教育研究，2010（1）：93-97.

达38.87%，位居全国第一。

进一步比较河南省的师非比（专任教师和非专任教师人数比）数据，发现河南省行政管理和教辅人员严重短缺，师非比实在过高，如表2-23所示。

表 2-23　日本国立大学、中国教育部直属高校、“985 工程”高校、河南省高校师非比的比较

高校类型	师非比
日本国立大学	0.88：1
中国教育部直属高校	1.40：1
中国“985 工程”高校	1.25：1
河南省高校	3.20：1

资料来源：根据张红伟、李晨英的《中日一流大学人员结构比例的比较分析》中的相关数据，以及教育部规划司公布的 2014 年相关数据整理而成。高等教育学校(机构)教职工情况(总计)[EB/OL]. (2015-09-01)[2019-02-24]. http://www.moe.gov.cn/s78/A03/moe_560/jytjsj_2014/2014_gd/201509/t20150901_204714.html.

行政管理和教辅人员是高校人力资源的重要组成部分，在教学和科研服务方面发挥着重要作用，没有他们的辛勤工作，高校就无法正常运转。行政管理和教辅人员的短缺，使得专任教师不得不承担许多非教育教学的行政事务，占用了他们过多的时间和精力，势必影响其教学与科研质量。因此，在建设世界一流高水平大学的过程中，在重视专任教师的建设的同时，也要重视非教学人员的合理匹配。①大学需要有一定数量的、高质量的非教学人员为教学和科研的卓越提供支撑，尤其是直接为教学和科研服务的实验、图书情报等教辅人员。要提高河南省高校教师的教育教学水平，增加科研产出，势必要求高校适当提高行政教辅人员比例，以减轻广大教师负担，为他们的教育教学与科研工作提供良好的服务环境。

（四）进一步提高管理服务水平

教师素质的优化、科研产出水平的提高均有赖于良好的办学环境。而营造良好的办学环境，必须要下大力气改革一切不利于提高办学水平的体制、机制，进一步全面提高管理服务水平。

第一，要切实转变学校管理理念与方式，加大对大学部处机关干部、管理人员，各学院管理人员的培训力度，切实提高他们在工作中的专业

① 张红伟，李晨英. 中日一流大学人员结构比例的比较分析[J]. 大学（研究版），2016（12）：62-69.

化、人性化、信息化和国际化水平，强化和提升为广大教师服务的意识，积极营造有利于广大教师教学、科研、社会服务、文化传承和国际交流与合作的办学环境。

第二，各高校要努力提高教师收入水平。当前，河南高校教师的收入水平普遍不高，在物价上涨，尤其是房价居高不下的背景下，广大教师，尤其是青年教师面临着繁重的生活压力。这势必使他们不能安心从事人才培养、科学研究与社会服务工作，也致使河南高校很难吸引优秀人才，本地优秀人才流失严重。因此，河南省教育行政部门和各高校负责人应想教师之所想，急教师之所急，在住房、医疗、子女教育、餐饮与交通补助等方面积极提供力所能及的服务，切实解除广大教师的后顾之忧。当前，河南省为吸引更多优秀人才，特别是青年人才“扎根”，计划在两年内开工建设2万套青年人才公寓，其中，2017年底前一期开工建设6000套。先期建设的省直青年人才公寓保障对象主要是省直及中央驻郑的党政机关、事业单位、高等院校、科研院所、医院、国有企业的青年人才。①2017年11月23日，《中共郑州市委郑州市人民政府关于实施“智汇郑州”人才工程加快推进国家中心城市建设的意见》发布，该意见对符合条件的博士、硕士和“双一流”建设高校的本科毕业生，在郑州首次购房分别给予10万元、5万元、2万元购房补贴。这就为解除广大教师，特别是青年教师的后顾之忧开了个好头。

第三，要高度重视营造良好的学院环境。作为与广大教师工作与生活最密切的小环境，学院办学环境的好坏直接影响着广大教师的生活和工作质量。因此，各高校在提高管理服务水平上要秉承“学院办大学”的理念，牢固树立大学各职能部处部门全心全意为学院改革和发展服务的思想。在大学内部去除行政级别，扩大学院办学自主权。同时，完善学院内部治理体系，加强党政联席会议制度、学术委员会、二级教代会、教师座谈会、教师成长激励政策等制度建设，确保学院的管理在规范、公正和高效中运行，切实为广大教师成长与工作提供良好的学院环境。

---

① 李文哲. 河南拟建两万套青年人才公寓 保障对象范围公布[EB/OL].（2017-08-11）[2019-02-24]. http://henan.sina.com. cn/news/z/2017-08-11/detail-ifyixtym0325281.shtml.

第三章

高水平大学建设的美国经验

当今世界各国的竞争不仅是综合国力的竞争，也是高素质人才的竞争,人才特别是高科技人才究竟从哪里来？当然离不开高等教育的发展,综观当今世界发达国家或地区，无论是大国（地区）还是小国（地区），其发展都离不开高等教育。高等教育不仅为一个国家或地区的强盛提供人才支撑，而且也是一个国家或地区兴旺发达的基石。2017年9月，《教育部 财政部 国家发展改革委关于公布世界一流大学和一流学科建设高校及建设学科名单的通知》公布，郑州大学和河南大学分别进入世界一流大学和一流学科建设名单，这就为把河南省高水平大学建设成为世界一流大学和世界一流学科提供了契机。“双一流”建设无论是对于中国还是对于河南省来说都是一项史无前例的工程。因此，借鉴西方发达国家特别是美国的经验十分必要。

作为世界的高等教育强国，美国不仅拥有为数众多的高校，而且也是拥有一流大学最多的国家，在四大世界大学排行榜上，美国的上榜世界一流大学排名较靠前。根据美国教育部最新发布的《教育统计摘要》，在2018—2019学年，美国拥有授予学位的高等教育机构（degree-granting postsecondary institutions）4042所，比上一学年减少了271所。在美国现有授予学位的4042所高等教育机构中，其中，4年制大学共计2703所，占全美高等教育机构总数的66.87%；2年制高等教育机构共计1339所，占全美高等教育机构总数的33.13%。同时，美国拥有公立高校1636所，占美国高等教育机构总数的40.48%，其中，4年制公立大学为768所，占美国高等教育机构总数的19.00%，占全美4年制大学总数的28.41%；2年制公立社区学院为868所，分别占美国高等教育机构和2年制社区学院总数的21.47%和64.82%。[①]

美国卡耐基教育促进基金会是美国影响力比较大的教育基金会之一。1967年，该基金会成立了高等教育委员会，其使命是研究美国高等教育存在的问题，借以促进美国高等教育的发展。卡耐基教育促进基金会从1973年至今先后9次推出美国高等教育机构分类，对美国所有授予学位的高校按照办学类型进行分类指导。[②]2018年，该基金会把美国的研究型大学分为三类：第一类是一流研究型大学（research universities with very high research activity，RU/VH），共有131所；第二类是高水平研究型大学（research universities with high research activity，RU/H），共计135所；第三类是每年毕业博士研究生超过20名的研究型大学（doctoral/professional universities，D/PU），共有152所。以上三种研究型大学合计418所。本书所涉及的美国高水平大学包含前两类的266所大学。[③]

值得注意的是，在美国4年制公立大学中，公立大学系统尤其是州立大学系统占有非常重要的地位，诸如加利福尼亚大学（以下简称加州大学）系统、得克萨斯大学系统、威斯康星大学系统、俄亥俄州立大学系统、北卡罗来纳大学系统、马里兰大学系统、印第安纳大学系统、明尼苏达大学系统、宾夕法尼亚州立大学系统、亚利桑那州立大学系统、科罗拉多大学系统、伊利诺伊大学系统、密歇根大学系统等，它们都有超过3个的校区。这些公立州立大学系统中的各个校区既相互联系又各自独立，其中的不少大学在国际上颇负盛名，如加州大学伯克利校区、加州大学洛杉矶校区、加州大学旧金山校区、得克萨斯大学奥斯汀校区、伊利诺伊大学香槟校区、俄亥俄州立大学哥伦比亚校区等。本书选取美国最为著名的州立大学系统——加州大学系统进行深入的研究。

之所以选择美国州立大学系统作为研究对象，是基于以下几点考

---

① National Center for Education Statistics.Digest of Education Statistics[EB/OL].（2017-01-06）[2019-03-01]. http://nces.ed.gov/programs/digest/d16/tables/dt16_317.10.asp.

② The Carnegie Classification of Institutions of Higher Education. About The Carnegie Classification [EB/OL]. [2020-05-28] http://carnegieclassifications.iu.edu/.

③ The Carnegie Classification of Institutions of Higher Education. 2018 Update Facts &Figures[EB/OL]. [2020-05-28] http://carnegieclassifications.iu.edu/downloads/CCIHE2018-FactsFigures.pdf.

虑：其一，美国的公立大学主体是州立大学。这些州立大学大多属于高水平的研究型大学，其中不乏世界一流大学。在我国，公立大学是高等教育的主体，而目前地方所属公立大学可以称为世界一流大学的为零。因此，美国公立高水平大学的建设经验是我们可资借鉴的选择之一。其二，美国的私立非营利性大学远比公立大学的办学水平更高，进入世界一流大学的也更多。而我国的民办大学则无法望其项背。我国的民办大学想要成为世界一流大学还有很长的一段时间要走。其三，美国公立大学系统的教育经费收入的主体是改革财政性教育经费，这与我国公立大学的教育经费来源颇为类似。其四，美国加利福尼亚州（以下简称加州）与我国河南省的行政系统极为相似，诸如人口众多、经济和高等教育规模庞大等。正是基于以上几点，笔者认为，“他山之石可以攻玉”，本书研究和考察美国公立大学系统建设世界一流大学的经验，可以为河南省乃至我国高水平大学建设提供某些参考和借鉴。

加州大学系统是美国最大的公立大学系统之一，也是世界上颇负盛名的公立大学系统。加州大学系统经过150多年的发展，从1869年的10名教职工、38名学生发展到2020年7月拥有超过22.7万名教职员工与28万名学生以及遍及世界的200万校友的巨型公立大学系统。[①]目前，加州大学系统拥有10个相互联系而又各自独立运行的校区（即伯克利校区、戴维斯校区、欧文校区、洛杉矶校区、莫赛德校区、河滨校区、圣迭戈校区、圣弗兰西斯科校区或旧金山校区、圣塔芭芭拉校区和圣克鲁兹校区）、5个医学研究中心（戴维斯医学研究中心、欧文医学研究中心、洛杉矶医学研究中心、圣迭戈医学研究中心和圣弗兰西斯科医学研究中心）和3个美国能源部所属国家重点实验室（劳伦斯伯克利国家实验室、劳伦斯利弗摩国家实验室、洛斯阿拉莫斯国家实验室）[②]，以及160多个学科、850个学位项目，为加州提供了43万个工作岗位，对加州的经济贡献达463亿美元，对加州生产总值的贡献为328亿美元，是美国最负盛名的公立大

① University of California. The only world-class public research university for, by and of California[EB/OL]. [2020-05-29]. http://www.universityofcalifornia.edu/uc-system/.

② University of California. The parts of UC. [EB/OL]. [2020-05-30]. http://www.universityofcalifornia.edu/uc-system/parts-of-uc.

学系统，其培养的170万名毕业生遍布世界各地，在美国乃至世界高等教育史上具有很高的历史地位。①

美国公立大学的治理结构由董事会（board of regents 或 board of trustees）、学术评议会以及以大学校长（总校校长）为首的行政管理团队组成。其中，董事会是美国大学的法人，学术评议会由专任教师组成，而以大学校长（总校校长）为首的行政管理团队专责行政管理，这就形成了美国公立大学治理结构的法人治理权、学术权和行政权的权力制衡，这种既相互独立又相互密切联系的权力制衡共同造就了当代美国的公立高水平大学。本章就加州大学系统的法人治理、学术治理、行政管理和借鉴启示几个方面分别加以探讨。

第一节 加州大学系统的法人治理

在美国现代大学的治理结构中，董事会制度是美国大学法人治理的核心，也是美国高等教育决策的主要特征，卡耐基教学促进基金会于1982年发布的《校园控制：关于高等教育治理之报告》明确指出，大学“董事会构成了高等教育治理结构的基石”②。美国大学的董事会成员多寡不一：那些如爱荷华大学董事会（9人）和达特茅斯学院董事会（14人）一般大小的董事会规模通常算小的。许多董事会，无论是公立的还是私立的，都有50—60名董事；如普林斯顿大学董事会有40人，宾夕法尼亚大学董事会有56人。有的大学还有双层董事会，如北卡罗来纳大学拥有32名董事会成员，但其所属的北卡罗来纳大学教堂山校区也拥有一个由13人组成的董事会。这些大学的“董事会规模与高等院校是公立还是私立之间似乎没有必然的联系。那些少于15人的董事会在进行需要听取各方

---

① University of California. The University of California at a glance [EB/OL].[2020-05-30]. http://ucop.edu/institutional-research-academic-planning/_files/uc-facts-at-a-glance.pdf.

② Carnegie Foundation for the Advancement of Teaching. The Control of the Campus：A Report on the Governance of Higher Education[R]. Carnegie Foundation for the Advancement of Teaching，Princeton ，New Jersey ，1982：72.

意见的决策时，可能在一些重要的实质性领域内不能充分考虑各种不同的意见”[①]。笔者在此以加州大学系统为例加以探讨。

一、学校法人构成

加州大学系统不仅是美国，而且是世界上著名的公立大学系统之一。截止到2020年6月，加州大学系统有教职工22.77万人，另有雇员9.6万人，先后有64人获得诺贝尔奖，91人获得麦克阿瑟“天才”奖，63人获得国家自然科学奖，14人获得突破奖，39人获得普利策奖，学生总人数达28.52万人，是美国拥有学生较多的公立大学之一。[②]该校下属的加州大学伯克利校区、洛杉矶校区、圣迭戈校区、戴维斯校区、圣塔芭芭拉校区、欧文校区在2020年 THE 世界大学排名中进入了前100名，分别位列全世界一流大学的第13、17、31、55、57、96名（截止到2019年9月）。[③]

1. 法人成员

根据《加利福尼亚州宪法》（Constitution of the State of California，以下简称《加州宪法》）第八章第九条第九款的规定，加州大学系统董事会由26名具有投票权的成员组成，其中多数董事由加州州长任命。随着时间的推移，加州大学系统的董事会成员也在不断扩大。目前，加州大学系统董事会由31名成员组成，其中，19名董事（表3-1第1—19名）是由现任加州州长嘉文・纽萨姆指定的，这19名董事中包括1名任期一年的学生董事（海莉・韦德尔，加州大学圣迭戈校区教育学专业博士生）；7名执行董事包括加州州长、副州长、加州议会议长、加州公共事务部长、校友会正副主席以及加州大学系统总校长；3名指定董事包括2名校友会成员（校友会司库以及秘书长）和1名语言学博士生；2名任期为2年的专任教师代表，大学系统学术委员会副主席1人；此外，还有2名任期各为1

① 罗纳德・G. 埃伦伯格. 美国的大学治理[M]. 沈文钦，张婷姝，杨晓芳译，北京：北京大学出版社，2010：7.

② University of California. The University of California at a glance [EB/OL].[2020-06-01]. http://ucop.edu/institutional-research-academic-planning/_files/uc-facts-at-a-glance.pdf.

③ Times Higher Education（THE）.Times World University Ranking 2020[EB/OL].[2020-06-01]. http://www.universityrankings.ch/results/Times/2020?ranking=Times&year=2020&region=&q=&s=0.

年的董事会顾问也可以列席董事会会议。根据董事会章程，2名学生代表及2名顾问可以列席会议，但是并没有投票表决权（表3-1）。[①]

表 3-1 加州大学董事会成员职业构成

序号	姓名	董事任期	职业或职务
1	Maria Anguiano	2017.06.16—2028.03.01	梅内瓦设计公司首席财务官，获得斯坦福大学 MBA 学位
2	Richard C. Blum	2002.03.12—2026.03.01	布鲁姆投资合伙公司董事局主席，新桥资本有限公司联席董事长，加州大学伯克利校区
3	Laphonza Butler（女）	2018.08.06—2030.03.01	加州州长任命，SEIU 长期护理工作者联盟主席
4	Michael Cohen	2018.08.06—2030.03.01	加州州长任命，CalPERS 首席财务官
5	Gareth Elliott	2015.01.02—2025.03.01	加州州长任命，萨克拉门托咨询有限公司合伙人
6	Cecilia Estolano	2018.08.0.6—2022.03.01	加州州长任命，Estolano LeSar 咨询公司联合 CEO 兼联合创始人
7	Howard “Peter” Guber	2017.06.06—2029.03.01	曼德勒娱乐集团董事长兼首席执行官
8	George Kieffer	2009.05.06—2021.03.01	马纳特、菲尔普斯和菲利普斯国家律师事务所执行委员会合伙人和成员
9	Sherry L. Lansing（女）	1999.03.11—2022.03.01	雪莉兰辛基金会创始人、派拉蒙影业集团前主席兼首席执行官
10	Richard Leib	2018.08.06—2026.03.01	Dunleer Strategies 总裁兼首席执行官
11	Hadi Makarechian	2008.10.24—2032.03.01	马尔卡地产董事局主席
12	Eloy Ortiz Oakley	2014.11.17—2024.03.01	加州社区学院总校长
13	Lark Park	2017.06.15—2029.03.01	加州州长规划研究办公室教育学习实验室主任
14	John A. Pérez	2014.11.17—2024.03.01	加州议会前议员、前议长，现任加州大学董事会主席
15	Janet Reilly	2019.08.09—2028.03.01	海湾诊所联合创始人兼董事会主席
16	Richard Sherman	2014.01.17—2025.03.01	加州州长任命，格芬公司首席执行官
17	Jonathan “Jay” Sures	2019.01.04-2032.03.01	联合人才机构联席总裁
18	Hayley Weddle	2018.07.01—2020.06.30	加州大学圣迭戈校区教育学专业博士生
19	Charlene Zettel	2009.05.06—2021.03.01	加州捐助生命前首席执行官
20	Gavin Newsom	2019.01.07—至今	现任加州州长，执行董事
21	Eleni Kounalakis	2019.01.07—至今	现任加州副州长，执行董事
22	Anthony Rendon	2016.03.07—至今	现任加州议长，执行董事，63 区议员

① Times Higher Education（THE）. Times World University Ranking 2020[EB/OL].[2020-06-01]. http://www.universityrankings. ch/results/Times/2020?ranking=Times&year=2020&region=&q=&s=0.

续表

序号	姓名	董事任期	职业或职务
23	Tony Thurmond	2019.01.07—至今	现任加州公共教育总监，执行董事
24	Janet Napolitano（女）	2013.09.30—至今	现任加州大学系统总校长，执行董事
25	William Um	2019.07.01—2020.06.30	现任加州大学系统校友会主席
26	Christine Simmons	2018.07.01—2020.06.30	现任加州大学系统校友会副主席
27	Eric Mart	2019.07.01—2020.06.30	现任加州大学系统校友会司库（财务官）
28	Jamaal Muwwakkil	2019.07.01—2020.06.30	加州大学圣塔芭芭拉校区语言学博士生
29	Debby Stegura	2019.07.01—2020.06.30	现任加州大学系统校友会秘书长
30	Kum-Kum Bhavnani	2018.09.01—2020.08.31	教师代表董事
31	Mary Gauvain	2019.09.01—2021.08.31	现任加州大学系统学术委员会副主席

注：本表数据截止到 2020 年 3 月 12 日。

资料来源：University of California. Board of Regents[EB/OL]. [2019-03-01]. http://regents. universityofcalifornia.edu/about/ members-and-advisors/index.html.

根据表3-1统计数据，在加州大学系统31名董事会成员中，包括加州大学系统高级管理人员、教师以及学生在内的学术界成员仅有5人，约占总人数的16%。非学术界成员包括企业高级管理人员、州官员以及律师为26人，约占总人数的84%。这说明，加州大学系统这一美国最为著名的公立大学系统是以非学术界人士为主体组成的法人治理机构。

虽然加州大学系统的法人团体是由非学术界人士组成的，但是这并不能说明美国其他公立大学系统也同样是由外行人组成的法人机构。学术研究是一件十分严谨的事情，如果只凭加州大学系统董事会成员的构成就得出研究结论难免有失偏颇。为了避免研究的偏颇，笔者搜集了美国高水平研究型公立大学系统，包括得克萨斯大学系统、密歇根大学系统、佐治亚大学系统、伊利诺伊大学、威斯康星大学系统、明尼苏达大学系统、北卡罗来纳大学系统、马里兰大学系统、宾夕法尼亚州立大学系统和俄亥俄州立大学系统董事会成员的资料进行系统分析，从而得出这些公立高水平大学的董事会成员的职业构成。截止到2016年年底，这10大美国高水平公立大学系统的董事会成员共计187人，校均成员18.7人，这187人所从事的职业分布如表3-2所示。

表 3-2　美国 10 大高水平公立大学系统董事会成员职业构成　　单位：人

大学系统	教学管理人员	学生	企业高管	工商业主	律师	政府官员	医生	农场主	作家	注册会计师	新闻出版	其他	合计
密歇根大学系统	2		4		1	1	1						9
佐治亚大学系统			16		2		1						19
伊利诺伊大学	2	3	4			2	1					1	13
威斯康星大学系统		1	9		4	3			1				18
得克萨斯大学系统		1	7		1	1							10
明尼苏达大学系统	1		10			1							12
北卡罗来纳大学系统	2	1	9	10	5	1				2		2	32
马里兰大学系统	1	1	8	4		2				1			17
宾夕法尼亚州立大学系统	5	1	20	3	2	5		1			1		38
俄亥俄州立大学系统	2	1	10	2	1		1				1	1	19
合计	15	9	97	19	16	16	4	1	1	3	2	4	187

注：其他包括国家智库 1 人、播音执行官 2 人、电视色彩分析师 1 人。

资料来源：本表数据由笔者根据各大学董事会网站进行统计。

2. 法人构成特点

表3-2的数据统计显示，美国这10大著名的公立大学系统董事会成员的职业构成具有以下特点。

首先，非学术界人士占支配地位。从上述10大美国著名公立大学系统的董事会成员职业构成来看，包括企业高管、工商业主、律师、政府官员、医生、注册会计师等非学术界人士共计163人，占全部人数的87%；而教学管理人员（校长、教务长、副校长兼首席财务官、教授、研究人员）以及学生为24人，仅约占全部人数的13%。这说明，非学术界人士掌控了美国公立大学系统的法人治理团体，这是典型的外行人士进行决策。

其次，企业高管和工商业主占绝大多数。在美国著名的10大公立大学系统中，企业高管（董事长或董事局主席、总裁、首席执行官等）、工商业主（创办人、合伙人等）共计116人，超过了其他从业者人数的总和，占总人数的62.03%。律师（包括律师事务所老板或合伙人）和政府官员（州长、副州长、州教育部长或公共事务部长、州议长、州首席大法官等）共计32人，超过了学术界人士，占总人数的17.11%。这说明，企业高管和工商业主在董事会的决策中处于主导地位。

其三，学术人士处于从属地位。在美国的这10大公立大学系统中，包括大学教学管理人员在内的学术界人士仅约占董事会总人数的13%，因此，学术界人士在事关大学发展的决策中处于弱势地位，这就使大学的重大问题决策排除了利益相关者的干扰，使决策更加透明、客观、公正，保障了美国公立大学的治理处于阳光之下。

因此，“美国大学董事会主要由外行人士组成，是颇具美国特色的机构，它与那些已控制着欧洲高等教育的教育部以及教师行会有着很大的差异”[①]。

二、董事会的权力

美国学者斯格特认为，组织是一个理性的、自然的、开放的系统，“从理性系统的视角看，组织是一种为了完成特定目标而设计的工具。工具的好坏取决于结构性概念所包含的许多因素”[②]。作为法人治理的组织，美国州立大学系统的董事会同样也是美国各州为了完成某种特定的目标而设计的工具，这个目标就是完成大学的使命——人才培养、科学研究、传承文化以及服务社会。为此，美国州立大学系统董事会以法律的形式规范了董事会的职责权限，加州大学系统也是如此。根据《加州宪法》第九条第九款的规定，所有加州大学系统的组织和行政权力均源于董事会，董事会有权行使这些权力，并决定加州大学系统的最佳利益，董事会授权的任何权力都可以通过董事会的行动而被取消，根据《董事会政策》和《董事会章程》（2016年7月20日修订）第三十章特别条款，董事会授权加州大学总校长监督加州大学的运营。根据《加州大学章程》，加州大学系统董事会主要行使以下权限：

① （美）罗纳德·G. 埃伦伯格. 美国的大学治理[M]. 沈文钦，张婷姝，杨晓芳译. 北京：北京大学出版社，2010：3.

② （美）W. 理查德·斯格特. 组织理论：理性、自然和开放系统[M]. 高俊山译. 北京：华夏出版社，2002：31.

1. 关于法人事项

1）修订大学章程和委员会章程条款。

2）建立和废除董事会各委员会。

3）任命董事会主席、副主席及董事会委员会成员。

4）任命学生成员。

5）采用法定程序审议董事会董事、委员会成员、董事会委员或顾问没有履行大学章程、政策或适用法律规定职责的任何指控。在发现这种指控有价值时做出适当的答复，并确定对这些指控事项采取行动的权力级别。①

2. 关于学术事项

1）根据学术评议会的建议，批准大学的入学标准和颁发毕业证书和学位。

2）设立或废除社区学院、学术性二级学院、研究生分部和组织多校区研究单位。

3）设立和废除教学课程。

4）批准任命加州大学董事会讲座教授和加州大学讲座教授。

5）解雇终身教授或雇佣保障期内的学术雇员。

6）（根据《学术和学生事务委员会章程》的释义）组织招标或签订主要合同，管理和经营国家实验室或其他类似设施。

7）创建业务实体并持有主要合同，借以管理和运营国家实验室或其他类似设施。

8）批准此类业务实体的工作类型或范围的重大变更。②

3. 关于财务事项

1）批准大学预算和要求州政府拨款。

2）批准总校校长办公室年度预算。

3）接受独立财务审计师的报告。

4）批准学校独立财务审计师未经审计的相关服务。

---

① University of California. 22.2 Specific Reservations——（a）Governance Matters [EB/OL]. [2019-03-01]. http://regents. universityofcalifornia.edu/governance/bylaws/bl22.html.

② University of California. 22.2 Specific Reservations——（a）Governance Matters [EB/OL]. [2020-06-03]. http://regents. universityofcalifornia.edu/governance/bylaws/bl22.html.

5）根据委员会章程或董事会政策规定的参数范围，批准学费、注册费、教育费和强制学生应缴纳的政府规定的费用。

6）根据委员会章程或董事政策规定，授权大学进行外部融资。

7）批准加州大学员工住房援助计划的总体政策。

8）批准大学向其他各方提供的贷款，但不包括从已设立的学生、教师和员工贷款基金获得的贷款，但必须符合委员会章程或董事会政策规定的例外情况。

9）批准赔偿第三方的协议，但必须遵守委员会章程或董事会政策规定的例外情况。

10）在委员会章程或董事会政策规定的范围内，批准涉及大学财务承诺、大学名称使用、研究资源和大学名义的联盟和附属机构。

11）采纳加州大学退休计划并通过退休计划修正案。①

4. 关于资金项目事项

1）根据《委员会章程》或《董事会政策》的相关规定，批准资本预算请求和增加预算请求。

2）在《委员会章程》或《董事会政策》许可的范围内，批准购买、销售、租赁或房地产赠与。

3）在《委员会章程》或《董事会政策》许可的范围内，批准“长期研发计划”和对“长期研发计划”的修订。

4）批转“资金财务计划”（譬如“10 年资金财务计划”）。②

5. 关于任命和补偿事项

1）任命、降级或解雇总校校长、校区校长、劳伦斯伯克利国家实验室主任和董事会主要官员。

2）批准对总校校长、校区校长、劳伦斯伯克利国家实验室主任或董事会主要官员的酬金。

3）根据政策规定，批准总校校长、校区校长、劳伦斯伯克利国家实验室主任或董事会主要官员的带薪休假。

---

① University of California. 22.2 Specific Reservations——（c）Finance Matters[EB/OL].（2017-01-12）[2019-03-01]. http://regents.universityofcalifornia.edu/governance/bylaws/bl22.html.

② University of California. 22.2 Specific Reservations——（d）Capital Project Matters [EB/OL].（2017-01-12）[2019-03- 01]. http://regents.universityofcalifornia.edu/governance/bylaws/bl22.html.

4）在《委员会章程》或《董事会政策》许可的范围内，批准大学雇员薪水和福利计划政策，包括外部专业活动的政策。

5）在《委员会章程》或《董事会政策》许可的范围内，批准大学退休人员福利和健康计划。

6）根据《董事会政策》的规定，核准董事会主要官员和大学主要官员退休后的荣誉地位。①

6. 关于健康事项

批准在《委员会章程》或《董事会政策》规定的范围内进行医生实践、医院、诊所和其他有关健康的交易。

7. 关于合规审计事项

1）在《委员会章程》或《董事会政策》许可的范围内，解决有关索赔和诉讼的问题。

2）聘任和保留独立财务审计师。②

三、董事会的职责

在美国大学法人治理中，无论是公立高水平大学还是私立高水平大学，大多数董事会的职责是大同小异的，主要有四方面：其一是选拔和任命校长；其二是确定大学的主要发展目标，批准实施这些目标的政策和监督这些目标的实现；其三是监督大学的运行和批转预算；其四是诸如根据法律、政府指令和董事会要求承担的其他此类职责。③ 1983年，美国学者约翰·内森（John W. Nason）就提出了大学董事会的13项职责：维持托管；任命大学（学院）校长；确保大学的正常运行；批准大学的预算；提高教职工及其他雇员的工资福利；管理大学的社会捐赠；保证大学必需的物质条件；监督大学的工程项目；批准大学的长期规划；在

① University of California. 22.2 Specific Reservations——（e）Appointment and Compensation Matters[EB/OL]. [2019-03-01]. http://regents.universityofcalifornia.edu/governance/bylaws/ bl22.html.

② University of California. 22.2 Specific Reservations——（g）Compliance Matters[EB/OL]. [2019-03-01]. http://regents. universityofcalifornia.edu/governance/bylaws/bl22.html#bl22.1.

③ Penn State Office of the Board of the Trustees. Role of the Board of Trustees in University Governance [EB/OL]. [2019-03-01]. http://trustees.psu.edu/governance.html.

大学和所在社区之间扮演好桥梁和缓冲器的角色；保持大学的经济运行；充当好上诉法院的角色；对大学的运行保持知情权。①

2016年7月20日，加州大学系统董事会通过的《董事会章程》《学术评议会常规》《董事会政策》规定了该校董事会的权限。加州大学系统现行的《法人常规》规定：

1. 关于大学官员任职

1）总校校长的任命和解雇需经董事会成员多数票通过。

2）任命（包括临时任命或暂时代理）和重新雇佣经董事会同意退休的大学主要官员，须经总校校长与董事会常务委员会以及特别委员会协商同意后，由总校校长决定推荐并提交给董事会投票决定。

3）降职或解除各校区校长或劳伦斯伯克利国家实验室主任应由董事会提议或者与总校校长协商后提交董事会投票表决。

4）对大学其他主管官员的降职或罢免，须与该官员协商后，由总校校长决定，并向董事会汇报。②

2. 关于教师员工的雇佣

1）董事会讲座教授和加州大学教授的聘任，应征得教育政策委员会同意，并经总校校长提名后，由董事会投票决定。

2）解雇终身教职或雇佣保障期内的学术雇员，应在征询各校区校长意见后，在总校校长建议下由董事会投票决定。在解雇之前，各校区校长应事先征求学术评议会分会所属的咨询委员会的意见。

3）除章程、常规、政策另有规定之外，所有教师和雇员的聘用、晋升、降职和解雇，均属于总校校长、秘书长兼人力资源部长、首席投资官、董事会总顾问的职责范围。

4）聘用教师或雇员不得对其进行政治考察。

5）退休大学员工对任何高级管理团队或其他员工职位的再就业，

---

① John W. Nason.The Nature of Trusteeship：The Role and Responsibilities of College and University Boards[R]. Washington：Association of Governing Board of Universities and Colleges，1982：19-46.

② University of California. Standing Order 100. Officers of the University——100.2：Employment Status [EB/Ol].（2017-01-16） [2019-03-01].http://regents.universityofcalifornia.edu/governance/standing-orders/so1002.html.

应受加州大学退休员工再就业董事会政策的约束。①

3. 关于大学官员薪酬

1）加州大学总校校长的酬金绪经酬金委员会提出建议，由董事会决定。

2）根据《董事会政策》的规定，所有加州大学系统主要官员的薪水须经总校长提议，经薪水委员会批准，由董事会做出决定。②

4. 关于教职员工的薪酬

1）关于教员和加州大学系统其他雇员的薪酬，应由总校校长或秘书长兼人力资源部长、首席投资官、董事会总顾问通过薪水委员会提议，由董事会决定。具体如下：所有雇员的薪水应依据《董事会政策》的要求，由董事会批准；董事会讲座教授的薪水和加州大学讲座教授超出规定范围的薪水被定义为超过适当学术薪酬水平的最高薪酬，即超过正常梯级的最大薪酬级别之间的百分比之差和教师学年薪酬水平的部分，应根据加州劳动统计局所确定的消费者价格指数，每年做出及时调整，调整部分须向董事会报告；除了董事会讲座教授和加州大学讲座教授以及教师之外的其他雇员的薪酬调整，应根据加州劳动统计局所确定的消费者价格指数进行，增加部分每年应向董事会进行报告，并经董事会批准。

2）其他雇员的薪水，除董事会章程、常规另有规定之外，应由总校校长、秘书长兼人力资源部长、首席投资官和董事会总顾问依法负责。③

四、董事会成员的权力和职责

现代管理学之组织理论认为，“鉴于组织在本质上是开放系统，则其边界必须是滤网型，而不是甲壳型，因为只有这样才能吸收需要的成分，

---

① University of California. 101.1：Employment Status[EB/Ol].（2017-01-17）[2019-03-01]. http://regents.universityofcalifornia. edu/governance/standing-orders/ so1011.html.

② University of California.Standing Order 100. Officers of of the University——103：Compensation[EB/OL].（2017-01-18）[2019-03-01]. http://regents.universityofcalifornia.edu/governance/standing-orders/so1003.html.

③ University of California.Standing Order 101.Faculty Members and Other Employees of the University——101.2 Compensation[EB/OL]. [2019-03-01]. http://regents.universityofcalifornia.edu/governance/standing-orders/ so1012.html.

排除不恰当的或有害的成分”[①]。作为一个开放的组织系统，大学董事会成员的职责与权力虽然也受到一定的制约，但不可否认，董事会成员仍然拥有较大的权力，加州议会通过的《教育法典》（Education Code，EDC）的第三编（“高等教育”）以及《加州大学章程》都对加州大学系统董事会成员的职责与权力做出了专门的界定。

在美国，大学向社会募捐（或者说是筹款）不仅是大学校长、副校长兼首席财务官、首席资源官的责任，也是董事会成员的一项主要职责。1947年，加州议会通过的《加州大学债券收入法》第二节“董事会成员的权力”规定了加州大学董事会成员“除了宪法或本州任何法规赋予的所有其他授权之外，董事会成员应具有本章规定的所有权力，并有所扩大”，具体内容如下：

1. 董事会成员的权力

1）依据本章的规定，如确有所需，董事会成员可通过购买、赠送、设计、租赁或使用知名域名，获得并持有、使用、出售、出租或处置任何实物或个人财产，以方便或用于执行任何权力。

2）董事会成员可以构建、拥有、操作和控制任何项目。

3）董事会成员可以确定使用任何由其获得、建造、装备、装配、操作或维护设施的利率、租金或其他费用，或与该设施有关的服务，以及可能更改、变更或修改此类费率、租金或其他费用，但须符合董事会成员在确定此类利率、租金或费用时订立的任何合同义务。

4）董事会成员可根据任何合同或协议，与任何债券持有人签订协议，并根据需要，不时增加利率或费用。

5）董事会成员可以随时或不定期地发行收入债券，筹集资金以建设任何项目或获得任何项目的土地，或获取、建造、改进、装备、提供任何项目，或对任何项目进行再融资，或为达到此目的的任何组合，这些债券可根据本章予以保障。

6）只要董事发现此类条款和条件符合加州大学的最佳利益，董事

---

① （美）W. 理查德·斯格特. 组织理论：理性、自然和开放系统[M]. 黄洋，李霞，申薇，等译. 北京：华夏出版社，2002：170-171.

会成员就可以与美国或加州的任何部门或机构签订合同。

7）董事会成员可以与任何个人或公共公司、政治部门、城市、县、区，或任何个人或此类实体机构签订合同、租赁协议，并且一般可以行使被赋予的全部权力。

8）董事会成员可以出售、出租、转让或以其他方式处置任何地产、利息或财产，但必须符合董事会成员就发行收入债券所订立的任何合约义务。

9）董事会成员可以行使私人财产的冠名权，或私人财产的任何权利或利益。

10）董事会成员可运用必要的规则和条例以行使权利，履行本章所赋予的义务。

11）董事会成员全权负责征收、建造和完成所有已被授权的项目，并可随时进行此类工作。

12）董事会成员可以建造任何项目，项目可以但不必在任何校区内建造或获得，可以在董事会成员认可的任何地点建造或获得，以便达成本章的目的。

13）董事会成员全权负责董事会授权的所有项目的购置、建设和竣工事宜，并可以立即开展此类工作。

14）无论任何时候，任何项目的运行、维护、控制、修理、建设、重建、改造以及改进均须获得董事会成员的授权。

15）董事会成员可以使用由州或董事会成员捐赠的任何来源的基金，以及连同董事会成员发行和出售债券的收益，以支付收购成本、建设或完成任何项目，从而达成本章规定的目的。

16）董事会成员须确保避免任何原因所造成的收入损失，任何此类保险的收益仅仅用于支付债券以及债券利息。

17）董事会成员须确保避免公共责任或财产损失以及火灾或其他危险的损失。董事会成员可以用一定数额和所确定的性质以及保险费支付等方式来承诺提供此类保险或任何其他保险。

18）董事会成员可以授权任何官员或董事会官员准许和促成印刷或整理债券、优惠券、契约或其他文书及合同或要求的所有协议，或方便或发行或销售债券。

19）董事应根据本章规定，获得建设或完成所有项目的租金，收费和费用确定，以便任何利用此类项目设施的人使用此类项目，但须遵守可能承担的合同义务、摄政人员和根据本章发行的债券的持有人。视情况而定，董事可能会不时更改租金或收费和付费。所有租金或收费和付费在任何时候都应固定，以产生等于年度运营和维护费用的年收入，包括维修和保险费用以及在任何时候发行且未偿还的收入债券的所有赎回付款和利息费用以及储备金要求，按照本章的规定，在到期之日。

20）本条或本章的任何内容，不得以直接或暗示等任何方式贬损，或限制本州宪法和法规所赋予董事会成员的权力。①

2. 董事会成员的职责

1）公共使命。每位董事会成员应担负起加州人民之受托人和加州大学之管理人员的责任，代表加州人民的最佳利益来管理加州大学以履行公共信任的教育、研究和公共服务使命。

2）关于受托人服务。在董事会履行职责时，每位董事应以大学最佳利益为原则行事，将大学和公众利益置于自己的利益之上，并以诚意行事。董事会成员在履行董事会职责时，应小心谨慎，包括进行审慎的咨询。

3）遵守法纪。每位董事都应遵守法律、纪律以及学校规章制度。

4）道德行为。董事会成员应以高度的道德操守和公正服务获取公众信任并履行其职责。董事会成员预计将会承担大学财务、物资和智力资源的完全责任。董事会成员应在适当时候公开个人、家庭、业务关系或其他潜在的利益或冲突。

5）准备与参与。每位董事应认识到董事会赋予其的对学校治理所拥有的广泛权力和责任，并对学校的教育、研究和公共服务计划以及董事的职责、责任和义务方面有所了解。每位董事应参加董事会和指定委员会的会议，在每次会议上都应做好准备，根据现有资料做出合理和合情的决定，并参加会议内外的董事会活动。

6）合作。董事应履行董事会的监护义务，遵守董事会的决定和政

① FindLaw. California Code，Education Code-EDC. Title 3. Postsecondary Education[EB/OL]. [2020-06-08]. http://codes.findlaw.com/ca/education-code/#!tid=N252EDCF7D4D144BFB1EBC7D2A8B97F0F.

策，尊重其他董事、学校官员、教师、学生和工作人员的意见。这些期望并不是为了限制反对派的坦率表达或改变这些政策或决定所做出的努力。当做出这样的努力时，董事应该尽力表明，其所表达的意见是董事个人的意见而不是董事会的意见。

7）董事补偿。作为董事，任何人不得领取工作人员的酬金或其他酬金，除总校校长之外的任何董事均不得在任何学校附属职位任职。但尽管如此，学生董事却有资格获得大学兼职补助。

依据学校政策的规定，因参加董事会或委员会会议或出席学校其他公务，可以报销实际支出。

8）礼品、合同和赠款。除另有规定或董事会采取行动外，任何董事不得代表学校签订任何合约，或承诺其他事宜。任何董事不得接受或同意接受提供给学校或代表学校利益法人的任何礼物或赠款。任何董事不得承担或同意承担任何用于学校利益的任何基金的管理、处置或支出。

9）董事的角色。董事会的职责是制定政策，学校行政部门的职责是实施和执行政策，包括大学的日常运作。除总校校长的要求外，董事个人不得参与日常行政事务，诸如具体人事、合同、投资或其他行动的决定，在检查委员会担任高级领导职务的，或另有规定的除外。除非董事会有特别授权，除了总校校长外，任何董事不得在各校区或负责监督或咨询日常行政事务的大学常设委员会任职。本款中没有任何内容旨在限制董事会的一般监督责任或调查权力。

10）对学校的支持。期望董事成为学校的积极支持者和倡导者，抓住一切机会帮助学校筹款、立法、宣传，并为学校利益做出其他努力。

11）不当行为。根据治理和补偿委员会的建议，董事会应通过程序审议有关董事会成员、委员会委员、委派董事或董事会委员顾问未能履行《董事会章程》所规定的义务、政策或适用法律规定的职责，并发现这种指控具有价值时，可采取应有的反应。①

① University of California. Bylaws 21：Duties and Requirements[EB/OL]. [2019-03-01]. http://regents.universityofcalifornia.edu/governance/bylaws/bl21.html.

总之，在美国，不管是公立大学还是私立大学，举凡涉及重要的人事任命、大学财政、教职工薪酬以及重大项目的批准、建设等，都需要经由董事会成员投票决定，这就避免了决策的盲目性以及决策时出现重大失误。

第二节　加州大学系统的学术治理

在美国公立大学系统治理结构中，学术评议会占有重要的地位。作为教师行使学术评价权的常设学术机构，学术评议会为大学教师有效掌控学术评价权奠定了制度基础。1868年，加州大学成立之初，《加利福尼亚州宪章》（California’s Charter）就建议设立一个由校长主持的、包括全体教师和系主任在内的学术评议会。设立学术评议会的目的是对大学学术事务进行一般管理和评价，学术评议会和校长及委员会的关系由董事会决定。但最初的制度设计存在着先天的缺陷，即没有明确划分董事会和学术评议会的权力边界，从而导致董事会权力过大，诸如教师的聘用与解职、课程设计与学位的颁发等都由董事会来决定，而学术评议会及校长的权力过小。

1958年，克拉克·科尔（Clark Kerr）出任加州大学总校校长，上任伊始，他就开始推动加州高等教育管理体制改革，改变了过去各校区由总校统一管理的制度，要求董事会赋予各校区自主决策权，扩大各校区校长的行政管理权；同时积极推动学术评议会的改革，对各校区进行分权，于1963年设立了各校区学术评议会，各校区学术评议会自主行使在各校区的学术权力；同时，成立总校学术评议会大会，由各校区学术评议会选派代表参加，由总校学术评议会大会制定和修订《学术评议会章程》（Bylaws of the Academic Senate）以及《学术评议会常规》（Regulations of the Academic Senate），并向校长和董事会提交报告、建议和备忘录。学术评议会的执行机构为学术委员会，负责研究涉及总校的重大问题，负责向总校校长提交研究报告以备咨询。这就基本形成了加州大学系统以董事会法人治权、学术评议会的学术评价权和以总校校长为首的行政权三权分立的现代大学治理结构的核心结构，因此，克拉克·科尔为加州大学系统建立现代大学治理制度做出了重大贡献。

一、学术评议会的组成

加州大学学术评议会从建立发展演变到目前，已经成为由总校和各校区两级学术评议会组成的、相对完善的现代大学制度的重要组成部分，学术评议会代表加州大学系统全体教师。董事会授权学术评议会决定学术政策，包括批准课程设置与入学申请、毕业证书和授予学位。学术评议会还就教师任命、晋升和预算向行政部门提供咨询。①

根据共同治理的基本原则，加州大学系统学术评议会的职责，包括授权、审批和监督所有的大学课程，确定招生条件、各种毕业证书和授予学位。在加州大学的其他领域，学术评议会也发挥着积极的咨询作用。根据董事会的特别授权，学术评议会就预算事项和图书馆管理向总校校长和各校区校长提供咨询建议。校区和大学系统官员定期向学术评议会寻求咨询和审查影响教师福利以及学术环境的各种各样的问题。学术评议会也参与系主任、各校区校长以及总校校长的选拔。

根据加州大学《学术评议会常规》的规定，学术评议会由以下人员构成：总校校长、总校副校长、校区校长、校区副校长、院长、教务长、学术项目主任、各校区招生主任兼校长办公室主任、注册官、各校区图书馆馆长、各学科课程学术讲师、住宿讲师、助理教授、住宿助理教授、临床助理教授（如医学助理教授）、副教授、住宿副教授、临床副教授（如医学副教授）或代理教授、具有就业保障潜力的专职讲师、具有就业潜力的专职高级讲师、具有就业保障的专职讲师或具有就业保障的资深专职讲师、服务不到两年且没有投票权的讲师和住宿讲师。此外，研究生课程专业学院的成员应为学术评议会成员，由学术评议会酌情决定，与本校其他院系课程有关的评议会活动有可能被排除，学术评议会成员

① University of California. Academic Senate[EB/OL].（2017-01-22）[2019-03-01]. http://www. universityofcalifornia. edu/uc-system/leadership.

的任期不得因休假或退休而失效。[①]

加州大学《学术评议会章程》规定，学术评议会成员包括总校校长、各校区校长、学院主要的学术行政官员、分属于各院系的所有学术评议会成员以及各学术评议会分会所规定的所有其他成员。总校校长是学术评议会的当然主席，也是各校区学术评议会分会代表大会和教职工大会的成员；学术评议会大会的主席是学术评议会的当然副主席。经学术评议会批准，学术委员会应任命一名学术评议会秘书长/议员，任期为三年，秘书长/议员收到学生呈递的材料后提交大会，转交大会主席，由大会主席将其转交给适当的委员会。

加州大学系统学术评议会由学术评议会大会、学术委员会、学术评议会常设和特设委员会（Standing and Special Committees of the Assembly）、学术评议会分会以及各分会的全体教职工组成。

1. 学术评议会大会

根据加州大学《学术评议会常规》的规定，学术评议会大会是学术评议会的立法和决策机构，代表加州大学全体教师治理大学，其成员包括总校校长、学术评议会大会的主席和副主席、学术委员会的全体成员、10个学术评议会分会的主席、8个主要全校系统学术评议委员会的主席，以及按照每个分会成员人数比例选举或任命的40名教师代表。学术评议会大会每年举行四次会议，审议影响多校区的事项并采取立法活动。[②]

加州大学上一任学术评议会大会主席为吉姆·A.查尔方特教授（Jim A. Chalfant，任期为2016年8月—2017年9月），他毕业于北卡罗来纳大学，获得经济学与商学博士学位，现为加州大学戴维斯校区的农业与资源经济学教授，研究兴趣是应用计量经济学，并在农业市场营销和需求分析、风险和不确定性以及农业生产和供应等领域卓有建树。[③]加州大学学术评议会主席任期为一年，查尔方特教授的继任者为上任副主席谢

① University of California. Standing Order105：Academic Senate[EB/OL]. [2019-03-01]. http://regents. universityofcalifornia.edu/governance/standing-orders/so1051.html.

② University of California. Assembly of Academic Senate[EB/OL]. [2019-03-01]. http://senate. universityofcalifornia.edu/assembly/index.html.

③ University of California. Academic Senate [EB/OL].（2017-01-24）[2019-03-01]. http://senate. universityofcalifornia.edu/about/chair-bio.html.

恩·怀特教授（Shane White，副主席任期为2016—2017年，主席任期为2017年9月—2018年9月），后者是加州大学洛杉矶校区牙医学院的组织与再生学教授。现任学术评议会主席为库姆·库姆·巴夫纳尼教授（任期为2019年9月—2020年9月），巴夫纳尼是加州大学圣塔芭芭拉校区社会学的杰出教授，曾任圣塔芭芭拉校区的学术评议委员会主席（2012—2016年）。现任学术评议会副主席为玛丽·高文教授，她是加州大学河滨分校杰出的心理学教授，任期同样为一年（2019年9月—2020年9月）。

由学术委员会提名，学术评议会大会选举一名来自分会的成员为副主席，翌年九月，该副主席将会继任学术评议会大会主席。大会成员可以从10个校区学术评议会主席中进行提名，并由25位评议会成员提出书面呈请。代表大会副主席还将担任学术委员会副主席，次年，大会副主席就会继任主席和学术委员会主席，主席和副主席均不得担任分会代表。倘若学术评议会大会主席空缺，副主席将会继任主席；倘若副主席空缺或者主席和副主席都空缺，学术委员会应该临时任命直至下次大会会议通过选举填补了空缺。倘若秘书长或成员空缺，学术委员会应同意暂时空缺，直到按照规定经选举填补了空缺为止。倘若秘书长或议员不能出席代表大会预定的会议，学术委员会应在会议期间临时任命一人代替。学术评议会大会主席及副主席的主要职责如下：

1）学术评议会主席主持学术评议会大会，在主席缺席或不能履行职责时，由副主席主持。

2）在每年 7 月 1 日之前，学术评议会大会主席应与学术评议会和学术委员会主席协商，在下一个学年应至少安排三次常规代表大会，经学术委员会大多数成员同意，主席可以取消常规会议，但在每个学年必须至少举行一次常规会议。

3）特别会议可由评议会主席或学术评议会代表大会主席主持。此类会议必须由主席或副主席酌情根据分会、25 名具有投票权的学术评议会成员或 7 名学术评议会代表大会成员提出书面申请方可召集。

4）经过学术评议会大多数成员同意，学术评议会代表大会主席可以召集紧急会议，在主席缺席或不能履行职责时，由副主席召集。

5）根据《学术评议会章程》第 120 条（C）款的规定，学术评议会大会主席应与学术委员会协商确定每次代表大会的议程，根据评议会分会、15 名具有投票权的评议会成员以及 4 名代表大会成员的书面请求，主席应在大会授权范围内将其列入议事议程。

6）根据《学术评议会章程》第 90 条的规定，学术评议会大会主席应通过评议会主席向董事会转交纪念品。

7）学术评议会大会主席和副主席分别担任学术委员会主席和副主席，主席和副主席都是总校委员会的当然成员，除规则和管辖权委员会之外，可作为代表大会委员会的非表决执行委员。

8）学术评议会大会主席接受学生的申诉书或提交给代表大会的其他材料，也可将其转交给适当的委员会。[①]

2. 学术委员会

学术评议会大会的执行机构是学术委员会，前者是立法机构，而后者则负责处理非立法事项。学术委员会的成员包括学术评议会大会主席兼学术委员会主席、学术评议会大会副主席兼学术委员会副主席、各学术委员会分会主席、各常设委员会主席（学术人士委员会主席、平权行动与多样性委员会主席、招生与学校事务关系委员会主席、教育政策委员会主席、教师福利委员会主席、研究生事务委员会主席、计划与预算委员会主席以及研究政策委员会主席等）。在学术委员会分会主席或常设委员会主席缺席或不能履行职责时，由副主席代行其职责；在学术委员会主席或副主席缺席或不能履行职责时，应由学术委员会在召开特定会议时指定一名替代者，替代者享有充分的权力。加州大学系统学术委员会的权力和职责如下：

1）学术委员会为学术评议会大会的执行委员会。

2）学术委员会通常代表学术评议会大会向总校校长提出咨询建议。

3）就全校范围内普遍关注的事项，学术委员会有责任要求学术评

① University of California.Bylaws of the Academic Senate[EB/OL]. [2019-03-01]. http://senate. universityofcalifornia.edu/bylaws-regulations/bylaws/blpart2.html#blpart2-I.

议会各委员会进行调查，并向学术委员会或学术评议会大会报告。

4）学术委员会应指定两名成员在加州大学退休制度咨询委员会（Advisory Board of the University of California Retirement System）任职。

5）学术委员会有权审议有关分会的建议，并敦促学术评议会大会接受分会的建议。

6）如果提交给学术评议会大会批准的分会规章与大学系统的规章不符，并且在提交后不能列入六十日内举行的学术评议会大会议程，学术委员会应根据学术评议会委员会的建议，获得授权以批准这些拟议的条例。这种批准有效期延至下一个任期结束，直至代表大会常规会议举行。此类批准必须向学术评议会代表大会报告。

7）研究生事务协调委员会（Coordinating Committee on Graduate Affairs）应代表该会向学术委员会提交最终行动建议，以便根据《学术评议会章程》180.B.5 的规定，提交设立新的研究生学位课程，如果这些建议不能被列入代表大会常规议程，应在研究生事务协调委员会采取行动后的三十日内举行代表大会。

8）根据《学术评议会章程》第 65 条的规定，学术委员会应根据加州大学系统学术评议会各委员会的决定提出课程诉求。

9）根据《学术评议会章程》110.A.3.b 和 A.3.e 的规定，学术委员会应就议程设定计划和代表大会常规会议的取消与学术评议会大会主席进行磋商。

10）经学术评议会多数成员同意，学术评议会大会主席可召开紧急会议，当主席缺席或不能履行职责时，根据《学术评议会章程》110.A.3.d 的特殊规定，由副主席代行职责。

11）根据《学术评议会章程》110.A.3.c 的规定，（学术委员会）可召开特别会议。

12）除《章程修正案》外，任何行动议程，诸如大会会议达不到法定出席人数，可由学术委员会采取行动，这种行动必须在下次例会或召开特别会议时向学术评议会大会提交报告。

13）学术委员会授权建立特设委员会（Special Committees）。

14）学术委员会应向总校校长提名一名在加州大学医学院从事临床工作的评议会成员，该成员将在董事会保健服务委员会（Health Services

Committee of the Board of Regents）供职，担任这一职位的成员应是加州大学负责未来卫生保健计划（Future of UC Health Care Plans）的教职工福利工作委员会的当然成员。[①]

3. 学术评议会常设和特设委员会

加州大学系统学术评议会通过其所属的20个常设和特设委员会运作，这些委员会对应具有类似职责的各校区委员会。作为学术评议会大会的执行机构，学术委员会与总校校长和其他系统官员协商后，每月召开一次会议以推进学术评议会的工作。学术委员会包括各校区分会的主席、8个主要的总校委员会的主席，以及学术委员会的主席和副主席。

1）常设委员会成员。学术评议会大会主席和副主席是加州大学系统学术评议会的当然成员以及所有委员会的无表决权的当然成员，但规则委员会和司法委员会除外。学术评议会各分会应提名分会一人担任下列委员会任期为2年的成员，该成员通常为相应分会的主席或成员，否则，大会委员应担任相应分会的当然无投票权成员。

2）常设和特设委员会。学术评议委员会下属的重要常设和特设委员会有7个，包括学术委员会，计算和通信学术委员会，实验室问题特殊学术委员会，学术自由委员会，学术人士委员会，平权行动、多样性与公平委员会，招生与学院事务关系委员会。

此外，学术评议委员会下属机构还包括13个常设和特设委员会，如研究生事务协调委员会、编辑委员会、教育政策委员会、教职工福利委员会。教职工福利委员会分为教职工投资退休福利工作组和加州大学系统未来保健计划教职工福利工作组以及教职工福利委员会、学术评议会跨部门工作委员会、图书馆和学术交流委员会、计划与预算委员会、预备教育委员会、权力和任期委员会、研究政策委员会、规则和权限委员会等。这些特设委员会是为了解决一些临时性的议题或问题而专

---

① University of California. Bylaws of the Academic Senate[EB/OL].（2017-01-26）[2019-03-01]. http://senate.universityofcalifornia.edu/bylaws-regulations/bylaws/blpart2.html#bl105.

门设置的。[①]

上述所有委员会的主席以及副主席任职期限均为一年，并且在主席卸任后由副主席继任。

4. 学术评议会分会

加州大学系统学术评议会包括10个校区分会，也就是伯克利、戴维斯、欧文、洛杉矶、莫赛德、河滨、圣迭戈、圣弗兰西斯科（旧金山）、圣塔芭芭拉和圣克鲁兹10个校区分会。每个校区分会都是根据《学术评议会章程》中的条款以及《学术评议会常规》确定其成员的，每个校区分会的成员包括：

1）总校校长。

2）某一分会所任命的学术评议会成员，根据《学术评议会章程》B.2 条的规定，不得将投票权转移到另一分会。

3）每一位退休的评议会成员，退休时应在其所属的校园分会。每一位评议会员应选择一个分会进行注册。

关于投票权，根据《学术评议会章程》B.2条的规定，某一分会的评议会员，其表决权不能转移至另一分会，临时分配到另一校区的评议会成员的投票权可以根据成员的请求转移到其临时所在的分会。

根据加州大学系统学术评议会的一般规定和《学术评议会章程》的其他细则，各（校区）分会有权选择、组织自己的官员及委员会，并对其业务规则和规章的行为采取不违反《学术评议会章程》《学术评议会常规》的业务规则和条例。各分会都有权从其所代表的校区分会委员会、行政官员以及其他分会收到各院系教职工所提交的报告或建议。各分会有权对影响分会的重大立法采取最后行动，并在分会所代表的校区建立院系，根据《学术评议会章程》第311条的规定，就大学所关心的任何事项，各分会主席直接向总校校长转交决议，并就学术评议会立法的变更和分会认为适当的其他事项向学术评议会或学术评议会大会提交报告与

① University of California. Academic Senate——Senate Committees[EB/OL]. [2019-03-01]. http://senate.universityofcalifornia.edu/committees/index.html.

建议。所有不属于学术评议会大会和学术评议会分会的权力均属于学术评议会分会。①

根据加州大学《学术评议会章程》的规定，学术评议会每一个分会都应建立一个相应的常务委员会，除编辑委员会外，各代表大会常务委员都应在分会指定一个相应的分委员会，以研究生理事会为例，根据一般规定，各校区研究生理事会分会的常规和协调职能应由有关分会研究生理事会根据《学术评议会章程》第180条的规定行使，各校园研究生院院长是理事会当然成员，但不是主席或副主席。研究生理事会的职责如下：

1）根据分会通过的程序，就各院系是否有资格启动授予现有研究生学位和新的研究生学位向研究生事务协调委员会提出建议。

2）就研究生学位的授予问题，协调校区内各院系之间的关系。

3）就下列事项制定政策与标准：一是根据《学术评议会章程》311.C.1的规定，确定研究生入学的条件；二是任命研究生为教学助理、教学研究员、研究生研究员和大学奖学金获得者；三是制定博士后学者或同等学力者入学标准。

4）自行决定限制受雇研究生的名单。

5）根据各种基金会的相关条款，推荐授予学者奖学金、研究生奖学金，包括荣誉旅行奖学金。

6）委任负责候选人研究的委员会，该委员会须在建议授予较高学位毕业证书之前，证明每名候选人已符合该学位的要求。监督高等学历的入学考试，允许合格的学生攻读更高学位。

7）制定有关论文的呈送和处置的管理规则。

8）向学术评议会分会提交授予研究生学位的最终报告。

9）就与研究生工作有关的事项向分会报告和提供建议。

10）就有关教育和研究基金会的事项向校区校长提供咨询、建议。

11）以其他方式管理分会的研究生工作，以促进研究和学习，特别

① University of California. Bylaws of the Academic Senate-Part III[EB/OL]. [2019-03-01]. http://senate. universityofcalifornia.edu/bylaws-regulations/bylaws/blpart3.html#bl305.

是定期审查目前研究生方案的质量和适当性。[①]

根据《学术评议会章程》第20条的规定，研究生委员会可以被授予《学术评议会分会章程》规定的任何投票权。立法规定对博士后学者的要求是：

1）已被授予或已完成博士学位或国外同等学力要求，其中至少包括三年的本科学习，这是入读研究生学位课程的先决条件。

2）已获得博士后奖学金、实习生或同等学力的研究支持。

3）即将执行由部门或研究单位和研究生院院长批准的研究和培训计划。

上述中的专业术语"同等学力"是指处于博士后培训状态，但不包括实习生和高级专科医院实习生，作为博士后学者注册的时间一般不超过五年。[②]

5. 分会全体教师

根据《学术评议会章程》的规定，分会全体教师均由其所在的分会章程或者对代表大会全体教师直接负责的《学术评议会章程》确定，教师会员仅限于《学术评议会章程》、《学术评议会分会章程》等规定的其他评议会成员：总校校长、各校区校长、各院系主要学术行政官员、全体学术评议会成员以及分会章程或其他章程中规定的其他评议会成员。

二、学术评议会的职责

加州大学学术评议会是伴随着加州大学法人而产生的，最初依附于董事会，但随着时间的推移，学术评议会所发挥的作用越来越大，逐渐发展成为与以董事会为主的法人团体以及以校长为首的行政管理系统进

① University of California. Bylaws of the Academic Senate-Part III[EB/OL]. [2019-03-01]. http://senate.universityofcalifornia.edu/bylaws-regulations/bylaws/blpart3.html#bl305.

② University of California. Bylaws of the Academic Senate-Part III[EB/OL]. [2019-03-01]. http://senate.universityofcalifornia.edu/bylaws-regulations/bylaws/blpart3.html#bl320.

行分权的学术治理决策体系。凡是涉及学生的入学、注册、课程、学业标准等都属于学术评议会的职责范畴。

1. 关于学生

根据加州大学《学术评议会常规》的相关规定：加州大学学生分为研究生和本科生。本科生分为普通学生（general students）、特殊学生（special students）和受限学生（limited students）。

按照分类，凡是在该大学攻读学士学位或在其他获得批准的机构攻读第二学士学位的学生就是普通学生。普通学生就是在学校或学院注册学习相关课程的本科生。

特殊学生是指那些既没有完成入学要求，也没有达到大学毕业要求的本科生，他们必须年满21岁，并提交充分的准备工作的证据，特殊学生都不可能获得任何学位。特殊学生只能经本科生学院院长批准注册学习某些课程，学生的特殊身份仍然由院长每学期进行核准，特殊学生可以通过满足规定要求而获得学位。

受限学生是指那些持有学士学位但不符合研究生入学要求，或在本校没有完成学士学位，或在其他学术机构获得批准的学位，并获得平均水平的奖学金以及大量的工作并获准进入加州大学学习的本科生。根据《学术评议会常规》第 SR492条款（即《学术评议会常规》第五章“入学特殊情况和有限情况”第492条）的规定，获得入学资格，目的是完成某些课程的特定项目，要么是在本校（加州大学）某一专业学院已经完成了正常的注册，要么是选择满足某种特定的需求，这些受限学生已经完成注册，并在某一特定的时期获得了入学许可。那些寻求在职业学院获得正规学位的学生，如果学院不提供本科生课程，可以选择在函授和科学学院注册就读。那些希冀能满足他们特殊需要或者兴趣的学生，可以在能满足他们兴趣的学院注册学习。受限学生就读的学院，院长负责制订课程计划，维持课程计划批准时所开设课程的年级。没有提供成绩的受限学生必须符合本校本科生的最低奖学金要求。任何偏离课程计划的项目，或在申请时奖学金不足，将会导致受限学生的地位被取消，并将该生从本校开除。

研究生是指在研究生委员会的指导下从事高级或特殊研究的大学

毕业生（或有权在同等基础上授予类似学位的其他学术机构的毕业生）。研究生是住校生而不是某一学位候选者，但可以是更高学位的候选者。所有研究生均被视为住校生而非学位候选者，除非在正式申请后被研究生委员会录取为候选者。①

2. 关于入学标准和入学成绩

加州大学系统的《学术评议会常规》确定了该校各类学生入学的学业标准，具体如下：

1）招生与学校关系委员会或其指定代理人应每年审核并视需要修改最低入学要求声明，该声明包括董事会指示的补充信息（2009 年 6 月 17 日）。

2）从所有对本科生入学最低要求的改变以及为大学阶段准备的建议，到各学院、各院系课程的变化，应立即向全系统招生主任汇报。

3）每位入学申请者必须在入学前或入学时向入学办公室提交官方认可的数学、语言艺术以及写作的分数。考试应经学术委员会和学术评议会大会同意，由学校入学委员会确定。

4）每位入学申请者必须在招生办公室确定的日期之前提交最终的、正式的高中成绩单，以及所有已经修过的大学课程的成绩单。

入学申请者高中的最终正式成绩单必须显示毕业日期，以及每门课程成绩和年份，以满足《学术评议会规程》第 424 条所规定的要求。

5）关于加州中学毕业生入学的最低要求。《学术评议会规程》第 424 条规定了加州中学毕业生申请入学必须符合的课程要求（2009 年 6 月 17 日修订）：

A. 课程要求

A.1 单元要求

为达本条例之目的，一个单元由加州大学在申请人所在高中实施的（一年一度的）大学预备课程构成，包括以下学科领域之一：除历史/社会科学、英语、数学、科学以外的语言、视觉和表演艺术以及大学预

---

① University of California.Regulations of the Academic Senate[EB/OL]. [2019-03-01]. http://senate. universityofcalifornia.edu/bylaws-regulations/regulations/rpart1.html.

科选修课，按照本常规 424 A.3 的规定，9—12 级必须至少完成 15 个单元。然而，如果申请人高中接受的课程等同于本常规 424 A.3 条要求的高中课程，则 7—8 年级的英语以外的数学和语言课程可以包括在要求的 15 个单元中。15 个单元中至少有 7 个单元必须在申请人最近两年的高中完成，至少 11 个单元必须在 11 年级之前完成（2019 年 4 月 10 日上午）。

A.2 单元要求例外

尽管根据本常规 424 A.1 条的规定，各校区可以选择接纳在高中毕业之前未达到最低 15 个单元要求的申请人，但前提是申请人必须在 11 年级末之前完成本常规 424 A.3 条中规定的 11 个单元。各校区应该谨慎地使用这一选项，并且只有申请人提供了学业成绩总体优秀的记录，并且至少要与录取到本校区的其他申请人学习成绩相当。

A.3 特别科目要求

完成本常规 145B.5 条规定的学习课程，必须满足以下科目要求：①历史/社会科学，2 个单元。一个单元是世界历史、文化和历史地理学；另一个单元是美国历史，其中一半为美国历史，一半为公民或美国政府。②英语，4 个单元。大学预科英文作文和文学。③数学，3 个单元，建议 4 个单元。必须包括基础代数和高级代数，以及二维和三维几何。④科学，2 个单元，建议 3 个单元。生物学、化学和物理学三门学科中，必须提供 2 门学科的基础知识。⑤英语之外的语言，2 个单元，建议 3 个单元。2 个单元必须是同一语言。⑥视觉和表演艺术，1 个单元。必须是舞蹈、戏曲/戏剧、音乐或视觉艺术单独的一年课程。⑦大学预科选修 1 个单元。超过最低要求的、额外批准的①—⑥课程，或在⑦专题领域专门批准的课程。

B. 奖学金要求

①所有都用来满足该规程 424 A.3 条特殊要求的课程，成绩必须在 C 或以上。②成绩平均绩点。在大学批准的（中学）10 年级和 11 年级大学预科课程中，新生入学申请者的平均成绩绩点必须至少为 3.0。为此，成绩绩点平均数基于 A=4、B=3、C=2、D=1 为大学预备课程标准；而 A=5、B=4 和 C=3 为荣誉水平，除高级职位、国际文凭课程和大学批准的学院课程外，获得额外荣誉绩点的高中课程数量限于 8 个学期/4

个课程。①

3. 学术评议会奖项

为了奖励广大教师在教学和科学研究上所取得的工作业绩和成就，加州大学系统设置了众多的奖项，既有针对学生的，也有针对教职员工的。以加州大学伯克利校区为例，该校区设置的针对教师的奖项包括克拉克·克尔奖、伯克利教师服务贡献奖及杰出教学奖、康斯坦丁·帕纳兹敖杰出退休荣誉奖、爱德华·A. 迪克森荣退教授奖、李昂·A.亨肯杰出贡献引用奖等。

第三节　加州大学系统的行政管理

加州大学系统自创建以来就逐渐形成了董事会、学术评议会制度，分别行使管辖权的行政管理制度，这一行政管理制度的官员包括总校校长、常务副校长、资深副校长、其他副校长、助理副校长（associate vice presidents）、副校长助理（assistant vice presidents）、校区校长、校区副校长、厄尼斯特·奥兰多·劳伦斯国家实验室主任以及大学附属各医院院长等。

加州大学总校校长直接对董事会负责。除法律总顾问兼法律事务副校长、首席投资官兼投资副校长外，其他所有的官员直接或通过其他指定的渠道向总校校长负责，资深副校长兼首席合规与审计官对总校校长和董事会双重负责。②

---

① University of California. Academic Senate—Regulations of the Academic Senate [EB/OL]. [2019-03-01]. http://senate.universityofcalifornia.edu/bylaws-regulations/regulations/rpart2.html.

② University of California. Designation and to Whom Responsible[EB/OL]. [2019-03-01]. http://regents.universityofcalifornia.edu/governance/standing-orders/so1001.html.

一、总校校长职责

总校校长是大学系统的行政首脑，按照董事会确定的发展方向、目标和战略促进大学的发展。总校校长执行董事会确定的政策和目标，并向董事会报告所有影响大学的重大发展。除了主管人员职责外，总校校长管理大学系统的行政。总校校长不仅管理大学的预算，而且是大学的学术领袖，授权给学术评议会，并按照共同治理的原则，就一般福利和教职工行为的重大议题，与学术评议会进行协商。总校校长负责建立有利于遵守法律、法规、政策和道德原则的大学环境。作为大学系统的主要行政发言人，总校校长保障大学的利益，并与外部利益相关者保持良好的沟通。除非章程另有规定，或在主要官员的权限范围内，总校校长在州政府、联邦政府和任何外国政府的行政和立法机构面前均代表大学。[①] 加州大学系统总校校长的权力如下：

1）总校校长是加州大学系统的最高行政长官，对各项事务管理和正常运行拥有全部权力，担负着除秘书长、首席投资官、董事会总顾问、资深副校长、首席合规兼审计官之外的全部责任，总校校长可以指定人选担任除了董事会当然成员之外的其他职位。

2）总校校长有权以董事会名义将专业学位授予由学术评议会推荐、各院系教务处证明的候选人，有权经董事会批准授予荣誉学位。例如，在总校校长缺席或经校长特别委派的情况下，由各校区校长授予由董事会批准的荣誉学位。总校校长已经批准的专业学位可由总校校长委派的总校官员或校区主管官员授予。总校校长应通过自己指定的委员会就授予荣誉学位事宜征求学术评议会的意见。

3）总校校长有权任命、决定薪酬、降级或升职、罢免学校雇员，但《学术评议会章程》和《学术评议会常规》另有规定的以及由秘书长、首席投资官、董事会总顾问所辖人员除外。在涉及校区校长、常务副校长、资深副校长和其他副校长或厄尼斯特·奥兰多·劳伦斯国家实验室

① University of California. Bylaw 30：President of the University[EB/OL]. [2019-03-01]. http://regents.universityofcalifornia.edu/governance/bylaws/bl30.html.

主任所辖人员时，总校校长应与相关官员商议，并考虑他们的建议。当涉及教授、副教授或评级职位、助理教授、住宿教授、住宿副教授、住宿助理教授、临床教授（如医学教授）、临床副教授（如医学副教授）、临床助理教授（如医学助理教授）、有雇佣保障的资深讲师或讲师的人事变动时，各校区校长应与学术评议会所属的咨询委员会进行恰当协商。

4）总校校长和由其授权之人作为董事会代理人履行《高等教育雇主雇员关系法》的集体谈判职责，无论何时，总校校长行使赋予其的行政权力，对大学雇员任期或工作条件产生影响，此种行为只能在满足大学必须要履行的职责前提下进行，并且只能在总校校长许可的情况下才能进行。

5）总校校长有权依据其制定的规章制度享受带薪或无薪休假，校区校长、厄尼斯特·奥兰多·劳伦斯伯克利国家实验室主任、常务副校长、资深副校长和其他副校长带薪休假超过 90 天必须由总校校长提议并经董事会批准。

6）每年总校校长应通过相应的常设委员会向董事会汇报大学系统预算、资产改善项目以及资金拨款请求。

7）总校校长应修订或确定总的预算，条件，按时支付所有费用、罚款和根据学生数量确定的存款数额，总校校长应在评定学生注册费、教育费、学杂费以及与贷款项目相关的花费前，获得董事会的批准，但学生缴纳费用所资助的学校设施、停车场以及住宿项目除外。

8）总校校长应确定大学教学日历，但由学术评议会提议并经董事会批准，可以增加或取消学期。

9）总校校长获得授权在校区校长和学术评议会建议下颁发学生奖学金、学者奖学金以及各种奖品，并且批准由此产生的各种支出从财政拨款、社会捐赠以及私人捐款项目中编列。

10）总校校长应就本校的教育、研究政策与各校区校长和学术评议会进行磋商，就全校范围内和州以及联邦政府做出的可能对本校教学、研究产生重大影响的决策，及时通告各校区校长和学术评议会。总校校长应就总校和各校区的学术计划向董事会提出建议，并将学术评议会向董事会成员提交的备忘录转交给董事会。

11）总校校长应根据董事会政策批准制定、启动和实施为本校谋利的大型筹款活动。

12）总校校长应代表法人和学校处理美国国会、美国官员、加州议会以及加州官员所提出的所有诉求事项。

13）总校校长获得受权谈判和批准（科研）间接成本率，以用于全校执行由校外资金所支持的合同和赠款，前提是此类谈判须以全面收回间接费用为目的。根据（美国联邦政府）管理预算局 A21 公告新批准的间接成本费率以及此后的任何类似条款，总校校长应每年向财务委员会进行报告。

14）总校校长有权支付合同、赠款和礼品等费用，或对此做出肯定的承诺，前提是这些合同、赠款和礼品是根据董事会政策征求或谈判的。

15）总校校长有权批准本校运营资金的转移或分配以及将资金用于资本改善，上述资金的转移可能受到下属条款的限制。

①转移或分配的资金不得导致具有持续性义务的新政策、新项目或新计划的建立。

②从预留资金中转移的资金不得用于除预留资金建立目的之外的用处。

16）在下一年度预算生效之日前，总校校长有权批准占用预算的财政承诺和支出。有关材料、服务和设施支出的预付支出不得超过州长提交给立法机构在下一财政年度中用于此目的预算的 50%。有关任命的预先支出不得超过州长提交给立法机构的下一财年的职位数量和资金，总校校长每年应决定此类预付款的数量。

17）①除了下文②外，总校校长有权批准不超过 1000 万美元的资本项目计划的修正案，如果获得董事会主席和财务与资本策略委员会主席的同意，总校校长也有权批准对超过 1000 万美元，包括 2000 万美元的资本改善项目的修正。根据该授权，所有超过 1000 万美元包括 2000 万美元的行动，总校校长将在下次董事会上进行报告。

然而，下列事项需经董事会批准：a.项目总成本超过 2000 万美元；b.凡是超过 2000 万美元的项目，项目成本的任何修改超过标准成本且上涨幅度超过 25%；c.任何建设成本的资本项目，根据总校校长的判断，与预算事项有关的外部融资、筹款活动、项目设计、环境影响、社区关注或重大项目修改等特殊情况，均需要审查和批准。

②本条仅适用于财务与资本策略委员会批准的校区实体的资本项目，用于资本改进项目授权过程的试点。

总校校长有权批准不超过 7000 万美元的资本项目计划的修正案，然而下列事项需经董事会批准：a. 总成本超过 7000 万美金的项目；b.任何建设成本的资本改善项目，依据总校校长的判断，与预算事项有关的外部融资、筹款活动、项目设计、环境影响、社区关注或重大项目修改等特殊情况，需要审查和批准。

该条款将于 2018 年 3 月 31 日废止，除非董事会后来采取措施，在 2018 年 3 月 31 日到期之前延长其有效期，否则废除。

18）总校校长有权修改全部或部分自行支持活动的收入概算，并据此相应增加或者减少拨款数目，此类授权受资金的可用性限制。

19）根据捐赠人指定的条款，总校校长有权使用捐赠收入或本金，并按规定进行拨款。

20）总校校长有权根据捐赠人的意愿，确定捐赠的使用目的、校园或其他地点，确定是否使用捐赠的收入和/或本金。在捐赠人没有指定捐赠用途的情况下，总校校长可以分配和重新分配捐赠。

21）根据上述第 19 和第 20 条所采取的任何行动都应符合既定的本校计划和政策，没有一项支出要求超出预算项目。

22）当捐赠的目的已经实现或实现该目的变得不可能或不切实际，而替代用途也被排除时，董事会授权总校校长与总法律顾问磋商后，向捐赠者返还所有或任何未使用的个人财产的捐赠。

23）总校校长有权注销呆账，前提是有足够储备金，或具体收入或拨款也可用于此目的。

24）总校校长有权注销从联邦政府收到的、用于偿还间接费用、赠款和合同项目下按常规不允许索赔的资金。

25）授权总校校长任命和执行与执行建筑师（executive architects）、执行景观设计师（executive landscape architects）、执行咨询工程师（executive and consulting engineers）签署必要的协议，以获得批准的项目。

26）总校校长有权批准建筑计划，但不得批准此类项目的设计，因为董事会明确指定由场地和建筑委员会（Committee on Grounds and Buildings）按要求批准。

27）总校校长有权批准个别建筑物或项目的选址，前提是其位置一般原则上符合由董事会批准的长远开发计划，并批准本校物业的个别建筑物或项目的选址，诸如现场站和研究站，以使其不会被已核准的长远开发计划所覆盖。

28）总校校长有权代表法人执行债务人破产、接管或清算以及对死者遗产的索赔。

29）除有规定之外，总校校长有权批准执行法人合同、不动产租赁协议、租赁、土地出租以及与本校相关的不动产使用的其他文件，期限一般不超过二十年（不包括本校作为承租人时的选项，但包括本校作为出租人时的选项）。

根据董事会章程的规定，大学相关用途是指大学持有和/或使用的不动产和利益，但不包括用于投资目的的不动产以促进其完成使命。

30）除非《学术评议会章程》《学术评议会常规》之外另有规定，否则总校校长有权代表法人执行所有合同及其他行使总校校长职责所需的文件，包括征求和接受抵押、捐赠和赠款的文件，除非有关或涉及以下需要董事会决议的特殊授权的文件。

①已经批准的本校项目和政策，或者本校对于没有既定资金来源，或需要建造未经批准的设施的支出或成本的例外情况。

②与（联邦）能源部就欧内斯特·奥兰多·劳伦斯伯克利国家实验室、洛斯·阿拉莫斯国家实验室或劳伦斯·利弗莫尔国家实验室的运营续签或修改主要合同，根据总法律顾问的意见，这些合同将构成法律上的重大变更，以及对洛斯·阿拉莫斯国家安全有限责任公司和劳伦斯·利弗莫尔国家安全有限责任公司的协议进行实质性修改。

③法人资金贷款，不包括学生贷款、教职工贷款。

④为提供员工团体保险福利而达成的协议，但需要理解的是，在修订时不会大幅度改变受益计划授权范围内的情况下，不需要董事会授权，对现有协议进行定期修订。

⑤与其他机构或医院的合作协议，包括直接的财务义务，或对以前

未批准的项目的承诺。

⑥由医务人员组成的协会，为在本校或附属医院提供的服务收取专业费用。

⑦向联邦通信委员会（Federal Communications Commission）申请新的许可证以授权操作无线电或电视广播设备。

⑧超过拨款的建筑合同。

⑨本校履行对学校官员、经纪人（职业经理人）、雇员、学生、受邀者和来宾以外的人员承担责任的协议。在总校校长认为有必要的情况下，与总法律顾问协商，补偿已经本校同意在其顾问职责范围内就业务事项担任顾问的非本校人士，总校校长有权提供辩护和补偿。该限制不适用于本校对所保管的财产状况承担责任的协议。[①]

当然，加州大学系统总校校长的职责远不是上述内容所能够涵盖的，以上所列是撮其要者。

二、副校长的职责

倘若得到总校校长授权，常务副校长和资深副校长可以代行总校校长职责，当总校校长无法履行职责时，按照总校校长的授权，常务副校长可以承担和履行总校校长的全部职权。

其他副校长应按照总校校长赋予他们的行政管理职责向总校校长提供建议和协助其工作。[②]

三、校区校长职责

根据总校校长的建议和咨询，加州大学各校区校长由董事会任命并为董事会服务，各校区校长担任各自校区的行政长官，执行董事会和总校校长的政策和目标，并向董事会和总校校长通报影响其校园重大发展

① University of California. 100.4：Duties of the President of University[EB/OL]. [2019-03-01]. http://regents.universityofcalifornia.edu/governance/standing-orders/so1004.html.

② University of California. 100.5：Duties of the Vice Presidents[EB/OL]. [2019-03-01]. http://regents.universityofcalifornia.edu/governance/standing-orders/so1005.html.

的事项。各校区校长为各自校区制定政策、目标和战略规划，与大学保持一致，各校区校长在董事会和总校校长批准的预算和政策范围内，负责各自校园的组织、内部管理、运作、财务管理和纪律。各校区校长监督各自所在校区的所有教职员工和其他工作人员，并按照董事会制定的预算和学校薪级确定全体教职员工的薪酬。在学术评议会的建议下，各校区校长有权授予那些成功完成所有教学课程的候选人的学术学位。各校区校长有权担任各自校园的主要发言人，并应主持其校园的所有正式活动，除非他们将活动委托给教务长、副校长或院长。①

各校区校长都是该校区首席行政管理官，是该校区所有活动的执行长官，但是董事会规定的整个加州大学范围内的活动除外，此类活动应征求个别校区校长的意见。在各校区校长管辖权之内的所有事务，各校区校长对符合总校校长制定的总校政策、有预算的所有校内事务具有行政权。各校区校长负责本校区的组织和运作、内部管理和纪律工作。各校区校长根据董事会和总校校长制定的政策以及预算分配做出决定。各校区校长在符合本章程的基础上可以提名各校区主管官员、教师以及其他雇员。

各校区校长可聘请各校区任何暑期教学活动所必需的所有教学人员，并按照董事会确定的预算和总校确定的薪酬范围确定教学人员的薪酬。

各校区校长应主持该校区所有的活动。在总校校长出席的正式活动和仪式上，各校区校长应介绍作为大学系统的最高行政执行官的总校校长，后者将按照大学系统的规则和程序履行自己的职责，经总校校长批准，各校区校长可以代替总校校长主持本校区的毕业典礼等正式活动，包括开学典礼，至于非正式活动，可以由各校区副校长、教务长或院长代劳。②

① University of California. Bylaw 31——Chancellors[EB/OL]. [2019-03-01]. http://regents.universityofcalifornia.edu/governance/bylaws/bl31.html.

② University of California. 100. 6——Duties of the Chancellors[EB/OL]. [2019-03-01]. http://regents. universityofcalifornia.edu/governance/standing-orders/so1006.html.

第四节　加州大学系统的借鉴启示

“国运兴衰，系于教育；教育振兴，全民有责。在党和国家工作全局中，必须始终坚持把教育摆在优先发展的位置。按照面向现代化、面向世界、面向未来的要求，适应全面建设小康社会、建设创新型国家的需要，坚持育人为本，以改革创新为动力，以促进公平为重点，以提高质量为核心，全面实施素质教育，推动教育事业在新的历史起点上科学发展，加快从教育大国向教育强国、从人力资源大国向人力资源强国迈进，为中华民族伟大复兴和人类文明进步作出更大贡献。”[①]2010年7月，《国家中长期教育改革和发展规划纲要（2010—2020年）》颁布，该纲要为我国未来高等教育的发展确立了目标：“高等教育承担着培养高级专门人才、发展科学技术文化、促进社会主义现代化建设的重大任务。提高质量是高等教育发展的核心任务，是建设高等教育强国的基本要求。到2020年，高等教育结构更加合理，特色更加鲜明，人才培养、科学研究和社会服务整体水平全面提升，建成一批国际知名、有特色、高水平的高等学校，若干所大学达到或接近世界一流大学水平，高等教育国际竞争力显著增强。”2015年10月，《国务院关于印发统筹推进世界一流大学和一流学科建设总体方案的通知》正式发布，决定在今后相当长的一段时间内统筹推进“双一流”建设，实现我国由高等教育大国向高等教育强国的历史性跨越。该通知指出，“推动一批高水平大学和学科进入世界一流行列或前列，加快高等教育治理体系和治理能力现代化，提高高等学校人才培养、科学研究、社会服务和文化传承创新水平，使之成为知识发现和科技创新的重要力量、先进思想和优秀文化的重要源泉、培养各类高素质优秀人才的重要基地，在支撑国家创新驱动发展战略、服务经济社会发展、弘扬中华优秀传统文化、培育和践行社会主义核心

① 教育部. 国家中长期教育改革和发展规划纲要（2010—2020 年）[EB/OL]. [2019-03-01]. http://www.moe.edu.cn/srcsite/A01/s7048/201007/t20100729_171904.html.

价值观、促进高等教育内涵发展等方面发挥重大作用”。该通知确定了在不同的历史时期，我国“双一流”建设的具体目标，“到2020年，若干所大学和一批学科进入世界一流行列，若干学科进入世界一流学科前列”；“到2030年，更多的大学和学科进入世界一流行列，若干所大学进入世界一流大学前列，一批学科进入世界一流学科前列，高等教育整体实力显著提升”；“到本世纪中叶，一流大学和一流学科的数量和实力进入世界前列，基本建成高等教育强国”。与过去实施的“211工程”“985工程”“2011计划”等最大的不同是，“双一流”建设战略的实施引进了竞争机制，实施动态管理，这就为地方高水平大学的“双一流”建设提供了绝佳的历史发展契机。2017年1月，《国务院关于印发国家教育事业发展“十三五”规划的通知》确定了未来我国高水平大学发展的具体目标：“以中国特色、世界一流为核心，以支撑创新驱动发展战略、服务经济社会发展为导向，坚持建设与改革并重，以学科为基础、以绩效为杠杆，统筹高校整体建设和学科建设，鼓励和支持不同类型的高水平大学和学科差别化发展，支持拥有多个国内领先、国际前沿高水平学科的大学，全面建设进入世界一流大学行列或前列；支持拥有若干国内前列、在国际同类院校中居于优势地位的高水平学科的大学，通过学科建设带动学校进入世界同类大学前列；支持拥有某一高水平学科的大学，通过建设进入该学科的世界一流行列或前列。支持省级政府根据国家建设布局，结合经济社会发展需求和基础条件，自主推动区域内高等学校建设高水平大学和优势学科，积极探索不同类型、不同层次高等学校的一流建设之路。”该规划与前述文件的主旨是基本一致的，这就为地方高水平大学的“双一流”建设提供了政策保障。

何为地方高水平大学？对这个问题见仁见智。本书认为，所谓地方高水平大学是指在全国具有一定知名度和影响力并具有较大发展潜力的大学，诸如苏州大学、郑州大学、上海大学、江南大学、江苏大学、西北大学等，在“双一流”建设过程中，假以时日，这些地方高水平大学是有机会进入世界一流大学行列的。与美国的大学治理相比，我国的大学治理有着明显的不同，照抄照搬美国大学治理的经验显然是不合适的。尽管中美两国大学治理制度各异，但不可否认的是，在治理方面，两者也有不少共同之处。美国大学的治理经验也有不少值得我国借鉴的地方。河南省高水平大学建设是一项前无古人的伟大事业，并没有现成的经验可资借鉴，但仍可从美国加州大学系统治理的实践中得到下列启示。

一、创新大学管理体制

我国现代大学制度的核心是在国家宏观政策的调控下，依法实施科学管理，自主办学，重点是理顺大学与政府、社会的关系和完善大学内部治理结构。建立和完善现代大学制度是河南省“双一流”建设的关键，我国的高水平大学与美国州立大学系统一样同属于公立大学，但在大学治理方面具有很大的不同，美国州立大学系统的决策权力属于董事会，而我国高水平大学的决策权力则属于中国共产党大学委员会（简称“大学党委”），大学党委是学校一切工作的领导核心。

《中华人民共和国高等教育法》第三十九条规定，“国家举办的高等学校实行中国共产党高等学校基层委员会领导下的校长负责制。中国共产党高等学校基层委员会按照中国共产党章程和有关规定，统一领导学校工作，支持校长独立负责地行使职权，其领导职责主要是：执行中国共产党的路线、方针、政策，坚持社会主义办学方向，领导学校的思想政治工作和德育工作，讨论决定学校内部组织机构的设置和内部组织机构负责人的人选，讨论决定学校的改革、发展和基本管理制度等重大事项，保证以培养人才为中心的各项任务的完成”。具体而言，大学党委的主要职责有六项：一是贯彻落实党和国家的路线、方针和政策；二是确定办学目标、发展战略规划、重大改革方案、年度工作计划、年度财务预算等重大问题；三是研究和决定学校在党的建设、思想政治工作、德育工作和安全稳定工作方面的重大问题；四是研究和决定学校学科建设、教学、科研管理及有关学校发展建设的重大问题；五是研究和决定学校干部队伍建设的重要原则和规章制度，处级机构设置和调整方案，副处级以上干部的任免、调动，校级后备干部的选拔、培养和使用；六是审定全校性的各种委员会、领导小组的设置和组成人员等。[①]中国共产党的组织路线、干部路线奉行的是“党管干部”的基本原则，各级领导干部是实现党的事业的骨干力量，“党管干部”是实现党的领导的组织保障，也是党的干部队伍建设的重要原则。因此，大学党委是大学的领导核心，行使对学校工作的统一领导权，这是我国高校管理工作的原则，是不可变更和替代的。所以，高水平大学管理体制的改革决不能脱离中国现实的国情，而只能在现有的法律规范的框架内进行改革。在河南省高水平大学建设过程中，应着重解决好以下几个方面的问题。

1. 充分发挥校务委员会的决策咨询作用

中华人民共和国成立之初，各高校成立校务委员会作为高校管理的过渡性领导机构，代行管理高校的权力。1958年9月，为了加强高校的思想政治工作，《中共中央、国务院关于教育工作的指示》中明确规定：在一切高等学校中，应当实行学校党委领导下的校务委员会负责制。1961年9月，中共中央批转了《教育部直属高等学校暂行工作条例（草案）》（即“高教六十条”），该条例明确了高校实行党委领导下的以校长为首的校务委员会负责制，后来这一制度在“文化大革命”中遭到了破坏。直到1983年5月，全国高等教育会议才提出恢复校务委员会。1984年12月，教育部党组发出《关于高等学校试行设立校务委员会的通知》，该通知明确规定了校务委员会的性质、组成及作用，因此，高校又重新恢复了校务委员会。我国不少高水平大学包括北京大学、清华大学、复旦大学、南京大学、中国人民大学等均成立了校务委员会，河南大学等高校也是如此。

近年来，全国人民代表大会在修订《中华人民共和国教育法》《中华人民共和国高等教育法》时，都没有提及校务委员会，而且在实际运作过程中，校务委员会也在不断地被弱化或边缘化。作为一个已经存在了半个多世纪的机构，校务委员会被边缘化与其功能定位不明确有关。我国高等教育现行的管理体制是党委领导下的校长负责制，其职能一般是通过党政联席会议、校长办公会、学术委员会、教职工代表大会、教

① 湛中乐. 大学章程精选[M]. 北京：中国法制出版社，2010：5.

授委员会、专业技术评审委员会、学位评定委员会等来实现。从完善河南省高水平大学治理制度出发，有必要进一步明晰校务委员会的功能定位，充分发挥其应有的作用。其一，明确党委与校务委员会的职能分工。大学党委的任务是确保中国共产党的各项政策、教育方针的贯彻与执行，明确高等教育的办学方向；而校务委员会则是在校长的领导下对教学、科研、管理等重大事项提出决策建议和咨询。其二，校务委员会成员的构成要具有广泛的代表性，具体包括政府部门委派的代表、校党委书记、校长及大学相关领导、校学术委员会主任、教师与学生代表、社会贤达、杰出校友以及资深专业人士等。其三，明确校务委员会的具体职责：审议通过校务委员会章程及其修正案；审议、拟订与修订大学章程；制定发展与改革规划；审议学科建设与专业设置、年度预决算报告等重大事项；审议学校开展政产学研合作与协同创新的总体方案、重大项目及协议；支持开展社会服务，促进高校与社会合作；审议大学向社会筹措资金以及争取资源的规划，并监督筹措资金的使用；监督和评价学校办学质量与效益；等等。

2. 不断完善法人团体治理制度

20世纪80年代之后，特别是进入90年代以来，随着我国改革开放的不断深入，高等教育的管理体制改革也在不断地深化，河南省一些高校诸如河南大学、河南理工大学、河南科技大学等也相继成立了董事会。但是，一些大学的董事会并没有发挥其应有的作用，而是被完全地边缘化。目前，根据教育部的要求，很多大学都制定了大学章程。值得注意的是，一些大学虽然成立了董事会，但大学章程中对董事会及其职能或职责却只字未提，这就使得这些大学的董事会处于一种尴尬的境地。

凡是没有成立校务委员会的大学，可以考虑把董事会作为其法人治理制度。毋庸讳言，目前无论是在河南省的大学中，还是在全国的公立高水平大学中实施董事会法人治理都有相当大的难度，无论是《中华人民共和国教育法》，还是《中华人民共和国高等教育法》的相关内容都付之阙如，于法无据。但是，高等教育管理体制改革本身就是一种探索和制度创新。因此，本书建议：一是政府代表、学校党委书记、校长、校友会主席为当然董事，按照《中华人民共和国高等教育法》的规定，校长为学校法人代表；二是董事会成员任期为五年（一届），可以连任两届，每年根据捐款情况更换部分董事，凡向大学一次性捐款超过100万元人民币者有资格当选为董事会成员（如果捐款人较少，可以考虑所有捐款超过100万元者均为董事会成员），一次性捐款超过1000万元者有资格当选为常务董事；三是董事长任期为2—3年，可以竞选连任，但最多不得超过两届，董事长任期届满时由副董事长继任；四是董事会的具体职责与校务委员会磋商后确定。

3. 不断完善高校中层领导干部任期制

目前，不少高校都已经打破了中层领导干部的任职终身制，实行了能上能下的干部管理制度。但是，在一些地方特别是中西部地区的高水平大学，还存在着一定程度上的领导干部终身制，这种现象的存在是与现代大学制度和高水平大学建设背道而驰的，不仅挫伤了广大教职工工作的积极性，而且堵塞了具有一定管理水平同时也有志于管理工作的教职工的上升通道。因此，在河南省高水平大学建设的过程中，创新用人机制，打破中层领导干部任职终身制是调动广大教职工工作积极性和创造力的必然选择，也是建立健全现代大学制度的必然要求。

所谓打破中层领导干部任职终身制，就是在高水平大学副处级以上领导干部（中层领导干部）的任职上引入竞争机制，实行优胜劣汰。严格实行中层领导干部任期制，不管是正职还是副职，只能连任一届，能者上，庸者下。任职期间，对于举凡政绩突出、领导能力强的领导干部，提拔重用；对于能力一般及尸位素餐者，坚决淘汰；对于不顾大局、拉帮结派闹矛盾者，一律就地免职。

4. 整合高等教育资源组建河南省公立大学系统

在我国高等教育发展史上，有成功的合校案例，如2000年7月10日，原郑州大学、郑州工业大学、河南医科大学合并组建的新郑州大学。但与此同时，高校合并也有很多失败的案例，滋生了很多问题。如何既实现资源共享，又提高高校的整体影响力是学界一直在探索的重要议题。有的学校采取联盟的形式，联盟的学校互相承认学生所修学分，以给予学生更多的自由，如武汉七校联盟即是如此。从1999年开始，由武汉大学、华中科技大学、华中师范大学、武汉理工大学、中国地质大学（武汉）、华中农业大学和中南财经政法大学这7所全国重点大学组成联盟，各学校拿出本校特色优势专业联合办学，这七所高校的本科生，可以任选其中一所学校的公共选修课或专业课，可拿双学位，相当于“一张录取通知书，可上七所名校”。①七校联合办学是我国持续时间最长、实质参与高校最多、合作范围最广、受益学生最多的一种联合办学模式。但这种联盟的形式只是给学生更多学习的机会，且学生所修双学位的社会认可度并不高。更重要的是，其对于提高湖北省高等教育的整体竞争力作用不大。放眼全球，如欲短期内快速提高区域高等教育学术水平与声望，伦敦大学与加州大学的办学经验值得借鉴。

伦敦大学是位于英国首都伦敦的一个由18个独立自治的学院和10个研究所组成的巨型大学系统，是世界上最具影响力的公立大学系统之一，被誉为“公立高等教育的典范”。其下属学院都有独立的大学地位和高度的自治权，它们独立招生、独立排名。这些校区互相独立又紧密联系，各自作为独立的大学而存在，共同组成了享誉全世界的伦敦大学系统。②其中，伦敦大学学院、伦敦国王学院、伦敦政治经济学院、伦敦玛丽女王大学、伦敦城市大学、皇家霍洛威学院、皇家音乐学院、伦敦大学金匠学院、圣乔治医学院等9所学院独立颁发文凭。③

为提高地区高等教育竞争力，我们可以借鉴伦敦大学的办学经验，探索建立河南版的公立大学系统。例如，将郑州大学、河南大学、河南师范大学、河南工业大学、河南理工大学、河南科技大学、河南财经政法大学、河南农业大学、华北水利水电大学、郑州轻工业学院等高校整合成新的郑州大学或河南大学，各大学分校或校区之间既彼此独立，又紧密联系，进一步提高河南省高等教育在全国乃至全世界的影响力。

正如上文所述，美国拥有不少著名的公立大学系统，这些公立大学系统最显著的特点是多校区办学，至少拥有1所或若干所声誉卓著的大学，如在加州大学系统的10个校区中，在2016—2017年度 THE 世界大学

---

① 邵会莲，刘海燕. 武汉 7 所“211”高校联合办学[EB/OL]. [2019-03-01]. http://edu.sina.com.cn/exam/2007-02-12/095971876.html.

② University of London. About us[EB/OL]. [2019-03-01]. http://www.london.ac.uk/aboutus.html.

③ Member Institutions[EB/OL]. [2019-03-01]. http://www.london.ac.uk/305.html.

排名中，伯克利校区与芝加哥大学一起并列世界第10位、洛杉矶校区位居第14位、圣迭戈校区位居第41位、圣塔芭芭拉校区位居第48位、戴维斯校区位居第51位，这些大学不仅规模庞大，而且在世界上享有比较高的学术声誉。因此，本书建议，在河南省高水平大学建设中，可以借鉴美国公立大学系统的办学经验，组建河南省公立大学系统。

具体可以以郑州大学和河南大学为基础，组建河南省的若干个公立大学系统，把河南理工大学、河南科技大学、河南工业大学、河南农业大学、华北水利水电大学、郑州轻工业学院、郑州航空工业学院等高校包括进去，每一个公立大学系统包括4—6个校区或者分校。例如，组建河南大学系统，可以目前的河南大学为主校区，设立河南大学洛阳分校（河南科技大学）、河南大学焦作分校（河南理工大学）、河南大学郑东新区分校（华北水利水电大学）等。当然，至于合并后的大学系统各校区如何命名，具体可以磋商。一方面，新组建的大学系统设立统一的党委、行政系统，实行统一规划、同步发展；另一方面，各分校或者校区又相对独立，系统各自运营。目的就是一个，把各校像五个手指头一样集中起来，拧成拳头与合力，走国际化的发展道路，借以提高学校的整体办学水平。

5. 理顺大学与上级主管部门之间的关系

管理就是对人、物和财等资源的分配，大学的内外部管理也是如此。目前，在我国地方高水平大学的治理过程中，举凡涉及大学与外部管理机构（上级党委、政府以及教育主管部门）的关系，尚存在着外部管理机构过度干预大学内部事务的现象；举凡涉及大学的专业设置、学科建设、招生人数，上级管理机构应适当放权。鉴于我国的特殊国情，上级管理机构对大学的适当干预是难以避免的，但是过度的干预就会影响到大学的管理效率。

二、创新校长选拔机制

工欲善其事，必先利其器。纵观中外那些办学历史悠久的一流大学，至少有一位以上的著名校长，如北京大学的蔡元培（任期为1916—1927年，1920—1930年还兼任中法大学校长），清华大学的梅贻琦（任期为1931—

1948年，1955年创建台湾清华大学并担任校长），加州大学系统的本杰明·艾德·威尔斯（Benjamin Ide Wheels，任期为1899—1919年）、罗伯特·戈登·斯普罗尔（Robert Gordon Sproul，任期为1930—1958年）[①]，哈佛大学的查尔斯·威廉姆·艾洛特（Charles William Elliot，任期为1869—1909年）、阿波特·劳伦斯·洛厄尔（Abbot Lawrence Lowell，任期为1909—1933年）、詹姆斯·B. 科南特（James Bryant Conant，任期为1933—1953年）、德里克·布克（Derek Bok，任期为1971—1991年和2006—2007年）[②]，芝加哥大学的威廉·瑞尼·哈珀（William Rainey Harper，任期为1891—1906年）、哈里·普拉特·贾德森（Harry Pratt Judson，任期为1907—1923年）、罗伯特·梅纳德·赫钦斯（Robert Maynard Hutchins，任期为1929—1951年）、汉娜·霍尔伯格·格蕾（Hanna Holborn Gray，任期为1978—1993年）[③]等，上述这些著名的校长任职时间最长的是艾洛特，达40年之久，最短的是蔡元培先生，为11年，一般的为15—20年。无论这些校长的任职时间长短，他们的办学理念对所在大学的社会声誉和地位的影响都很深远，成为中外高等教育史上不朽的丰碑。

美国公立大学系统众多，规模大小迥异，经过长期的实践探索，各自形成了一套相对比较完善的校长遴选和选拔机制。美国公立大学校长选拔的时间为半年到一年有余，一般而言，其选拔程序如下。

1. 由董事会确定任职资格和遴选标准

作为美国公立大学系统的法人团体，董事会的主要任务之一就是选拔校长，当现任校长任期届满即将退休或无意连任时，董事会就会征求本校校友、教授和学生的意见，根据本校的发展目标和规划，确定继任校长的任职资格和遴选标准及方式。以华盛顿大学为例，该校在2016—2017年度 THE 世界大学排名中名列全球第25，在美国公立大学中名列第4（加州大学伯克利校区名列第10、加州大学洛杉矶校区名列第14、密歇

---

① University of California. Previous UC Presidents[EB/OL]. [2019-03-01]. http://www.ucop.edu/ president/about/past-uc-presidents.html.

② Harvard University.History of Presidency[EB/OL]. [2019-03-01]. http://www.harvard.edu/about-harvard/ harvard-glance/history-presidency.

③ The University of Chicago. History of the Office[EB/OL]. [2019-03-01]. http://president.uchicago.edu/ directories/full/history-of-the-office.

根大学名列第21）[①]；在2018年 QS 世界大学排名中位居世界第61，在美国公立大学中稍落后于密歇根大学（第21位）、加州大学伯克利校区（第27位）、加州大学洛杉矶校区（第33位）、加州大学圣迭戈校区（第38位）、威斯康星大学麦迪逊校区（第55位）[②]。2010年，华盛顿大学董事会在遴选新任校长时就提出：新任校长必须具备“领导和管理复杂大型组织的能力；理解并欣赏拥有医疗中心及成功体育运动项目的高水平公立研究型大学的文化和使命；与校园内外不同群体，包括州政府合作的能力；从公私部门及政府筹款的能力；有效沟通的能力；致力于创造鼓励并嘉奖跨学科研究的学术气氛；致力于利用研究资源提高本科教育质量；正直、诚实并致力于培养机构健康、完整的核心价值观；在推动和实施战略变革方面展现出成功的领导力；致力于推动教学质量全面提高”[③]。为此，该校专门成立了遴选委员会，最终选择犹他大学校长迈克尔·肯特·杨（Michael Kent Young，2009—2011年任犹他大学校长，2015年起任得克萨斯农工大学校长）为华盛顿大学第32任校长（2011年4月—2015年2月）。

2. 成立遴选委员会

美国公立大学在遴选校长时，董事会会充分地考虑学校内外，诸如董事会成员、教职工、学生、校友以及社区人员等不同利益主体的政治诉求，成立包括上述人员在内的遴选委员会。遴选委员会将董事会确定的校长任职资格以及任职条件、要求等向全社会予以公布，让相关人员动员一切力量劝说符合标准且有意向的候选人参与选拔，确定候选人名单并提交董事会讨论。

3. 董事会确定校长人选

遴选委员会从上百个候选人中选出几个供董事会考虑的人选，然后再对这几个候选人根据《公开会议及公开记录法》（也称“阳光法案”）

---

① THE World University Rankings. World University Rankings 2016—2017[EB/OL]. [2019-03-01]. http://www.timeshighereducation.com/world-university-rankings/2017/world-ranking#!/page/0/length/25/sort_by/rank/sort_order/asc/cols/stats.

② QS Top Universities. The QS World University Ranking 2018[EB/OL]. [2019-03-01]. http://www.topuniversities.com/university-rankings/world-university-rankings/2018.

③ 周惠. 美国公立研究型大学校长遴选的经验与启示[J]. 世界教育信息，2012（12）：18-22.

进行翔实的背景调查，由董事会进行面试后投票决定人选，得票率最高者即候任校长。虽然美国大学校长的选举完全是学校的自主行为，但也受诸多因素的制约,特别是公立大学。曾任密歇根大学校长的詹姆斯·约翰逊· 杜德斯达（James Johnson Duderstadt）认为，“事实上，在公立大学里，校长选举更类似于政治选举而不像是选举学术领导”。美国公立大学董事会“自身是政党政治的产物，因此公立大学的校长选聘的政治性很强”①。

根据《中华人民共和国高等教育法》的规定，校长是大学的法人。一流大学应有一流的校长，一流大学校长应具有卓越的行政管理和学术领导能力、敏锐的洞察力、全球视野、全面的统筹协调能力。在当前和未来，高水平大学校长完全由上级主管部门来任命已经不能满足我国现代大学发展的需要，本书建议借鉴美国公立大学选拔校长的做法，面向海内外公开选拔高水平大学的校长。具体做法为：由董事会（没有董事会的可由教授委员会负责）负责成立遴选委员会，该委员会成员应由党务工作者（校内外负责党务工作的领导干部）、教授、职工、学生、校友和社会贤达代表组成；确定选聘校长的条件和任职资格；应聘者原则上要求须为中国共产党党员，对于非共产党党员的应聘者，须为国内外著名学者或高等教育管理专家；面向国内外广泛征集候选人，并对候选人进行筛选；最后由董事会或遴选委员会投票决定最终人选，并由上级主管部门批准任命。副校长人选则由候任或现任校长推荐，由上级主管部门进行任命。条件许可时（关键还在于是否有向创新性人才使用的思维），可以开放选聘外籍人士来担任高水平大学的校长（中国著名学者担任外籍大学校长特别是欧洲国家的大学校长已经不是新鲜事）。即使非共产党党员与外籍人士担任高水平大学校长，在党的领导下工作，党管教育、党管大学的办学方针也决不会动摇。对于那些对高水平大学发展做出重大（或突出）贡献的优秀校长，其任职期限可延长至15年甚至20年，而不是目前的仅仅连任1届。

至于学校内部其他事务，诸如招生、学术、专业设置等应由各大学自主设置管理，上级主管部门应该简政放权，界定管理权的界限，不应

① 詹姆斯·杜德斯达. 21 世纪的大学[M]. 刘彤主译. 北京：北京大学出版社，2005：211-212.

过多干涉。

4. 师资管理

大学是科学研究、人才培养、传承和创造科学文化知识的场所，大学之大，乃大师之大。梅贻琦先生曾经说过："'所谓大学者，非谓有大楼之谓也，有大师之谓也。'本研究的智识，固有赖于教授的教导指点，就是本研究的精神修养，亦全赖于有教授的 inspiration。"[①]师资力量既是"双一流"建设的主要支撑力量，也是事关"双一流"建设成败的关键因素。纵观世界一流大学的发展历程，不管是如牛津大学、剑桥大学、哈佛大学等历史悠久的名校，还是像香港科技大学这样仅有不到30年历史的新锐，尽管这些大学的发展历史、理念、目标、办学规模、教学模式等各异，但是首要的共同点是一致的，即都拥有一支高素质的教师队伍。譬如，在2016—2017年 QS 世界大学排名第一的麻省理工学院（THE 世界大学排名第五）的1863名教职工中，79人为美国科学院院士、66人为美国工程院院士、31人为美国医学院院士，先后有86人获得诺贝尔奖（其中，校友有28人，现有诺贝尔奖得主10人）、45人获得美国国家科学奖、5人获得美国国家工程和创新奖、11人获得约翰·贝茨·克拉克奖、5人获得普利策奖、2人获得千禧年科技奖、61人获得古根海姆研究员奖、23人获得麦克阿瑟研究员奖、11人获得富布莱特奖。[②]麻省理工学院之所以能够在世界大学排行榜中傲视群雄，是与其高水平师资力量密不可分的。

在河南省高水平大学统筹推进"双一流"建设过程中，成功的关键就在于能够建立一支一流的教师队伍。因此，在高等教育全球化的今天，河南省应借鉴世界一流大学，特别是欧美发达国家一流大学建设的成功经验，选拔、引进和聘用具有世界一流水平的领军人物，组建高水平的科研团队，搭建一流的学术、科研平台。同时，创新教师管理机制，对于世界一流人才，可以签订长期聘任合同，也可以开展短期的（如利用假期）学术合作与交流。打破过去的教师任职终身制，引进竞争机制，实行优胜劣汰。此外，还应该加大教育经费投入力度，提高教师待遇，

---

① 刘述礼，黄延复. 梅贻琦教育论著选[M]. 北京：人民教育出版社，1993：10.

② 2016 MIT Facts.Faculty and Staff [EB/OL]. [2019-03-01]. http://web.mit.edu/facts/faculty.html.

改善教师的工作环境，解除广大教师的后顾之忧。

三、创新学术评价机制

大学尤其是高水平大学，处理学术事务是其最重要的职能之一。学术评价机制是评估一所大学学术、科研、教学及人才培养等一系列制度的综合，其目的主要有两个：一是激励，二是约束，即鼓励学术科研及教学与人才培养的创新，约束学术不端行为和教学与人才培养上的墨守成规。在我国高等教育学术评价过程中，学术委员会发挥着决定作用，其具体职责如下：一是审议学科建设、专业设置，教学、科学研究计划方案；二是评定教学、科学研究成果；三是调查、处理学术纠纷；四是调查、认定学术不端行为；五是按照章程审议、决定有关学术发展、学术评价、学术规范的其他事项。①建立学术委员会制度的实质是实施教授治学，也是现代大学制度的必然要求。随着我国高等教育管理体制改革的不断深入，我国已经初步形成了学术委员会学术治理权与校党委的核心领导权以及校长行政权的合理划分。目前，高水平大学在学术治理方面还存在着一些问题，诸如学术评价过度行政化、学术科研评价指标过度量化、学术评价法律法规缺位、内外部监督机制失衡等。随着高等教育改革的不断深入，假以时日，这些问题是可以得到解决的。

1. 强化学术委员会的治理作用

学术委员会是最重要的学术评价机构，要让学术治理权和评价权回归本位，就要继续强化学术委员会的治理作用。在学术治理和评价活动中，其主体应是学术研究人员及其群体等，行政管理机构及其工作人员以及党务工作者是为学术评价活动提供支持与服务的，他们的职责是保证学术评价健康、有序进行，学术治理和学术评价最重要的机构是学术委员会。关于高校学术委员会的成员构成，《高等学校学术委员会章程》明确规定：学术委员会一般应当由学校不同学科、专业的教授及具有正高级以上专业技术职务的人员组成，并应当有一定比例的青年教师；学

① 转引自中华人民共和国高等教育法[EB/OL]. [2019-03-01]. http://www.moe.gov.cn/s78/A02/zfs__left/s5911/moe_619/201512/t20151228_226196.html.

术委员会人数应当与学校的学科、专业设置相匹配，并为不低于15人的单数，其中，担任学校及职能部门党政领导职务的委员不超过委员总人数的1/4，不担任党政领导职务及院系主要负责人的专任教授不少于委员总人数的1/2。[①]但是，目前在具体学术评价过程中，还存在着个别学校的行政管理机构以及学术官员（校、院、系领导）主导评价活动的现象，一般而言，行政管理人员并不拥有令人信服的学术研究能力及学术评价能力，但为了学术评价的效率，常常会求助于刚性的、量化的、容易操作的评价指标，这就不可避免地产生学术评价过度行政化的倾向。

要确保学术评价的客观、公正与公平，首先，高水平大学应坚决按照《高等学校学术委员会章程》的相关规定，确保没有任何行政职务的专任教授占学术委员会成员的1/2；其次，确保青年教师在学术委员会中占一定的比例；再次，借鉴美国高水平大学的做法，让高年级学生或研究生代表进入学术委员会；最后，由全体教师参与选举学术委员会成员（以院系为单位），学术委员会主任由全体学术委员会成员选举产生。

2. 完善学术科研评价指标体系

目前，河南省各大学学术评价的标准并不统一，评价的指标数据也大多来源于引文数据库，评价的前提是数据库中所有的数据都是准确的，这也是学术评价准确的前提条件之一。但是，不同的引文数据库收录的数据难免有重复，如果在评价时不加以认真甄别和修正而直接使用，难免出现一定的偏差。此外，在进行学术评价时，普遍存在着对不同类型的学术期刊按照不同的标准进行量化评价的现象，如普通学术期刊，中文核心期刊及中文社会科学引文索引（Chinese social sciences citation index，CSSCI）、工程索引（engineering index，EI），科学引文索引（scientific citation index，SCI），社会科学引文索引（social sciences citation index，SSCI）等，以及学术科研课题按照校级、厅级、省部级、国家级进行量化划分，这种量化评价不仅与每一位教师的工作绩效和收入挂钩，而且与职称的晋升有直接的关系，里面包含太多隐性的利益。数字化的数据便于运用信息化手段进行分析和处理，学术评价活动的工作效率也比较高，但这也导

---

① 教育部. 高等学校学术委员会章程[EB/OL].（2014-01-29）[2019-03-01]. http://old.moe.gov.cn//publicfiles/business/htmlfiles/moe/moe_621/201402/xxgk_163994.html.

致了大学科研管理过于依赖量化评价指标，而相对忽视了评价指标数据选取的科学性、公正性、完整性、准确性等，在一定程度上存在着评价指标不合理、分类不明确、标准不够规范等问题。现有的学术科研指标量化评价对不少青年教师来说是不利的，因为对于他们而言，无论是在高级别的期刊上发文章还是申请到课题，面临的压力都是不小的。

要解决学术科研评价指标过度量化的问题，首先，应适当增加青年教师在学术委员会的比重，让更多的年轻教师参与学术评价决策。其次，在省部级以上课题申报中，加大青年项目的比重，并适当增加青年科研项目的经费。再次，学术评价逐步实现社会化。在涉及大学学术声誉评价时，借鉴西方发达国家的经验，不采取政府及大学主管部门的官方评价，而是逐步实现社会化。尽管目前国内的社会学术评价机构，诸如广东管理科学研究院的“中国大学评价课题组”（武书连课题组）、上海交通大学的“世界大学评价课题组”、南京大学的中国社会科学研究评价中心、武汉大学的中国科学评价研究中心、中国社会科学院评价中心等也存在公信力不高等问题，但相信假以时日，这些问题会逐步得到解决的。最后，在涉及职称评定等学术问题上，采取校外同行评价等。

3. 健全学术评价法律监督制度

健全法律监督制度是建立和完善学术监督和管理制度的前提和保障。学术监督机构是进行学术评价的、最具权威性的非行政机构，在进行有效监督时，应以法律为准绳，以客观事实为主要依据来行使监督权，但在现实中，因为相关法律法规的缺位，举凡涉及学术腐败问题，对待不同的人，处理方式各异：如果处理对象是学生特别是研究生，学术委员会或教授委员会完全可以处理；但是，如果处理对象是教师，学术委员会的处理权限就有点尴尬；如果处理对象是校内的学术单位处级以上领导干部，特别是校级领导干部涉及学术腐败的话，学术委员会基本就没有什么权力过问此事，对处级领导干部的处理，学校尚可过问，对校级领导干部的处理就完全由上级主管部门来决定，这显然是行政权大于学术权的表现。之所以如此，最根本的原因就是缺少与学术评价相关的法律法规体系，造成学术监督机构在处理学术纠纷时无法可依，学术评价监督缺乏标准和依据，导致学术评价监督的随意和盲目。

要建立健全学术评价法律监督体系，本书具体有四方面的建议。一是建议全国人民代表大会制定学术监督法、科学研究法，以对学术研究和科学研究进行全面规范。二是建议河南省人民代表大会制定河南省学术监督条例和科学研究条例。国家权力机关的立法活动有一套复杂的程序，进入这样的程序并非易事，因此本书建议，在全国人民代表大会做出相关立法之前，河南省人民代表大会代表提出动议，启动相应的立法程序，率先制定相应的地方法规。三是建议河南省政府制定相关的行政法规，对学术评价进行规范化管理。四是建议河南省教育厅、科技厅等相关部门联合制定部门章程，对学术评价、科研项目等进行规范、管理和监督。

4. 不断提高学科建设质量

学科建设是大学特别是高水平大学学术治理和评价的重要内容之一，离开了学科建设，“双一流”建设就是一句空话。

学科建设是河南省“双一流”建设的重要支撑之一。学科本身并没有高低贵贱之分，所有的学科都是平等的，但是对于任何一所一流大学而言，不可能所有的学科都是世界第一，即便是世界一流大学，诸如牛津大学、哈佛大学、麻省理工学院也是如此，任何一所世界一流大学在走向世界的过程中，学科发展都会有先后顺序问题。由于我国地方高水平大学“双一流”建设的局限性，用有限的资源或者新增加的资源优先培育优势或者强势学科，以这些学科为突破口打造世界一流学科进而建设一流大学是必由之路。自20世纪90年代中期“211工程”实施至今，一批入选的地方大学经过20多年的建设已经取得了重大成就，整体办学水平有了很大的提升。但是，毋庸讳言，“211工程”建设也存在着诸如一些地方大学办学水平不高、身份固化、缺乏竞争机制和优势学科等问题，特别是缺乏竞争机制限制了一些地方高水平大学的发展。“双一流”建设的一个显著特征就是引入了竞争机制，为一些地方高水平大学，特别是没有入选“双一流”的大学提供了一个难得的发展机遇。

事实上，随着我国经济社会的快速发展和对高等教育投入的持续增加，一批地方高水平大学经过多年的发展在学科建设上已经取得了重大成就。目前，国内外有越来越多的大学把能够进入 ESI 全球排名前1%的学科、高水平科技论文以及被引文数量作为衡量高水平大学建设的发展指标之一。根据美国科睿唯安（原汤森路透知识产权与科技事业部）所公布的2020年3月世界大学排名数据统计，2020年3月，在进入ESI全球排名前1%学科的中国高校60强（未含港澳台地区高校）中，地方高水平大学共计15所（表3-3）。

表 3-3　ESI 全球排名前 1%学科的中国高校 60 强中的地方高水平大学（2020 年 3 月）

国内排名	高校名称	世界排名	全球前 1%学科数/个	总论文数/篇	他引数/次
19	苏州大学	347	19	31 890	494 095
25	北京协和医学院	404	12	29 421	433 532
33	首都医科大学	583	7	27 377	288 398
35	南京医科大学	602	8	23 219	279 099
38	北京化工大学	661	4	15 655	252 423
41	北京科技大学	681	5	22 342	244 052
42	郑州大学	698	8	24 998	233 979
43	上海大学	719	9	20 103	228 068
47	南京农业大学	781	8	16 593	202 663
48	福州大学	805	4	11 256	196 317
50	江苏大学	824	7	18 149	192 358
55	南京工业大学	871	4	13 554	179 430
56	江南大学	886	6	15 824	176 876
58	南方医科大学	905	5	16 286	171 579
60	天津医科大学	927	6	12 949	166 843

资料来源：2020 年 3 月 ESI 大学排行榜 290 所最全名单[EB/OL].（2020-03-14）[2020-05-12]. http://new.qq.com/omn/20200314/20200314A0B5YC00.html.

在中国高校进入ESI全球排名前1%学科的国内60强高校中，地方高水平大学由2018年1月的9所（表3-4）增加到2020年3月的15所，占60强的1/4，进步十分明显。

表 3-4　ESI 全球排名前 1%学科的中国高校 60 强中的地方高水平大学（2018 年 1 月）

国内排名	地方高水平大学	世界排名	全球前 1%学科数/个	总论文数/篇	篇均被引数/次
22	苏州大学	473	9	22 739	11.50
32	首都医科大学	708	6	19 499	8.64

续表

国内排名	地方高水平大学	世界排名	全球前 1%学科数/个	总论文数/篇	篇均被引数/次
35	南京医科大学	765	7	15 188	9.70
40	上海大学	794	7	15 459	9.05
45	郑州大学	913	6	15 707	7.44
48	福州大学	940	3	7 771	14.33
54	江南大学	1 031	5	11 435	8.65
56	天津医科大学	1 050	4	9 527	10.38
60	江苏大学	1 084	5	11 747	7.81

资料来源：最新 ESI 中国大学综合排名百强出炉（2018 年 1 月）[EB/OL].（2018-01-14）[2020-05-12] http://www.sohu.com/a/216582217_507429.

地方高水平大学“双一流”建设的成效如何，应用世界公认的评价指标与世界公认的世界一流大学和一流学科进行比较，“世界一流大学一定要和同类的大学进行比较，要按外界公认的国际标准竞争”[①]。就世界范围而言，目前影响较大的全球大学排名主要有世界大学学术排名、THE 世界大学排名、QS 世界大学排名和 U.S. News 全球最好大学排名，以及美国亚利桑那州立大学坦佩校区与马萨诸塞大学盖恩斯维尔校区联合推出的“美国顶尖大学排名”（1999年，该排行榜由佛罗里达大学首次推出）。在“双一流”建设绩效评估中，河南省应借鉴国外的经验建立第三方中立的大学评估制度，引进世界一流大学排行榜的指标评价机制，得出能够为世界主要国家所认同的评价结果。

5. 不断提高科学研究水平

科学研究是高水平大学学术治理和评价监督的主要内容，也是高水平大学建设的主要支撑之一。德国教育家洪堡认为，现代大学乃是研究高深专门学问的场所，“所谓高等学术机构，乃是民族道德文化荟萃之所，其立身之根本在于探究深邃博大之学术，并使之用于精神和道德的教育”[②]。在他看来，科学研究并不是学生通过机械的学习就能够掌握的知识系统，人们对客观物质世界的认识是不完全的，探求知识这一持久

① 周光礼.“双一流”建设中的学术突破——论大学学科、专业、课程一体化建设[J]. 教育研究，2016（5）：72-76.

② 转引自杨东平. 大学二十讲[M]. 天津：天津人民出版社，2009：30.

的科学研究事业应该让学生参与进来，只有这样才能让学生理解科学研究的过程和结果。在经济和高等教育全球化的今天，大学特别是一流大学对现代科学技术的进步和经济发展的重要性日益凸显，大学尤其是一流大学以其雄厚的科研实力和高科技人才为世界各国特别是发达国家提供着智力支撑。

科学研究是世界一流大学之灵魂。我国地方高水平大学在统筹推进“双一流”建设过程中，离不开科学研究这一支撑，“只要大学想通过科学的途径去寻求真理，研究就必然成为大学的基本任务”[①]。笔者认为，地方高水平大学在“双一流”建设中，应坚持基础研究和应用研究并重。众所周知，基础研究是应用研究的基础，是科技创新和开发的动力和源泉，离开了基础研究，应用研究也无从谈起。在诺贝尔奖获奖项目中，除了生理学或医学奖的获奖项目的应用性较强外，其余的物理学、化学和经济学奖的获奖项目大多属于基础研究。以诺贝尔物理学奖为例，1901—2016年共颁发110次，总计204人获奖，在获奖动机（含多个关键词出现在同一颁奖辞中）中，“发现”（discovery）一词出现了76次，占总数的69.09%；“开发”（development）一词出现了24次，占总数的21.82%；“理论”（含“理论的”）（theory，theoretical）一词出现了19次，占总数的17.27%；“研究方法”（method）的突破与创新和“贡献”两个词分别被提到了17次，各占总数的15.45%；“发明”（invention）一词出现了13次，占总数的11.82%；“开拓性”（pioneering）一词出现了10次。此外，在截至2016年的204位诺贝尔获奖者中，仅有46人在国家或私人研究机构任职，仅占总人数的22.55%。[②]可见，在诺贝尔获奖成果中，开发与创新性科学研究占据突出的地位。虽然诺贝尔奖不是评价世界一流大学的硬性指标，但是作为世界一流大学，如果从来没有获得过一次诺贝尔奖，其世界一流大学的声誉恐怕也要大打折扣了。科学研究既是一流大学的历史使命，也是其服务社会的主要功能之一。应用研究相对于基础研究而言，能够带来直接的经济效益，地方高水平大学的科研人员接受地方

① 杨东平. 大学二十讲[M]. 天津：天津人民出版社，2009：142.

② Nobel prize.org. All Nobel Prize in Physics [EB/OL]. [2019-03-01]. http://www.nobelprize.org/nobel_ prizes/physics/laureates/index.html.

政府和企业的委托进行合作研究，这是一种合作双赢，问题在于如果过分强调应用研究，就会忽视基础研究或纯学术研究，从而使科学研究偏废其一。因此，如何保障基础研究和应用研究的协调发展，使地方高水平大学少一点功利性，同时使其科学研究为社会服务的价值最大化，这是一个值得研究的课题。

目前，包括地方高水平大学在内的国内很多大学在科研管理评价机制上存在着一定程度的“论文大跃进”偏向，以论文的多寡作为评价教师科研绩效的手段，并与每位教师的年终工作绩效挂钩，结果不仅导致大量“学术垃圾”的产生，而且也在一定程度上助长了学术腐败。这种现象，早在20世纪上半叶，就遭到了英国教育家怀德海的抨击：“本研究决不能认为，大学以创新思想的形式生产的产品只能通过代表署有作者姓名的论文和著作来衡量。人类生产精神产品的方式正如它的思想内容一样富于个性……因此，根据署名发表的作品来评价一位教师的价值是极其错误的，而今天在某种程度上却出现了这种错误的倾向。”① 因此，高校改革科研管理评价机制，使之与教学、人才培养结合起来，摒弃单纯地以科研论文为主的评价机制。

6. 不断提高人才培养水平

对学生进行学术能力评价以及管理是高水平大学学术评价的主要任务之一。人才培养是大学与生俱来的职能，也是现代大学最重要的功能之一。2005年7月，“钱学森之问”无情地拷问着我国当代大学，我国大学之所以培养不出杰出人才或一流人才，其原因不一而足。但是最重要的莫过于做好导师制、科研、教学等方面工作。

导师制是现代研究型大学培养学生的传统制度，该制度源于牛津大学和剑桥大学创办之初，目前在很多国家的高水平大学实行。其具体做法为：新生刚一注册入学，学校就为其选派一位导师，每位导师所带学生数量不等（通常为数人），导师每周抽出一定的时间逐个指导学生并与每一位学生会谈，了解学生的学习和研究进展情况。学生见到导师后，向导师汇报自己一周来的学习、论文进展以及科研进展状况，导师就学

---

① 转引自杨东平. 大学二十讲[M]. 天津：天津人民出版社，2009：107.

生该读什么书、搜集什么资料等提出建议。师生双方通过交流意见和看法，不仅学生的学习和科研能力可以得到提升，而且导师也可以从与学生的交谈，特别是与研究生的交谈中汲取灵感，从而达到教学相长的目的。

目前，一些高水平大学存在着一个普遍问题，就是教授不注重本科生教学，这或许是生师比太高的缘故。根据2017年教育部公布的资料，我国普通高校生师比为17.07：1[①]，这与美国不同性质的大学生师比相差较大，美国不少一流大学的生师比在8：1以下，如北美大学协会（拥有62个成员，其中，美国成员有60个，加拿大成员有2个）中的34所美国私立大学本科生与教师的比例为7.5：1，其中，斯坦福大学为4：1，芝加哥大学与普林斯顿大学均为4.5：1，耶鲁大学、宾夕法尼亚大学和哥伦比亚大学生师比均为6：1，哈佛大学和美国西北大学均为6.5：1。当然，美国公立大学生师比也相对较高，北美大学协会中的24所美国公立大学生师比平均为17.3：1，北卡罗来纳大学生师比为14：1，密歇根大学与弗吉尼亚大学均为15：1，加州大学伯克利和洛杉矶两个校区、印第安纳大学、明尼苏达大学、威斯康星大学均为15.6：1，伊利诺伊大学为18：1，华盛顿大学为20.5：1。[②]由此可见，我国大学的生师比与美国公立大学的生师比基本相等。

1997年，东南亚金融风暴爆发后，为了刺激经济的发展，再加上受高等教育产业化以及大众化的影响，我国高等教育进行了持续多年的扩招，学校规模急剧扩大，致使一些教授把过多的精力放在研究生身上。我国不少大学没有给予本科生教育应有的重视，为了改善这种状况，教育部在进行本科教学质量评估检查时，把教授给本科生授课当作一项必要条件。在高等教育大众化的今天，国家已经决定对我国高校实施分类管理，“引导一批普通本科高等学校向应用技术类型高等学校转型，重点举办本科职业教育”[③]，而高水平大学则不然，它实施的是精英教育，

① 教育部. 2016 年全国教育事业发展统计公报[EB/OL].（2017-07-10）[2019-03-01]. http://www.moe.gov.cn/jyb_sjzl/ sjzl_fztjgb/201707/t20170710_309042.html.

② University of Michigan-Feb2017[EB/OL]. [2019-03-01]. http://obp.umich.edu/wp-content/uploads/almanac/Almanac_Feb2017.pdf.

③ 国务院. 国务院关于加快发展现代职业教育的决定[EB/OL].（2017-07-28）[2019-03-01]. http://old.moe.gov.cn//publicfiles/business/htmlfiles/moe/moe_1778/201406/170691.html.

培养的是高层次人才，其本科生教育更多的是为高层次的人才教育打基础。所以，高水平大学规模不宜过大，应严格控制本科生的招生数量和规模。同时，为培养高素质的合格人才，一方面，教授特别是资深教授也要把一部分精力用在本科生教育上；另一方面，高水平大学也要适当控制研究生的招生规模和数量，从而把人才培养由过去的数量扩张逐渐转移到质量提升上。

第四章

“双一流”建设的政策比较

改革开放以来，为了推动高等教育发展，我国先后实施了“211工程”“985工程”“特色重点学科”等重点建设工程，促进了一批重点高校和重点学科的发展。但是，与世界一流大学和一流学科相比，我国的高校和学科还存在一定差距。同时，我国的重点建设工程也带来了重点高校和学科的身份固化、竞争力缺失等问题。为了实现从高等教育大国到高等教育强国的转变，解决已有高校和学科建设工程中存在的问题，我国开始实行“双一流”建设政策。2015年10月，国务院发布了《国务院关于印发统筹推进世界一流大学和一流学科建设总体方案的通知》，2017年1月，《教育部 财政部 国家发展改革委关于印发〈统筹推进世界一流大学和一流学科建设实施办法（暂行）〉的通知》发布。为了落实国家政策，实现区域“双一流”建设，推动区域高等教育发展，一些省（自治区、直辖市）也出台了相应的“双一流”建设政策，河南省也位列其中，其于2015年12月发布《河南省教育厅 河南省财政厅关于印发河南省优势特色学科建设工程实施方案的通知》。有效的政策是实施“双一流”建设的切实保障，为了完善河南省“双一流”建设政策，更好地促进河南省“双一流”建设，本章将对上海、广东、河南、贵州、内蒙古、河北、江苏、甘肃、陕西、新疆、云南、山东、宁夏、安徽、湖北、辽宁、海南、湖南、青海、山西、福建等21个省（自治区、直辖市）的“双一流”建设政策文本进行比较，通过对政策内容进行量化分析，归纳出现行政策的特点，查找现行政策规定中存在的问题，设计完善策略，并在此基础上提出河南省“双一流”建设的政策建议。

第一节 “双一流”建设政策文本分析的研究设计

一、政策文本分析的理论

公共政策是政府调控和管理社会的一种行动准则，采用公共政策分析方法对其进行深入研究可以帮助人们更好地理解和运用公共政策。公共政策文本是公共政策存在的物理载体[①]，是传递政府意图的文字记录，反映的是政府决策过程中所体现的决策过程信息，是政策执行和绩效评估的依据。因而，将公共政策文本作为观测政府行为的指标，在逻辑上具有一定的合理性。从操作的可行性上看，公共政策文本具备良好的数据可编码性。研究者能够对公共政策文本进行标准化的结构化处理：将公共政策文本拆分为标题、颁布机构、行文时间、正文、主题词等不同字段。[②]同时，公共政策文本还具备良好的数据易得性。随着互联网的飞速发展，社会信息公开的不断推进，公众可以通过各种渠道收集到大量的公共政策文本。

根据研究的侧重点和研究逻辑的不同，公共政策文本的研究路径一般有五类[③]：①语义学和语法学路径。语义学关注的是文本语言本身，试图探讨文本中政府对特定政策问题的立场；语法学一般从文本的语句构成、句法结构进行研究，常见的理论框架是分析公共政策文本语句构成，将语句分为“实是”“评价”“行动”“后果”四类语句，对每类语句进行有效性分析和语句构成系统性分析，从而客观地解读公共政策文本，一般以纯粹的思辨方式为主。[④]②语用学路径。语用学将上述语义学和语法学置于社会情境中，探讨语言和社会之间的关系，典型的理论框架有批判话语分析框架。③政策内容路径。这种路径的分析单元和上述两种路径相同，都是政策文本中的具体内容，但是编码是基于文本内容所指

---

① 黄萃，任弢，张剑. 政策文献量化研究：公共政策研究的新方向[J]. 公共管理学报，2015(2)：129-137，158.

② 任弢，黄萃，苏竣. 公共政策文本研究的路径与发展趋势[J]. 中国行政管理，2017（5）：96-101.

③ 任弢，黄萃，苏竣. 公共政策文本研究的路径与发展趋势[J]. 中国行政管理，2017（5）：96-101.

④ 杨正联. 公共政策文本分析：一个理论框架[J]. 理论与改革，2006（1）：24-26.

代的政策学含义。常见的方法论意义为，不再将政策文本视作需要加以解读、诠释的语篇，而是将政策文本视作文字形式的数据。其基本研究路径是将文本数据通过编码过程转化为统计数据，进而运用各种统计分析技术开展实证研究。[①]④文献计量路径。此种路径的关注点在于政策文本的外部属性，即文本数量、主题词、发布单位、发布时间等，同时还引入图情学的分析方法，试图研究政策议程的设置和政策关注点。⑤社会网络路径。常见的研究对象主要以两个以上的颁布机关发布的联合行文为主体，试图探讨政府部门间的合作关系。文献计量路径和社会网络路径涉及的公共政策文本数量都需要达到30个以上，才能在一般意义上成为大样本研究。[②]从研究方式来看，政策文本的研究经历了从定性的思辨过程到大规模的定量数据的变化过程。本章的样本数量为21个，尚未达到30个以上，分析单元为文本的内容要素，不涉及发布单位、发布时间等非内容要素，且以计算机为辅助工具，对"双一流"建设政策文本的内容进行词频统计，获得高频词列表，从词出现的频率来探讨政府的关注程度，因此，在理论方法上，本章采用政策内容路径进行研究。

二、政策文本的样本确定

截至2017年3月，我国共有21个省（自治区、直辖市）出台了"双一流"建设方案，其他地区虽然没有出台专门的"双一流"建设方案，但在教育工作规划、高等教育改革方案等中提到了"双一流"建设的有关内容。例如，辽宁省于2016年7月出台的《辽宁省教育事业发展"十三五"规划》、浙江省于2016年8月出台的《浙江省发展和改革委员会 浙江省教育厅关于印发浙江省教育事业发展"十三五"规划的通知》、江西省于2016年11月出台的《江西省教育事业发展"十三五"规划》、四川省于2016年12月出台的《四川省深化高等教育综合改革方案》等。这些文件包括"双一流"建设的目标和一些基本措施，但是内容相对零散、笼统，不方便统计分析。这里以21个省（自治区、直辖市）的"双一流"建设文本为研究样本，这21个政策文本分布在全国的东中西三大地区，

---

① 任弢，黄萃，苏竣. 公共政策文本研究的路径与发展趋势[J]. 中国行政管理，2017（5）：96-101.

② 任弢，黄萃，苏竣. 公共政策文本研究的路径与发展趋势[J]. 中国行政管理，2017（5）：96-101.

足以代表全国“双一流”建设的整体水平。

以下是政策文本收集的具体步骤：

文献来源：各省（自治区、直辖市）的人民政府官网、教育厅官网。

检索范围：政策性通知公告。

检索期间：2014年11月—2017年3月。

文献处理：在文献的形式和内容上，以各地区人民政府官网、教育厅的政策性文件为分析对象（表4-1），排除领导在会议上的讲话、回答记者提问等以文字记载下来的文件和一些团体组织颁布的通知、条例、规章等。

表 4-1 “双一流”建设政策文本表

地区	出台时间	文件名称
上海	2014 年 11 月	《上海高等学校学科发展与优化布局规划（2014—2020 年）》
广东	2015 年 6 月	《广东省教育厅关于印发〈广东省高水平大学建设实施方案〉》
河南	2015 年 12 月	《河南省教育厅 河南省财政厅关于印发河南省优势特色学科建设工程实施方案的通知》
贵州	2016 年 4 月	《贵州省教育厅关于大力推进区域内一流大学和一流学科建设的实施意见》
内蒙古	2016 年 5 月	《内蒙古自治区统筹推进国内和世界一流大学一流学科建设的总体方案》
河北	2016 年 5 月	《河北省人民政府关于统筹推进一流大学和一流学科建设的意见》
江苏	2016 年 6 月	《省政府关于印发江苏高水平大学建设方案的通知》
甘肃	2016 年 7 月	《甘肃省人民政府关于印发统筹推进高水平大学和一流学科建设实施方案的通知》
陕西	2016 年 8 月	《关于建设“一流大学、一流学科，一流学院、一流专业”的实施意见》
新疆	2016 年 8 月	《新疆维吾尔自治区“十三五”重点学科建设方案》
云南	2016 年 9 月	《云南省一流学科建设实施方案》
山东	2016 年 12 月	《山东省人民政府关于印发推进一流大学和一流学科建设方案的通知》
宁夏	2016 年 12 月	《自治区人民政府办公厅关于印发宁夏回族自治区西部一流大学和一流学科建设方案的通知》
安徽	2016 年 12 月	《安徽省人民政府关于印发一流学科专业与高水平大学建设五年行动计划的通知》
湖北	2016 年 12 月	《湖北省人民政府关于推进一流大学和一流学科建设的实施意见》
辽宁	2017 年 1 月	《辽宁省人民政府关于印发辽宁省统筹推进世界一流大学和一流学科建设实施方案的通知》
海南	2017 年 1 月	《海南省人民政府关于印发海南省统筹推进高水平大学和一流学科建设实施方案的通知》
青海	2017 年 1 月	《青海省人民政府办公厅关于加快推进一流学科建设的指导意见》
湖南	2017 年 2 月	《湖南省全面推进一流大学与一流学科建设实施方案》
山西	2017 年 3 月	《山西省人民政府关于实施“1331 工程”统筹推进“双一流”建设的意见》
福建	2017 年 3 月	《福建省人民政府关于建设一流大学和一流学科的实施意见》

三、政策文本分析的变量

作为复杂政策现象的积淀，政策文本自身并不会提供差异比较，对政策文本的考察需要有多个具体的研究变量，而对政策文本的系统分析要求这些变量能够以一种结构的方式从整体上反映政策中最基本的要素或几个主要方面。[①]在对“双一流”建设政策文本的变量进行设计时，并没有以往的经验和理论可以借鉴，所以这里的分析类目主要是根据本书的研究需要进行的自主设计，在此基础上由教育政策类的相关专家进行审核，最终形成所需的分析类目。

综合分析21份政策文本的内容，笔者主要依据政策文本的内容结构设计分析变量。这些文本的内容结构在名称上差别不明显，结构上也大同小异（表4-2）。文本的内容主要涉及指导思想、基本原则、总体目标（又称建设目标）、建设任务（项目）、改革任务、保障机制等方面。指导思想和基本原则是文本的基本内容和前提，各省（自治区、直辖市）主要依据中央出台的总体方案进行规定，内容基本相似，并无太大的分析价值。在改革任务方面，大部分省（自治区、直辖市）将其归属到建设任务（项目）中，为方便分析，这里也将其归属到建设任务（项目）中。综合来说，本章的分析变量主要包括总体目标（又称建设目标）变量、建设任务（项目）变量、保障机制变量，三大变量之间相互独立、互相排斥，基本包含文本的每一条应分析的内容。

表 4-2 “双一流”建设政策文本内容表

地区	内容结构
上海	序言；指导思想；建设思路；战略目标；重点任务；保障机制
广东	建设原则；建设目标和任务；遴选工作；绩效评价；建设资金；组织管理
河南	指导思想；基本原则；建设目标；建设任务；建设方式
贵州	总体要求；发展思路；总体目标；工作措施；保障措施；组织实施
内蒙古	总体要求；建设任务；改革任务；支持措施；组织实施
河北	总体目标；建设任务；改革任务；保障措施；组织实施
江苏	总体要求；建设任务；重点项目；保障措施

① 涂端午. 中国高等教育政策制定的宏观图景基于 1979—1998 年高等教育政策文本的定量分析[J]. 北京大学教育评论，2007（4）：53-65.

续表

地区	内容结构
甘肃	总体要求；建设项目；主要任务；保障措施
陕西	指导思想与总体目标；改革任务与建设内容；实施范围与保障措施
新疆	指导思想和原则；总体目标和主要任务；保障措施
云南	指导思想；建设思路 ；建设目标 ；重点任务 ；保障机制
山东	建设目标；立项条件；推进措施；组织实施
宁夏	总体要求；建设任务；改革任务；保障措施
安徽	指导思想；基本原则；建设目标；建设内容；主要措施（改革任务）；组织实施
湖北	总体要求（包括指导思想、基本原则、总体目标）；建设任务；改革任务；支持措施；组织实施
辽宁	总体要求；建设任务和改革任务；保障措施；组织实施
海南	总体要求；建设任务；改革任务；组织实施
青海	总体要求（指导思想、基本原则、总体目标）；主要任务；保障措施
湖南	总体要求；建设任务；改革任务；组织实施
山西	指导思想和基本原则；总体目标；“1331 工程”建设任务；保障措施
福建	总体要求；重点任务；主要举措；建设方式

作为一级变量，建设任务（项目）包含内容众多，笔者又将其分解成二级变量，包括人才培养、师资队伍建设、高校治理（包括高校内部治理、社会参与机制）、大学文化建设、国际化战略（表4-3），以方便“双一流”建设政策文本的统计结果分析。

表 4-3　“双一流”建设任务（项目）的二级变量表

地区	人才培养	师资队伍建设	高校治理	大学文化建设	国际化战略
上海		√			√
广东	√	√	√		√
河南	√	√			
贵州	√	√	√	√	√
内蒙古	√	√	√	√	√
河北	√	√	√	√	√

续表

地区	人才培养	师资队伍建设	高校治理	大学文化建设	国际化战略
江苏	√	√	√	√	√
甘肃	√	√	√	√	√
陕西	√	√	√		
新疆		√	√		
云南		√			√
山东	√	√	√		√
宁夏	√	√	√		√
安徽	√	√	√	√	√
湖北	√	√	√	√	√
辽宁	√	√	√	√	√
海南	√	√	√	√	√
青海	√	√		√	√
湖南	√	√	√	√	√
山西	√	√			
福建	√	√	√	√	√

第二节 “双一流”建设政策文本的量化结果分析

一、总体目标变量

笔者选取了21个省（自治区、直辖市）的“双一流”建设政策文本中关于总体目标的内容，运用Rost Content Mining 6.0软件对总体目标的文本进行词频分析，汇总出一份频度较高词汇列表，去除一些不相关的名词、动词，由高到低汇总出前30位的高频词（表4-4）。

表 4-4 “总体目标”前 30 位高频词

高频词	频次	高频词	频次	高频词	频次
学科	261	重点	41	高职	20
一流	135	特色	35	优势	18
大学	133	提升	31	学院	17
水平	88	人才	29	评估	16
建设	79	国家	26	综合	16
高校	65	前列	26	文化	14
全国	58	服务	24	院校	13
行列	53	世界	22	研究	12
排名	46	社会	21	同类	11
创新	41	经济	21	应用型	10

如表4-4所示，从“总体目标”的前30位高频词可以看出以下几点。

首先，学科与大学之间的关系密切。“学科”“一流”“大学”是出现频次位于前三的词汇，这和“双一流”建设的总体目标，即建设一流大学和一流学科基本吻合。而“学科”出现的频率要明显高于“大学”，由于21份“双一流”建设政策文本中有5份是专门的学科类文本，为了避免引起误差，笔者又专门对这5个省（自治区、直辖市）——上海、河南、新疆、云南、青海——的总体目标进行词频统计，得出“学科”的词频是76，“大学”的词频为0。两者综合相比，“学科”出现的频次要比“大学”高，所以21个省（自治区、直辖市）的关注点是在建设一流学科的基础上建设一流大学。

其次，“双一流”建设以突出特色为基点。“一流”“全国”“特色”“世界”等高频词汇的出现，指明了“双一流”建设的发展目标。2016年，我国共有普通高等学校和成人高等学校2880所[①]，不可能每一所大学都能成为世界一流大学，因此，每所大学要想在“双一流”建设中突出重围，必须以特色求发展，以发展特色化道路取胜。政策文本中“特色”高频词的出现，正与此发展目标相吻合。

① 教育部. 2016 年全国教育事业发展统计公报.（2017-07-10）[2020-06-10]. http://www.moe.gov.cn/jyb_sjzl/sjzl_fztjgb/201707/t20170710_309042.html.

再次，“双一流”建设注重创新人才的培养，以满足社会需求、突出国家的战略需求为重心。“创新”“人才”“服务”“社会”“国家”等高频词的出现，说明“双一流”建设紧紧与人才培养、服务社会相联系，一流大学要承担起为全国培养卓越人才的历史使命，推动全国的发展。

最后，政府重视各个层次高校的发展。“重点”“学院”“高职”等高频词的出现，一方面说明“双一流”建设的总体目标不仅是要建设世界一流大学和一流学科，更是对“985工程”“211工程”政策的继承和延续；另一方面说明“双一流”建设政策也给“学院”“高职”类院校带来了机遇，鼓励此类院校积极参与“双一流”建设，是对“985工程”“211工程”政策的创新。“双一流”政策既有重点建设，又兼顾全面发展。

二、建设任务（项目）类目

（一）人才培养的量化分析

从高等教育发展的历史进程看，人才培养是大学的首要使命，是大学发展的根本职责。在建设“双一流”之际，培养何种人才，如何培养人才是各地政府和高校需要明确的问题。笔者将21份“双一流”建设政策文本中关于人才培养的内容进行汇总，运用 Rost Content Mining 6.0软件进行词频分析，去除不相关的动词、连词、没有实用意义的名词，得出排名前30位的高频词（表4-5）。

表 4-5 “人才培养”前 30 位高频词

高频词	频次	高频词	频次	高频词	频次
培养	107	一流	21	育人	11
人才	94	社会	19	全面	11
创新	87	核心	17	应用型	10
创业	50	学科	15	质量	10
教育	42	推进	14	以德树人	9
教学	31	学生	14	历史	8
能力	31	强化	14	使命感	8
改革	26	高校	13	复合型	7
拔尖	23	研究生	12	创新型	7
实践	22	地位	12	本科生	2

如表4-5所示，首先，“培养”“人才”“创新”“创业”等高频词的出现，说明各政策文本明确了人才培养的目标是培养具有创新能力和创业精神的一流拔尖人才。这和《国家中长期教育改革和发展规划纲要（2010—2020年）》规定的培养学生“勇于探索的创新精神和善于解决问题的实践能力”是一致的。近些年来，我国高校一直重视对学生的创新能力和创业精神的培养的原因有很多，而创新创业教育可以引领整个人才培养体系和培养方式的改革，所以政府开始倡导和重视培养人才的创新能力和创业精神。

其次，对于培养具有创新和创业精神的人才，政策文本中重点提出要坚持以下改革措施：加强实践教学，提高学生的社会实践能力；以学科质量为保障，加强学科协同培养人才；结合经济社会的需求，实现就业增长；加强应用型人才的培养；重点提高研究生的质量（素质、科学、思想）；培养学生的多元价值观，增强学生的社会使命感。

（二）师资队伍建设的量化分析

师资队伍不但是“双一流”建设的重要指标，而且师资队伍的质量直接影响着“双一流”建设的科研成果、人才培养等，可以说，一流的师资队伍是“双一流”建设的重要保障，对于“双一流”建设意义重大。综合21份“双一流”建设政策文本中关于师资队伍建设的内容，运用Rost Content Mining 6.0软件，去除不相关的动词、连词、没有实用意义的名词，得出排名前29位的高频词（表4-6）。

表 4-6 “师资队伍建设”前 29 位高频词

高频词	频次	高频词	频次	高频词	频次
人才	120	水平	28	科研	16
教师	52	高校	24	中青年	15
创新	51	优秀	22	领军	12
队伍	51	师资	22	师德	12
培养	49	学术	20	学者	12
团队	46	一流	19	骨干	11
引进	45	高端	17	师风	10

续表

高频词	频次	高频词	频次	高频词	频次
青年	10	科学家	8	带头人	6
教学	9	领军人	7	院士	6
长江	8	仁爱	7		

词频分析结果显示，首先，“人才”“教师”“引进”“培养”等高频词的出现，表明政府在政策设计上主要从外部引进和内部培养两方面建设师资队伍，既强调高层次人才的引领作用，又注重培养现有师资队伍，以此保障大学整体师资的竞争力。

其次，“高端”“领军”“学者”“长江”“领军人”“带头人”“院士”等高频词的出现，说明在具体实践上，各地区主要倾向于将“长江学者”、两院院士、学科领军人和带头人等高端人才作为引进对象。

最后，“教师”“创新”“团队”“教学”“中青年”“师德”“师风”等高频词的出现，体现了各地区培养师资队伍的措施。通过词与词之间的搭配，结合高频词所在的上下文，笔者总结出当前各地政府鼓励高校建设高水平师资队伍所采取的主要措施包括以下几个方面：①制定具体的激励政策与措施，着力培养高水平创新团队和拔尖人才。高水平人才是推动国家各项事业快速发展的稀缺性资源，加大对高水平人才开发的激励，对于实现创新驱动式发展具有重要的推动作用。②加大对中青年优质骨干教师的培养力度。中青年教师是高校教师队伍的主干力量，同时处于教师专业发展周期的初始阶段，需要科学规划其专业发展目标，进一步提升中青年教师的专业素养。③加强师德师风建设，培养高素质的优秀教师队伍。加强教师职业修养是建设高素质师资队伍的内在要求，21份政策文本均将加强师德师风建设作为师资建设的重要条件。

（三）高校治理的量化分析

建成一流大学或一流学科目标的实现，需要有与现代大学制度相适应的内部治理机制。充满生机和活力的大学内部机制是大学增强国际化竞争力的不竭动力源泉。在国家“双一流”战略中，建设与改革的10项重点任务之一就是完善大学内部治理。由于山西省的政策文本中未涉及高校治理的内容，上海、河南、云南、青海的学科建设方案也没有涉及高校治理，本小节汇总了16份“一流大学”建设政策文本中关于高校治理的内容，运用 Rost Content Mining 6.0软件进行词频分析，去除不相关的动词、连词、没有实用意义的名词，得出排名前30位的高频词（表4-7）。

表 4-7　“高校治理”前 30 位高频词

高频词	频次	高频词	频次	高频词	频次
高校	58	学校	21	理事会	11
学术	49	内部	19	委员会	11
管理	48	参与	19	师生	10
治理	32	办学	19	合作	9
监督	25	社会	18	校长	8
制度	24	结构	17	协商	8
民主	24	领导	16	自主	7
大学	23	决策	13	教职工	6
组织	22	现代	13	学生会	5
章程	22	党委	12	政府	5

如表4-7所示，首先，“高校”“管理”“制度”等高频词的出现，说明高校的治理需要与现代大学制度相适应。其次，高校治理的相关主体理应包括政府、学术组织、教师、学生、董事会等，上述“高校”“学术”“民主”“理事会”“委员会”“政府”等高频词较准确地反映了相关利益主体。作为高校中最重要的成员，教师和学生理应在治理结构中占据很大的比重，但是在对词频进行统计时，发现“师生”“教职工”“学生会”等词汇仅分别出现10次、6次和5次，居于分析结果的中下位。最后，“民主”“内部”“参与”等高频词的出现，反映出高校治理开始重视学术组织，即教授在治理中的作用，其他治理措施包括大学章程的建立、加强民主监督、保障内部相关者的权益，落实委员会对学校的管理作用等。

（四）大学文化建设的量化分析

大学文化包括精神文化、制度文化和物质文化三个方面。在21份“双一流”建设政策文本中，仅有11份包含大学文化建设方面的内容，对这11份文本中该方面的内容进行汇总，运用 Rost Content Mining 6.0软件进行词频分析，去除不相关的动词、连词、没有实用意义的名词，得出排名前30位的高频词（表4-8）。

表 4-8　“大学文化建设”前 30 位高频词

高频词	频次	高频词	频次	高频词	频次
文化	98	中华	15	优良	7
社会主义	28	传承	15	教师	6
大学	25	传统	14	勤学	6
创新	24	特色	12	青年	6
建设	23	引领	12	治学	6
优秀	23	教育	11	教书育人	5
核心	21	学风	10	民族	4
推动	18	教风	8	校园	3
价值观	18	校风	8	红色	2
精神	16	育人	8	爱国主义	2

如表4-8所示，首先，“文化”“创新”“特色”等高频词的出现，说明在全球多元文化冲击的情况下，保持文化特色、创新优秀文化对“双一流”建设具有重要的价值，中国高校既要吸收国外先进的教育理念、教育文化，又要扎根中国本土，保持中国特色。其次，“社会主义”“中华”“民族”“价值观”“爱国主义”等高频词的出现，表明文化建设的核心在于社会主义核心价值观，即具有中国特色的文化精神，利用社会主义价值观培养大学精神，引领文化发展，推动大学发展。最后，“大学”“校园”“学风”“育人”“校风”“教风”“教师”等高频词的出现，体现了各地区对大学文化中大学精神文化的重视。

（五）国际化战略的量化分析

国际化是世界高等教育发展的趋势，在继承和发扬具有本土特有的优秀大学文化、教育理念的同时，还要坚持开放包容、合作互补的办学态度，吸收和创新外来教育理念、办学机制。这已成为世界各国办好、办精高等教育的发展策略。笔者对17份涉及国际化战略内容的“双一流”建设政策文本中的相关内容进行了汇总，运用Rost Content Mining 6.0软件进行词频分析，去除不相关的动词、连词、没有实用意义的名词，得出排名前30位的高频词（表4-9）。

表 4-9 “国际化战略”前 30 位高频词

高频词	频次	高频词	频次	高频词	频次
合作	62	国际化	17	提升	10
水平	35	机构	15	优质	9
高校	31	办学	13	国内外	9
大学	25	培养	13	创新	9
科研	24	教学	12	教师	8
交流	23	学科	12	对口	8
教育	22	一流	12	留学生	7
人才	19	实质性	12	外籍	6
学术	19	引进	11	海外	5
联合	19	资源	10	重点	5

如表4-9所示，首先，我国“双一流”建设政策文本中的国际化战略关注的重点是“合作”“交流”。交流促进合作，合作是更高层次的交流。从我国高等教育国际交流与合作发展的历史沿革来看，改革开放之前，中国高等教育的国际交流与合作以出国留学为主，表层单项交流的特征明显。改革开放以来，尤其在21世纪经济全球化发展时期，我国经济迅猛发展，高等教育实力增强，国家进一步调整教育对外开放政策和国际交流与合作战略，积极学习和吸收国外优质教育经验的同时，鼓励高校与国外一流大学开展科研合作、创办中外合作办学机构或项目，并出台相应法律政策予以保障，如2003年《中华人民共和国中外合作办学

条例》的出台和2004年《中华人民共和国中外合作办学条例实施办法》的出台。现阶段，我国正处于“双一流”建设的关键期，高等教育开展更深层次的国际交流与合作是必然趋势。表4-9中，“合作”的频次明显高于“交流”，表明各地“双一流”建设政策导向顺应了国际化发展的趋势。

其次，“高校”“大学”“国际化”等高频词的出现，表明作为“双一流”建设的主体，政府要求高校重视国际化。当前，随着经济全球化的不断深入，各国之间的资源流动已成为新常态，尤其是在2010年之后，信息科技呈现网络式发展，在教育领域具体表现为网络课堂的在线共享、教育理念的互相影响。作为世界上高等教育规模最大的国家，中国应积极实施国际教育、加强人文学术交流。这是提高我国高校参与国际教育、提高全球治理能力和提升国际话语权的重要战略举措。

最后，“人才”“引进”“培养”“科研”“教师”“优质”“一流”“教学”“联合”“对口”等高频词的出现，表明教师和学生的交流要实现双向互动。师资国际化包括师资结构的国际化和师资水平的国际化，既要吸引国外优秀人才，注重教师的海外经历，使之成为大部分教师职业发展的必要条件，也要积极创造条件提高师资水平，努力培养能与国际同行进行平等对话的师资。学生国际化包括生源国际化和学习经历国际化，即有计划地持续选派学生出国学习，以联合培养项目为纽带，开展全方位的实质性合作。

三、保障机制分析

“双一流”建设政策是我国建设世界一流大学和一流学科的初步探索性政策，提出了我国高等教育发展追求卓越的终极目标，在此基础上明确了人才培养、科学研究、国际化、人才队伍建设等方面的具体目标与任务。任务的完成需要有相应的保障机制，本部分汇总了21份“双一流”建设政策文本中关于保障方面的内容，运用 Rost Content Mining 6.0 软件进行词频分析，去除不相关的助词、名词等，得出排名前30位的高频词（表4-10）。

表 4-10 “保障机制”前 30 位高频词

高频词	频次	高频词	频次	高频词	频次
建设	321	经费	68	统筹	40
学科	278	管理	64	专项	39
高校	178	社会	61	调整	35
一流	133	合作	57	动态	33
评价	87	投入	56	企业	26
资金	84	学校	54	教育厅	25
重点	76	考核	54	政府	22
大学	75	财政	48	第三方	18
人才	74	科研	46	多渠道	17
绩效	71	评估	43	财政厅	15

如表4-10所示，首先，相比于“高校”“大学”等出现的频次，“学科”的频次要高出很多，这与总体目标要求的以学科为基础建设一流大学相吻合，说明抓好学科建设是建设“双一流”的首要保障。

其次，从表4-10中可以总结出“双一流”建设政策在保障机制方面主要倾向于以下三个方面。第一，经费投入保障。“资金”“经费”“财政”“绩效”“考核”“专项”“动态”等高频词的出现，表明政府在经费投入方面开始重视绩效考核，建立非竞争性和竞争性拨款相结合的绩效拨款模式，实行动态管理、分类引导，逐步形成政府宏观管理、高校自我约束、社会参与评价相互结合的有效机制。第二，多方共建机制。“社会”“学校”“教育厅”“企业”“政府”等高频词的出现，说明政府鼓励多方共同参与“双一流”建设。建设“双一流”是一项长期的任务，单靠高校和政府的力量是不够的，需要多方共同努力，完善政府、社会、学校相结合的共建机制，形成多层次、多渠道、多部门的多元化投入、合力支持的格局。第三，完善评价体系。高等教育有其自身的发展规律，要让大学按照自身特点和实际条件发展。“考核”“评估”“动态”等高频词的出现，说明政府注重建立完善的大学和学科评价体系，引入专业的第三方机构对建设过程实施了有效的动态观测。

第三节　省级“双一流”建设政策文本中存在的问题

根据上面的量化分析，可以发现，“双一流”建设政策文本中存在着目标定位不适当、建设任务（项目）不合理、保障经费投入不均衡等问题。

一、目标定位不适当

首先，从“双一流”建设整体目标来看，一是其偏重于以建设世界一流大学为核心。“世界一流学科的数量越多、质量越高，成为世界一流大学的机会也就越大”[①]，建设一流大学应以建设一流学科为基础。目前只有5个省（自治区、直辖市）专门出台了关于世界一流学科建设的方案，其余16个省（自治区、直辖市）的政策文本中虽然均包括建设一流大学和一流学科这两项内容，但以建设一流大学为核心。由此可见，这些地区在政策上更倾向于以建设一流大学为导向，而以建设一流大学为导向很可能使教育投资不均衡这一教育体制中久存的问题得不到解决。长期以来，为了推动“985工程”重点高校向世界一流大学发展，我国实施高等教育资源向重点高校倾斜的政策。该政策虽然使这些重点高校获得了快速发展，但是却忽视了普通高校和一般学科的建设。以建设一流大学为导向对大学进行投资，从本质看，也是高等教育资源倾斜于重点高校，而普通高校难以获取有效的资源，容易导致教育投资在高校之间的不均衡。二是一流学科建设措施不尽完善。例如，特色学科的设置与当地的产业结构结合得不紧密。河南省实施的优势特色学科建设一期共遴选出25个特色学科，其中农业门类的学科只有4个。[②]特色学科的建设与河南省以农业为特色的产业结构并不符合，

---

① 张伟，徐广宇，缪楠. 世界一流学科建设的内涵、潜力与对策——基于ESI学科评价数据的分析[J]. 现代教育管理，2016（6）：32-36.

② 河南省教育厅，河南省财政厅. 河南省教育厅河南省财政厅关于公布河南省优势特色学科建设工程一期建设学科名单的通知[EB/OL].（2015-12-12） [2019-02-11]. http://www.haedu.gov.cn/2015/12/12/1449903821094.html.

这很有可能导致原有的特色优势逐渐弱化甚至消失。

其次，“双一流”建设总体目标的制定显得较为单薄，导向性不足。目标一般具有指向性，其设定的完善性、合理性可以为具有潜力的对象指明发展方向，减少失误。从出现的高频词来看，“学科”“大学”“一流”等只简单地显示出了“双一流”建设的表面意义，即建设一流大学和一流学科，但世界一流大学和一流学科的特征或者以何类世界一流大学和学科作为建设标准，并没有显示出来。具体到政策文本中，如海南省的政策文本规定：海南大学进入国内一流大学行列；10—15个学科进入全国学科评估排名前50%，其中，5—8个学科进入 ESI 全球排名前1%或全国学科评估排名前10%。湖南省的政策文本规定：引领推动一批高校稳步进入国内同层次、同类型高校一流行列；约60个学科进入 ESI 全球排名前1%。福建省的政策文本规定：推动1所大学进入世界一流行列，1—2所大学进入世界知名行列；约6个学科进入全球 ESI 排名前1‰，约35个学科进入前1%。这些总体目标在世界一流学科的建设上以进入 ESI 为标准，具有明确的发展方向，而对世界一流大学建设的规定有些空洞，缺乏建设标准，容易导致高校在建设一流大学中的盲目性。

最后，目标定位趋同。“双一流”建设是我国高等教育发展的重点目标。各地区为提升高等教育质量，纷纷向争创一流看齐，然而，从目前来看，21个地区的建设目标是趋同的。例如，贵州省提出推动有条件的高校和学科专业进入区域前列或接近全国一流水平；内蒙古提出内蒙古大学争取进入国内一流大学前列，2—3所高等学校达到国内一流大学水平。从目标定位上，两者都是争创国内一流，但根据各地的经济实力和我国高等教育发展的实际来看，目标定位在其规定的时间内很难实现。而且，目标的趋同化还可能使一流大学和一流学科建设模式趋同，失去其原有的独特性。正如潘懋元先生所言：“全国全日制普通高等学校除少数公办的高职和民办高职外，争奔一条道，以办成国内（或省内）一流，国际（或全国）有影响的多科性、综合性、研究型的巨型大学为制定发展战略的目标”[①]，最终会出现“千校一面”的现象。

① 潘懋元. 大众化阶段的精英教育[J]. 高等教育研究，2003（6）：1-5.

二、建设任务（项目）不合理

（一）人才培养不协调

首先，本科生教育与研究生教育不协调。从“人才培养”排名前30位的词频中可以看出，加强研究生教育已成为各地政府的关注重点，而作为高等教育的基础——本科生教育出现的频率只有2次，在整个词频的排名中居于后位。忽视对本科生的教育，是各地政策文本中出现的共同问题。

在武汉大学中国科学评价研究中心所列出的世界一流大学和一流学科评价指标体系中，作为一项重量级指标，科研能力包含的4个分项指标占整个评价体系的40%①，显然已成为衡量世界一流大学和一流学科的重要指标。提升科研能力，一方面依赖于大学对学术科研的重视，如将科学研究作为大学的重要任务；另一方面依赖于研究生的培养质量。作为科研的重要力量，一流大学应不断加强研究生教育。在中国建设重点大学的过程中，很多研究型大学在逐步重视学术研究，加强研究生教育，力求在科研上取得重大突破。重视研究生教育固然应该作为“双一流”建设的重要内容，但是本科生教育却不应因此不受重视甚至迷失方向。从对各地“双一流”建设政策文本的总体分析来看，各地高校普遍忽视本科生教育，这有失偏颇。作为基础性教育，本科生教育不管是在研究型大学还是在非研究型大学中，都扮演着重要角色。研究型大学要提高研究生教育质量，需要优质的本科生教育作为支撑，需要着重培养本科生的全面素质；非研究型大学的本科生教育，需侧重于专业能力和应用能力的培养，以进一步促进本科生为社会服务。因此，“双一流”建设政策需要更好地协调本科生教育和研究生教育。

其次，“人”“才”的关系不协调。武汉大学原校长李晓红认为，“人才”是“人”“才”的统一。“‘成人’，就是培养学生树立正确的人生观、世界观和价值观，让他们具有健康的体魄、宽广的胸怀、远大的理想和坚定的信念。这样，无论他们在哪行哪业，都能从容做人，做正直、有担当的人。‘成才’，就是培养学生掌握专门甚至精深的科学知识，锻炼他们逻辑思维能力、语言表达能力和实际操作能力，让他

① 邱均平，赵蓉英，杨思洛等. 2016—2017 世界一流大学和一流学科评价研究报告[M]. 北京：科学出版社，2017：7.

们在自己的行业能够发光发热。”[①]教育的首要责任是培养高素质人才，需要成“人”与成“才”协调一致，共同发展。“双一流”建设总体战略也强调高校要坚持“立德树人”的人才培养目标，注重“人”的发展，但是通过词频分析发现，各省（自治区、直辖市）并未处理好成“人”与成“才”的关系。在21份政策文本中，关于成“人”只有“素质”“历史”“使命感”3个词汇，且出现的频率很低，以“实践”“就业”“增长”“经济社会”“贡献度”“应用型”等关于成“才”的词汇为主体。合理处理“人”“才”之间的关系，与“双一流”建设的总体战略保持一致，是“双一流”建设政策文本需要解决的问题。

（二）师资队伍建设机制不完善

首先，人才引进机制失范。从整体上看，“双一流”建设政策文本对师资建设起到了一定的指引作用。但从政策文本制定的完善程度分析，教育政策的制定需要结合教育实际，考虑教育领域当前乃至以往遗留下来的问题，力求能够正确引导实践。政策文本在人才引进机制方面还存在相关政策失范，未能对潜在和现存问题的解决起到正确引导的作用等问题。一方面，关于引进的人才应承担的职责陈述不清，缺乏相应的职责标准。根据词频表中出现的“支撑”一词，结合其所处的文本语义，文本中将引进高水平人才的职责抽象概括为“强化高层次人才的支撑引领作用”，并未明确具体应承担的职责。自“211工程”“985工程”实施以来，我国加快了世界一流大学和一流学科建设步伐。在全球高等教育领域内，师资力量是评价世界一流大学和一流学科的一项重要指标，一般包含专职教师数和高被引科学家数两个方面，尤其高被引科学家数是师资力量的最高表现形式，是高质量人才的象征。[②]所以各个高校都加大了引进高层次人才的力度。然而，由于高校往往与被引进者只签订一份期限不长的目标协议，加之高层次人才一般身兼数所高校的职务，一些被引进者并没有产出创新的研究成果，当高校需要时，一些被引进者可能将其往期的成果简单修改便交差了事。这种学术活动逐渐演变成单

① 李晓红. 回归人才培养本位 加快“双一流”建设步伐[J]. 中国大学教学，2016（5）：4-8.

② 邱均平，赵蓉英，杨思洛等. 2016—2017 世界一流大学和一流学科评价研究报告[M]. 北京：科学出版社，2017：7.

纯的市场交易，乃至在实施“双一流”建设计划期间，尤其是在2016年前后，这种现象依旧存在，甚至目前有愈演愈烈的趋势。单凭高校自身无法防止和解决这种问题，需要政府从政策上将引进人才的职责规范化，通过制定政策纠正某些市场或个人带来的学术失范。另一方面，相关拨款机制和评价机制不健全。从现有政策文本以及配套措施来看，虽然各地政府积极倡导改变对大学、学科的拨款方式和评价方式，力图形成一种综合、动态、持续的方式，但并未在相关政策文本中具体化为可操作的措施或标准。我国历来存在“孔雀东南飞”的现象，这种人才流动在“双一流”建设政策的刺激下逐步演变成了高校间的“挖人大战”。其成因所在，除了决策者错误的政绩意识、揠苗助长的赶超意识外，多系于高校对“双一流”建设数量化指标的盲目认识。近年来，我国在评价某一学科和学校的综合实力时，师资评价是一个重要的考虑因素，通常采取显性的数量化评价方式，用某一学科有多少位院士、“长江学者”进行评价，而这些往往作为政府对高校和学科拨款的重要参考依据。这种评价方式和拨款方式进一步加剧了高校间的人才争夺战。合理的人才流动在某种程度上可以促进教育资源的优化配置，而以“标签式人才”实现的人才流动，虽然在短期内可以为高校带来较大的效益，但在一定程度上加剧了人才资源分配不均的现状。面对持续恶化的现象，政府虽心怀整改之心，却在制定政策上缺乏具体措施。

其次，师资队伍建设重心失衡。人才队伍建设应充分考虑到不同层次的教师，在着力打造高水平人才的同时，还应培养以青年教师为主的中低端人才。从表4-6出现的高频词看，“优质学者”“骨干”等代表高水平人才的词汇较多，且处于上位，而代表中低端人才的“中青年”“青年”的词汇较少，且处于下位，说明政府在政策上对代表中低端人才的中青年教师的扶持力度偏小。从内容上分析，可以看出21份文本中绝大部分都包含“造就杰出学术人才和创新骨干人才，大力培育优秀青年骨干”，“支持一批具有较大发展潜力的青年学科骨干教师”等关于培养青年骨干教师的规定，而对高校教师中占比过半的非骨干青年教师的相关规定只在河北、福建等少数几个地区的政策文本中出现，且表述较为模糊。例如，河北省和福建省方案中均提出“优化中青年教师成长发展的制度环境”，但并未说明何种制度环境，从侧面反映了人才培养政策对人才的支持有所失衡，不够明确。这种政策规定反映并延续了近年来政府和高校针对青年教师队伍建设存在的制度性问题。一是近些年政府通过实施“长江学者奖励计划”“国家杰出青年科学基金”等重大举措，加强了高层次人才建设，使这些高层次人才得到了相应的重视和制度保障，而对普通青年教师缺乏必要的教学和科研扶持政策。青年教师是高校师资队伍中的重要力量，其所处的年龄阶段是创新能力最易受到激发的阶段，国家应该加强相应的支持政策和措施。二是学校在当前的顶层设计中更偏向于以院士、学术带头人等为主的知名学者，这些学者在短期内可以为高校带来诸多的科研项目、学术资源和关系，但对青年教师的扶持力度偏小。三是学校对青年教师的引进和培养缺乏系统性规划，如以高薪酬聘请青年教师。高校应处理好现有青年教师的薪酬问题，避免引发工作中的厌烦情绪，增强工作积极性。从培养体系来说，很多青年教师被聘之后，在未完全掌握学科体系、课程标准、教学技能、学生心理等相关知识之前，很多高校就要求青年教师对一线的教育教学和科研独当一面。

（三）高校治理的参与主体不完整

大学是一个系统庞大、结构复杂的组织，决定了其必然是一个用制度来约束和管理的组织。建设一流大学和一流学科需要高校具有与现代大学制度相适应的办学自主权和自主治校的能力，要求高校能够建立起科学、完善的治理机制。

高校治理需要利益相关者的积极参与。与高校治理相关的主体包括政府、学校党委、行政人员、董事会、学术组织、教师、学生等。这些主体通过制度规定实现利益相关者的共存，进而使各自的利益得以保障。通过高校治理的词频表（表4-7）发现，“高校”“学术”“民主”“理事会”“委员会”“政府”等高频词代表了高校治理的相关主体，其中，“高校”是学校党委和行政的代表词汇，“学术”“民主”“委员会”是学术委员会、学位委员会、职称评审委员会等学术权力组织的代表性词汇，“理事会”是董事会的代表性词汇。然而，结合包含高校治理的16份“一流大学”建设政策文本的关注重点，作为高校治理最基本的主体，普通教师和学生在文本中并没有充分体现出来："师生""教职工""学生会"等词汇分别仅出现10次、6次和5次，居于分析结果的下位。我国高等教育体制改革一直在寻求学术权力和行政权力之间的平衡，不断加大学术权力的影响力，而学术权力皆以教师为权力主体，普通教师参与学校治理的机会非常少，即使现阶段以教师代表大会推动教师参与学校治理，普通教师也并没有实质的主导权。以学生会为代表的组织机构是学生参与学校治理的主要形式，这些组织在校内依附于行政部门，学生代表通常在教师的指定下参加大会，并无真正的话语权，学生权力缺失。此次"双一流"建设政策仍没有对此困境予以充分关注，使得教师和学生无法有效参与高校治理。

（四）大学文化建设缺失

文化底蕴深厚是世界一流大学最不可或缺的特征之一，缺乏卓越文化支撑的大学永远不可能成为一流的大学。因此，大学文化是反映一所大学整体水平的重要指标，塑造优良的大学文化，对于"双一流"建设具有重要意义。目前，在21份省（自治区、直辖市）的政策文本（表4-11）中，通过大学文化建设引领"双一流"建设并没有得到充分的体现。

表 4-11 大学文化在"双一流"建设政策文本中的规定表

地区	大学文化重点内容	涉及方面
贵州	以社会主义核心价值体系为引领，坚持中国特色社会主义办学方向，结合自身办学特色，大力推进文化传承创新。坚持立德树人的根本任务，充分发挥文化对学生潜移默化的教育作用，弘扬以爱国主义为核心的民族精神和以改革创新为核心的时代精神，不断加强和改进学生思想政治教育；积极推动中华先进文化走出去，以高度的历史责任感和使命感，在国际交流中自觉守望民族精神，弘扬民族文化、红色文化、贵州阳明文化、贵州特色少数民族文化等；	大学精神文化
	充分发挥思想政治理论课的主渠道作用，不断推进中国特色社会主义理论体系进教材、进课堂、进头脑。加强中华优秀传统文化教育，凝练本校校训，建设好校史馆等校园文化场馆，开展丰富多彩的校园文化活动，营造朝气蓬勃、昂扬向上的校园氛围	大学物质文化
内蒙古	传承创新优秀文化。加强大学文化建设，增强文化自觉和制度自信，形成推动社会进步、引领文明进程和各具特色的一流大学精神和文化。坚持用价值观引领知识教育，把社会主义核心价值观融入教育教学全过程，引导教师潜心教书育人、静心治学，引导广大青年学生勤学、修德、明辨、笃实，使社会主义核心价值观成为基本遵循，从而形成优良的校风、教风、学风。加强对中华优秀传统文化和社会主义核心价值观的研究、宣传，认真汲取中华优秀传统文化的思想精华，做到扬弃继承、转化创新，充分发挥其教化育人作用，推动社会主义先进文化建设	大学精神文化

续表

地区	大学文化重点内容	涉及方面
江苏	传承创新优秀文化。加强大学文化建设，增强文化自觉和制度自信，形成推动社会进步、引领文明进程、各具特色的大学精神和文化。坚持用社会主义核心价值观引领知识教育，激励学生刻苦学习、健康成长，营造浓厚的学术氛围和宽松的创新环境，建设优良的校风、教风、学风。推动哲学社会科学繁荣发展，加强对中华优秀传统文化的整理、研究和宣传，认真吸取思想精华，做到扬弃继承、转化创新，并充分发挥其教化育人作用，推动社会主义先进文化建设	大学精神文化
甘肃	传承创新优秀文化。加强科学道德和学风建设，丰富大学文化和大学精神，形成优良的校风、教风、学风。深入研究、大力宣传中华优秀传统文化和我省地域文化，认真汲取思想文化精华，做到扬弃继承、转化创新，充分发挥社会主义先进文化的教化育人作用	大学精神文化
河北	传承创新优秀文化。加强大学文化建设，增强文化自觉和制度自信，形成推动社会进步、引领文明进程、具有特色的大学精神与大学文化。坚持将社会主义核心价值观融入高等教育教学全过程，加强科学道德和学风建设，引导教师安于职责潜心教书育人、精心治学，引导青年学生修德、勤学、明辨、笃实，形成优良的校风、教风和学风。加强对中华传统文化和社会主义核心价值观的研究，认真汲取中华传统文化的思想精华，做到扬弃继承、转化创新，推动社会主义先进文化建设	大学精神文化
湖北	传承创新优秀文化。坚持理想信念教育，培育和践行社会主义核心价值观，增强文化自觉和自信。弘扬中华优秀文化，彰显湖北地方特色文化、红色文化，形成各具特色的大学文化。加强校风、教风、学风建设，使高校成为先进文化主阵地，引导教师潜心育人、静心治学，引导广大青年学生勤学、修德、明辨、笃实	大学精神文化
辽宁	挖掘文化资源，加强优秀文化传承。切实加强对社会主义核心价值观和中央五大发展理念的研究，深入发掘中华优秀传统文化和辽宁高等学校的文化资源，加强大学文化建设，增强文化自觉和制度自信，形成具有辽宁特色的一流大学精神和一流大学文化。充分发挥社会主义核心价值观教化育人的作用，将其融入学校教育教学全过程。引导教师潜心教书育人，精心治学；引导广大青年学生勤学、修德、明辨、笃实；将社会主义价值观凝练成优良的校风、教风、学风，内化为学校师生工作学习的基本遵循。认真总结红医文化、鲁艺精神等辽宁高校的优秀传统文化，进一步加强社会主义先进文化建设，提取思想精华，推动转化创新，充分发挥大学文化在文化育人和推动高等教育强省中的优势作用	大学精神文化
安徽	传承创新优秀文化。加强大学文化建设，增强文化自觉和制度自信，形成推动社会进步、引领文明进程、各具特色的大学精神和大学文化。坚持将社会主义核心价值观融入教育教学全过程，引导教师潜心教书育人、静心治学，引导广大青年学生勤学、修德、明辨、笃实，使社会主义核心价值观成为基本遵循，形成优良的校风、教风、学风。推动哲学社会科学繁荣发展。加强对中华优秀传统文化和社会主义核心价值观的研究、宣传，认真汲取中华优秀传统文化的思想精华，做到扬弃继承、转化创新，并充分发挥其教化育人作用，推动社会主义先进文化建设	大学精神文化
海南	传承创新优秀文化。以社会主义核心价值体系为引领，坚持中国特色社会主义办学方向，大力推进文化传承与创新。弘扬以爱国主义为核心的民族精神和以改革创新为核心的时代精神，不断提升大学生文化素养； 加强海南本土特色文化研究和教育，促进海南地域文化、琼崖文化、海洋文化、华侨文化、黎苗少数民族文化、生态文化等传承与创新，提升我省文化软实力	大精神文化

续表

地区	大学文化重点内容	涉及方面
湖南	传承创新优秀文化，打造湖南文化高地。以增强道路自信、理论自信、制度自信、文化自信为目标，大力加强大学文化建设，形成推动社会进步、引领文明进程、各具特色的一流大学精神和大学文化。坚持用价值观引领知识教育，将社会主义核心价值观融入教育教学全过程，引导广大教师潜心教书育人、静心治学，引导广大青年学生勤学、修德、明辨、笃实，使社会主义核心价值观成为基本遵循，形成优良的校风、教风、学风。加强对中华优秀传统文化和湖湘文化的发掘整理和研究宣传，传承非物质文化遗产，充分发挥其教化育人作用。积极打造湖南文化高地，创建湖湘文化品牌，提升我省文化软实力	大学精神文化
福建	传承创新优秀文化。加强大学文化建设，增强文化自信和制度自信，形成推动社会进步、引领地方文化、各具特色的大学精神和大学文化。加强对中华优秀传统文化和社会主义核心价值观的研究和宣传，推动社会主义先进文化建设。加强福建特色文化研究，打造福建文化品牌，服务文化强省建设	大学精神文化

首先，部分地区没有充分意识到大学文化建设对于“双一流”建设的重要性。通过大学文化建设，既可以凝练大学的办学理念、办学特色和办学定位，还可以完善学校制度设计，形成富有品位的校园风貌，从而吸引、凝聚高层次创新人才，培养德才兼备的未来创新人才，进一步促进“双一流”建设。目前，21个地区中仅有11个地区将大学文化建设作为一项改革或者保障措施列入政策文本中，其余10个地区的政策文本则没有体现该项内容。

其次，大学文化建设的内容不完整。大学文化包括精神文化、制度文化和物质文化三个方面。“大学精神的核心是大学的治校理念和办学风格”①，“还体现为自由精神、民主精神、科学精神和创新精神”②；“大学制度文化是大学内各种规章制度的集合”；“大学物质文化包括大学科技成果的物质形态，一批高水平、结构合理、特色鲜明的课程和学科专业”及“健康向上又生动活泼的校园文化环境和氛围”③。三者之间是紧密相连的整体，缺少任何一项都会对大学文化建设产生重大的影响。对比分析这11个地区的大学文化建设措施的高频词，“大

① 李福杰. 大学文化视野下的大学发展研究[D]. 上海：华东师范大学博士学位论文，2006：34-38.

② 肖海涛. 大学的理想与文化素质教育[J]. 高等教育研究，1998（5）：19-23.

③ 李福杰. 大学文化视野下的大学发展研究[D]. 上海：华东师范大学博士学位论文，2006：34-38.

学”“办学”“校园”“学风”“育人”“校风”“教风”“教师”等高频词多涉及大学精神文化，缺少对大学制度文化和大学物质文化的规定。

（五）国际化战略机制不健全

首先，部分地区的国际化战略意识不强。根据统计的21份政策文本，有17个地区将国际化作为“双一流”建设的重要任务。但是河南、陕西、新疆、山西在政策文本中未将国际化作为一项建设任务。在相应的配套措施中，只有河南省于2016年发布了《关于开展2016年度引进海外高层次人才“百人计划”申报工作的通知》，陕西、新疆、山西3个地区还未制定相应政策。可见，目前，我国“双一流”建设的整体国际化氛围还没有完全形成，需要进一步加强对国际化的宏观政策引导。

其次，国际化合作的广度和深度体现不够。纵观“人才”“引进”“培养”“科研”“教师”“优质”“一流”“教学”“联合”“互派”“对口”等一系列国际化战略排名前30位的词汇，国际化战略主要集中在国际化人才培养和国际化人才队伍建设两方面。在广度上，国际化是一项战略措施，除了国际化人才培养和国际化人才队伍建设之外，还需要学科建设、学校治理体系、支撑保障体系等方面的国际化。例如，通过国际交流，可以借鉴世界知名大学的学科建设经验，从而推动一流大学和一流学科的发展。在深度上，搭建的实质性国际交流平台太少，国际交流与合作渠道不完善。目前，真正具有世界影响的高端品牌合作项目还没有形成，与世界顶尖大学、科研机构和企业的实质性合作还有待于进一步开发。

二、保障经费投入不均衡

“双一流”建设离不开充足的经费作为保障，其中，科学合理的财政拨款机制是关键。我国高等教育历来实行的是“综合+专项补助”的拨款模式，这种拨款模式在一定程度上保证了高等教育的良性发展，但是在某些方面也存在不协调的问题。比如，固定的拨款模式使得各个高校缺少动态竞争；高校办学经费主要依赖于政府的财政拨款和学生缴纳的学费，社会捐赠的比重较低。在“双一流”建设中，如何更好地处理这些问题，是我们面临的重要问题。由于 Rost Content Mining6.0软件只显示部分文字，为了更清晰地了解各地区“双一流”建设经费投入情况，本小节将软件统计词频与人工统计经费制表相结合，通过软件主要了解经费投入机制，通过人工分析主要了解各地区经费投入金额和投放对象。以下是21个省（自治区、直辖市）的经费投入情况（表4-12）。

表 4-12　21 个省（自治区、直辖市）“双一流”建设经费投入表

地区	时间段	资金/亿元	投放对象
上海	2014—2017 年	36	相当部分用于教师队伍建设；20 个世界一流学科，180 个学科进入全国前 20%
广东	2015—2017 年	50	支持重点建设高校 5 所左右，重点建设项目 15 项左右
河南	2015—2024 年	31	5 个左右学科进入国家“世界一流学科”行列；10 个左右学科进入国内前列、ESI 全球学科排名前 1%
贵州	2016—2020 年	5	扶持区域内一流大学和学科专业建设
内蒙古	—	—	—
河北	2016—2020 年	25	一流大学和一流学科专项资金
江苏	2017 年起	1/校/年	进入全国百强的省属高校
甘肃	—	—	—
陕西	—	—	—
新疆	—	—	—
云南	2016—2020 年	—	—
山东	2016—2020 年	50	支持“双一流”建设
宁夏	2016—2020 年	2	一流学科建设经费 1 亿元；西部一流大学建设经费 1 亿元
安徽	—	70	用于省属高校
湖北	—	—	—
辽宁	—	—	—
海南	—	—	—
湖南	—	—	—
青海	—	—	—
山西	—	—	—
福建	2016—2020 年	80	实施“双一流”建设计划

资料来源：根据各省（自治区、直辖市）“双一流”建设政策及其配套政策的文本整理。

如表4-12所示，经费投入因各地区的经济发展状况而有所不同，东部地区（如福建、江苏）投入经费偏多，中西部地区投入经费偏少，尤其是西部地区和东部地区相比，经费投入差距达十几倍，甚至几十倍。经费投入是否充足直接影响“双一流”建设的进程。在无法保障大规模财政投入的情况下，高等教育投入机制由过去绝大多数高校经费依赖财政拨款向投入多元化转型，既是高校增加收入来源必然和不可避免的趋势，也是各地区急需考虑的问题。

第四节 优化地方性“双一流”建设政策的建议

一、合理设定“双一流”建设目标

首先，作为制定地方“双一流”建设方案的主体，各省（自治区、直辖市）应分类制定一流大学和一流学科建设方案，进一步完善一流学科建设措施。在政策制定上可以将一流大学和一流学科建设适当分离，使不同的大学针对是建设一流大学还是一流学科可以选择不同的策略。一流大学的整体水平在世界上是处于领先地位的，但也不排除其存在个别弱势学科。同样，对于普通大学来说，其也可能存在一流学科。因为学科发展是与独特的资源优势联系在一起的。比如，藏医药研究和藏文化研究完全可以在西藏大学实现一流学科的发展，因为别的地方无法与之进行独特的地理资源和人文资源竞争。①总之，清华大学、北京大学等高水平研究型大学，可以采取建设世界一流大学的策略；贵州大学、西藏大学等具有优势特色学科但是学校的整体发展水平相对较低的大学，可以采取建设世界一流学科的策略。此外，还要完善一流学科建设措施。统筹考虑特色学科建设与当地经济发展之间的互动，合理设置特色学科，拓宽特色学科领域，使其与当地的产业结构紧密结合。值得借鉴的是，内蒙古医科大学立足于得天独厚的地域优势和资源优势，设立蒙医学学

① 王洪才．“双一流”建设的重心在学科[J]．重庆高教研究，2016（1）：7-11.

科，经过多年的建设，该学科已发展为一个科研学术水平在国内外都处于领先地位的特色优势学科。

其次，尽快界定世界一流大学和一流学科的内涵，为“双一流”建设确定指导依据。现行界定世界一流大学和一流学科的常用方法是全球大学排名。这是因为建设世界一流大学和一流学科需要与国际接轨，不能自说自话。主要的全球大学排名在世界上具有很强的权威性。例如，武汉大学世界一流大学排名、ARWU、THE 世界大学排名、QS 世界大学排名和 U.S. News 全球最好大学排名等具有权威性的世界性大学和学科排名。这种方法既没有直接给出“双一流”建设的内涵，也存在一定的局限性，如它只能评价可量化的指标数据，对于诸如科研成果是否被社会充分利用此类非量化指标，还未完全应用在排名中，但是通过总结各项指标还是能够为明确“双一流”的内涵提供参考标准的。中国政法大学原校长黄进教授指出，“世界大学的主要排名榜，主要通过大学人才培养质量、科研创新能力、师资队伍水平、国际交流与合作程度、高质量论文产出和学术声誉等指标，对世界大学进行排名，这些指标在很大程度上可以衡量一所大学的办学质量”[①]。因此，一方面，有关部门要提高对各类世界大学和学科排名的重视，尽快确定能够为我国利用的、具有权威性的世界大学和学科排名，以为各地区“双一流”建设提供统一的标准，各地区在统一的标准下应着重考虑高校和学科对当地经济和社会的贡献。另一方面，要将全球大学排名与各地高等教育的特色相结合。在长期的办学实践中，我国各地区因独特的地理资源形成了各自的学科优势，如西藏大学的藏药文化、内蒙古大学的蒙药文化等。因此，各地区要借鉴世界大学和学科评价指标体系，并继承和发扬各地特色，丰富“双一流”建设的内涵，从而推动当地高等教育的发展。

最后，不同地区要结合实际合理制定目标。“双一流”建设是我国高等教育的共同目标，但各地区还需要结合自身实际，确定在这一特定历史阶段的目标定位。一个地区的政治、经济、文化影响着教育的发展，经济的发展状况直接决定着对教育投入的多少，政治环境和文化环境影响着教育的发展方向。因此，各地区在制定方案的总体目标时，不仅要

① 黄进. “双一流”建设如何突出中国特色[N]. 人民日报，2016-05-05（18）.

充分考虑到其所处的外部环境，遵循高等教育自身发展的规律，还要紧密围绕地方需求和经济实力，扎根本地，建设具有当地特色的一流大学和学科。例如，内蒙古可以利用其得天独厚的地域优势和极具特色的民族性、生态优势打造特色学科。

二、积极优化“双一流”建设任务

（一）充分协调人才培养中的两种关系

首先，以本科教育的发展为基础，加强研究生教育。人才培养是大学发展的中心任务，本科教育在人才培养中处于基础性地位，优质的本科教育可以为发展一流的研究生教育提供人才支撑，两者之间应和谐发展、相互融合。其一，高校要整体规划，同步推进建设一流本科教育和研究生教育。根据《教育部 财政部 国家发展改革委关于印发〈统筹推进世界一流大学和一流学科建设实施办法（暂行）〉的通知》，政府鼓励高校结合自身实际选择“双一流”建设路径，所以高校要做好整体规划，把加强一流本科教育和一流研究生教育作为重点内容纳入其中，整体推进，配套实施。其二，高校要进一步转变教育教学理念。大学的发展既要服务于社会，又要服务于个人。大学本科教育更多地培养学生的基本能力，挖掘学生创造、创新的潜质，研究生教育在此基础上进行精英式教育，两者结合既能满足社会需要，又能提升学生个人能力的发展。其三，高校要推进课程体系建设和教学方式改革。课程体系要以宽口径、厚基础、专业化为基础进行设计，加强交叉课程建设，解决好本科基础课程与研究生专业课程的整体性融合。教学方式改革应实施教学科研的等效评价机制，健全教师教学工作考核评价和绩效激励制度，完善教学师资的薪酬待遇制度，将教学工作考核结果作为年度考核、聘期考核和职务评审的基本依据。同时规范化管理教师上课制度，包括协调教授的科研任务与本科教学任务，青年教师担任导师的任务，等等。

其次，处理好“人”“才”之间的关系。一方面，要清晰认识“人”的培养目标和“才”的培养目标。“人”必须具有正确的人生观、价值观和较强的社会责任感，能够将个人发展与服务社会相结合。“才”需要掌握应有的行业技能，具有独立思考和判断的能力，形成创新思维，能够发展自身潜力成为拔尖创新人才。另一方面，构建合理的人才培养体系。通过开展通识教育，拓宽学生的知识面，提升学生的内在修养和外在认知，包括开展大学通识基础教育课程、加强培养教授通识教育课程的师资队伍、邀请有社会影响力的知名人士开展通识讲座等途径。此外，还要设置完善的课程体系。课程是人才培养的重要环节，应科学设计每一门课程，明确每一门课程对实现课程体系整体目标的贡献，即对知识、能力和素质的贡献[①]；同时还应明确每一门课程的教学目标、教学方法和教学手段等，不断优化课程体系。

（二）不断完善师资队伍建设机制

首先，加强人才引进机制的规范性。①规范引进人才的职责。一方面，增强政策文本的科学性，进一步明确引进人才的权利与义务。政策文本本身具有强制性和权威性，因而，必须明晰政策文件的禁止性、命令性、指导性等内容。在对引进人才的职责的制定中，除了明确其所享受的一系列薪酬和服务优惠政策外，还要明确其所需承担的义务，加强聘用合同管理，严格规范兼职、兼薪行为。例如，大学的根本职能是人才培养，不能偏重于引进人才的科研成绩，要充分衡量科研任务和教学任务之间的关系，提高教学业绩在评聘中的比重。另一方面，落实高校对人员聘用的自主权，完善高校的聘用机制。科学合理的招聘制度是规范引进人才职责的前提，只有通过科学的标准化渠道引进人才，才能进一步调整其职责。人才引进需基于学校的整体发展布局、科学规划，从学科建设发展的实际需求出发，有层次、有重点地制定人才引进规划，促进人才流动。对于高层次人才的引进，要以学术水平和科研成果的影响力为基准，不应以是否带有“头衔”来衡量，此类人才可以由同行专家推荐，也可以发挥校友优势，主动搭建交流平台；对于普通教师的招聘，可以根据不同学科的性质进行招聘。②各级政府应当完善评价方式和经费拨款方式，瞄准配套措施实施的关键领域和主要环节，进一步加强人才引进的管理和指导，鼓励高校间合理有序的人才流动和健康良性

① 田冰雪，江志斌，高捷. 研究型大学人才培养目标体系构建方法浅析[J]. 黑龙江教育（高教研究与评估），2013（7）：69-72.

的人才竞争。一方面，完善对高校和学科的评价方式，避免用“标签化人才”的标准进行评价，而要对学科进行综合、动态的持续评价。具体到人才评价，在政府部门对人才流动进行宏观调控的前提下，尽量减少人才评价中的行政评价，实行对人才的同行专业化评价。在学科评估、教育评估、年度考核等工作中，积极树立重能力、重实绩、重贡献的评价导向，把立德树人、教书育人作为人才考核的重要指标。[①]另一方面，改变经费拨款方式。政府要下放审批项目的权力，将审批项目的工作交由独立的专业机构进行，杜绝由于人才标签产生对高校拨款的不公平竞争。对于不同地区的高校拨款进行分类管理：增加中西部高校的生均经费，加强中西部高校的师资建设；鼓励东部高校不断拓宽教育经费的来源，建立政府、社会、企业多方共建机制。

其次，加大对青年教师的扶持力度。加强青年教师队伍建设，政府、高校要互相配合，互通有无，最大限度地发挥各自的使命与职责，保持整个高等教育系统稳定而又不断更新。观念是一切行动的指挥棒，唯有树立正确的观念，制定的措施才不会偏失方向。因此：①无论是政府还是高校，要树立科学发展观，切实认识到加强青年师资队伍建设的重要性。青年教师在数量上已成为教师队伍的主力军，其队伍水平的高低直接影响着所在区域的高等教育综合质量以及学校的教学科研质量，关系到高校整个教师队伍建设的成败，政府、高校上下对此都应有统一的认识。②作为教育的举办者和管理者，政府应坚持做好顶层设计，为青年师资队伍建设做好向导。其一，国家和有关教育部门应尽快科学合理地制定出培训标准，促进青年教师的专业化发展。加大对青年教师的素质教育培训力度，重视新入职教师的岗前培训和中青年骨干教师的专业发展培训，推进教师分类发展，鼓励教师根据各自的优势、特长和兴趣，立足岗位，专心从事教学、科研与社会服务工作。其二，为青年教师发展设立专门基金，如可以设立省级基金。省财政厅、省教育厅可定期划拨专门的教育经费，重点支持基层青年教师的继续教育。另外，还可以增加青年教师科研项目的立项数以及经费支持额度。考虑到青年教师的科研项目审批较难，政府不仅可以通过财政拨款设立专项基金，还可以

① 郑伟涛. 加强高校人才流动规范化建设[J]. 中国高等教育，2017（5）：11-13.

通过制定优惠政策吸引各类企业、组织参与青年教师队伍建设。例如，通过免征一定的税费促使企业增加对教育的投资，以此保障青年教师培养经费的落实。其三，提高青年教师的工资福利待遇，保障青年教师的生活无后顾之忧。提高青年教师待遇，不仅是学校的责任，更是政府的责任。针对目前我国高校青年教师收入受市场化影响而偏低的问题，国家应建立相对统一的工资标准，地方政府应为本地区高校青年教师建造周转房，或以政府提供土地、学校出资的联建方式建造青年教师公寓，使高校青年教师不再为安居而发愁。①

（三）增加师生参与高校治理的途径

在教师参与方面，要强化教师参与高校治理的理念，使普通教师也能民主参与学校管理与评价，而不仅局限于教授参与学术决策。此外，还需完善和优化代表教师利益的工会的组织职能、岗位设置和管理形式，避免组织形式化，从制度上进一步赋予全体教师参与高校学术和非学术事务决策的权力，提升教师在高校内部治理中的地位。

在学生参与方面，学生在与其他主体的互动中明显处于弱势，主要原因在于学生处于学校管理的最底层，只能被动地接受自上而下的信息。鉴于此，要提高学生在高校治理中的地位，必须打通信息的流通渠道，保证学生能及时获得全面的信息。从学生权力的组织保障建设而言，应当在相关决策机构中设置学生代表，保证学生在学校内部治理中产生实质性影响。

（四）进一步加强大学文化建设

作为“双一流”建设的主体，地方政府和高校不仅要意识到独特的大学文化对于“双一流”建设的重要性，更要从精神、制度和物质三方面加强大学文化建设。

首先，地方政府和高校要认识到“双一流”建设和大学文化之间存在着密不可分的关系。“双一流”建设凸显的是对高等教育质量的要求，大学必须采取内涵式发展模式。所谓“内涵式发展则是指通过挖掘现有

① 张安富，靳敏．高校青年教师队伍建设的系统思考[J]．中国大学教学，2015（3）：39，67-71.

学校的潜力，优化教育结构，提高学校内部效率和质量来推动高等教育发展的模式”[1]。可见，大学内涵式发展更加强调大学的质量和效率，与“双一流”建设要求提高高等教育质量的目的是一致的。而大学内涵式发展依赖于大学文化建设。大学精神文化是大学内涵式发展过程中的精神积淀，是大学人行动的精神指针；大学制度文化规范着大学的发展，为大学内涵式发展提供保障；大学物质文化对大学发展中的核心人物——教师和学生的价值追求、情感陶冶和身心健康起着潜移默化的作用。可见，大学文化建设是大学内涵式发展的核心，是“双一流”建设的关键所在。

其次，以大学文化建设的三个方面为抓手推动大学内涵式发展，促进“双一流”建设。一是加强大学精神文化建设。纵观世界一流大学的发展历史，其无不拥有优秀的大学精神文化。哈佛大学的校训强调“与真理为友”，洪堡大学追求“学术自由”。实现大学的内涵式发展就需要按照大学的规律和发展逻辑来治理大学，需要大学精神的回归，这是大学内涵式发展的关键问题。二是加强大学制度文化建设。大学章程是大学行动的基本依据，是高校内部的“宪法”。大学制度设计可以以章程建设为契机，综合规定大学内部各个利益主体的权利和义务。从国外大学的发展历程来看，大学自治是大学的基本制度。大学制度文化在一定程度上就是大学自治的制度文化，两者的关系是相互依存的，因此还可以基于保障大学自治、凸显学术权力的地位进行大学制度设计。三是加强大学物质文化建设。在大学物质文化中，重要的是校园环境文化。校园环境对天天生活于其中的大学生具有潜移默化的作用，良好的校园环境能够启迪学生的智慧、陶冶学生的情操。因此，大学需要系统规划校园环境的建设，一方面，可以通过标牌等方式注明建筑的文化底蕴；另一方面，可以充分利用校园的空间设计具有文化内涵、凸显本校特色的文化长廊、文化园地等。通过这些设计凸显物质的文化意蕴，增强大学的文化气息。

---

① 刘朝马，吴敬，徐木兴等. 高校内涵式发展战略研究——以浙江理工大学为个案[J]. 浙江理工大学学报，2009（6）：932-936.

（五）不断完善高等教育的对外开放战略

首先，政府要加强对高等教育国际化的宏观指导和政策引导，加强国际化战略的顶层设计，将其纳入国家和地区的发展战略，有针对性地进行整体布局。从国家层面上讲，与经济发展水平不同的国家开展高等教育国际合作的重点应不同：对于发达国家，以引进为主，积极引进发达国家的优质教育资源；对于发展中国家，尤其是我国周边的发展中国家，则以“走出去”为主，实现合作共赢。

其次，不断扩大及加深国际合作的广度和深度。从广度上来讲，人才培养和师资建设是高等教育国际化的具体表现，而完善的国际教育治理体系和相应的支撑保障体系则是国际化教育顺利实施的重要支持条件。政府需要瞄准国际上通用的规则及标准，建立健全与国际接轨的现代高等教育制度，包括先进的管理理念、科学的决策与评价机制等。例如，德国对参与“卓越计划”的大学实施动态评估机制，申请资助的项目要接受事前、事中、事后三次评估，执行不顺利的项目必须退出。我国高校可以借鉴世界一流大学内部治理的先进经验，完善中国特色大学制度。同时不断探索国际联合办学机制，完善联合办学管理模式。从深度上讲，全力谋划，促进与世界一流大学的深度战略合作：①加强与世界顶尖大学的战略合作。要从学校层面重点选择2—3所与本校学科战略布局相似、办学理念相近的世界顶尖大学，开展全方位、多层次的战略对话，建立稳固的互动合作机制，切实提高本校学术水平和国际影响力。②推进海外一流学科伙伴提升计划。要充分发挥学院和学科的主体作用，确立各学科的国际标杆和一流合作伙伴，推进建设一批实质性的高端国际合作项目和平台，着力提升优势学科、特色学科的国际化水平。③加快国际校区和国际联合学院建设，深化与国际名校的合作。[①]

三、不断完善财政资金投入机制

首先，从宏观上实现对高等教育投入机制的转型。一是引导资金投入向多元化转变。我国高等教育的经费投入历来以政府拨款为主。2016

① 夏平. 推进国际化战略 建设世界一流大学[N/OL]. 浙江大学报，2016-04-01（591）.

年，全国教育经费总投入为38 866亿元，其中，国家财政性教育经费为31 373亿元[①]，占教育经费总投入的80.7%。“双一流”建设是一项长期任务，单靠政府的财政投入是远远不够的，需要建立多方共建机制，形成多层次、多渠道、多部门的投入机制。美国高校的经费筹措方式值得我们借鉴。美国一些高校成立了资产管理公司来进行资本运作。以哈佛大学为例，2012年，哈佛大学管理公司旗下资产为304亿美元，2013年，上升至323亿美元，截至2015年6月30日，其资产规模已经达到了376亿美元，3年增长了72亿美元。[②]二是根据经费执行情况，建立清晰的滚动预算体系。既要求政府对各个高校在项目上的建设情况进行定期监管、评估，撤除不合理项目，又要求高校内部统筹资源，以减少冗余和浪费。比如，将后勤管理外包给第三方，通过市场化运作合理配置资源。三是完善经费使用的监管体系。监管经费使用情况，不但可以防止教育腐败等不良现象的发生，而且可以提高资金的使用效率，确保资金高效安全运行。监管一般包括外部监管和内部监管。外部监管主要是相关教育部门定期对经费使用情况进行监督和评价；内部监管是学校的监管部门对经费的使用进行监管。各学校要充分发挥内部监管的作用，客观评价经费的使用效果。

其次，对一流大学和一流学科进行分类管理，改变以往基于高校整体的资助模式。经费资助模式的转变，能够在很大程度上消除高校之间的身份壁垒，使不同类别、不同层次的高校都有机会获得资助。一方面，对于一流大学的资金投入，需要设立专项资金，重点提高和改善高校的整体办学水平和办学条件。加大省级财政支持力度，根据不同学校的建设定位，考虑办学质量，特别是学科水平、人才培养质量等因素，建设资金重点向办学水平高、特色鲜明的学校倾斜，实施差别化的资金支持。可以借鉴江苏省的做法，对于进入全国百强的省属高校，根据绩效评价效果，每校每年给予一定的资金支持。另一方面。一流学科建设需要有

① 教育部. 教育部关于2016年全国教育经费统计快报[EB/OL].（2017-05-03）[2019-02-11]. http://www.moe.gov.cn/ jyb_xwfb/moe_1946/fj_2017/201705/t20170503_303596.html.

② 周详. 现代大学的“美国特色”——美国早期大学的反思[DB/OL].（2016-01-04）[2020-07-17]. http://pinglun.youth.cn/ll/mjzl/201601/t20160104_7489672.htm?mobile=0&error=5.

重点地投入资金，而不能平均用力。在教育资源有限的情况下，集中有限的经费和资源发展一流学科，重点支持优势突出、特色鲜明的学科冲击世界一流学科；支持符合国家战略驱动以及社会急需的新型产业学科，从而带动和扶持一批空白学科的发展，增强学科自我建设能力和科技创新能力。例如，可以借鉴上海市的做法，市级财政通过专项资金投入“高峰”“高原”学科建设计划。

第五节　完善河南省“双一流”建设政策的思路

根据上述21个省（自治区、直辖市）“双一流”建设的政策文本分析结果，结合《河南省教育厅 河南省财政厅关于印发河南省优势特色学科建设工程实施方案的通知》，本节提出如下完善河南省“双一流”建设的政策建议。

一、出台“双一流”建设的配套措施

在21个省（自治区、直辖市）“双一流”建设政策文本中，“学科”出现的频次要比“大学”高，这表明通过一流学科建设推动一流大学发展是各地区的重要思路。作为高等教育发展总体比较弱的省地区，河南省出台了《河南省教育厅 河南省财政厅关于印发河南省优势特色学科建设工程实施方案的通知》，力争通过学科建设推动大学发展，具有一定的合理性。然而，学科建设仅侧重于单个学科，主要涉及发展目标、师资、经费等内容，一流大学建设包括的内容则更为丰富，除了发展目标、师资、经费之外，还包括治理结构、文化建设等内容。一流学科建设和一流大学建设的内容存在着实质性区别，这从21个省（自治区、直辖市）出台的5个一流学科建设政策文本和16个“双一流”建设政策文本的总体结构中即可看出。更为重要的是，地方“双一流”建设不但需要对接国家“双一流”建设的需求，更需要通过“双一流”建设推进地方高等教育的总体发展。此外，根据2017年9月的《教育部 财政部 国家发展改革

委关于公布世界一流大学和一流学科建设高校及建设学科名单的通知》，郑州大学被列入一流大学建设高校行列。因此，河南省在“双一流”建设的配套措施中需要明确一流大学建设的内容。具体而言，可以采取以下两种不同的做法。

一种做法是重视各种类型高校的“一流”发展，出台河南省建设一流大学的总体方案。高校需要分类发展，这样才能明确各所高校的定位，更好地促进每一所高校的发展。我国21个省（自治区、直辖市）“双一流”建设政策文本中出现“重点”“学院”“高职”等高频词则是明证。河南省可以借鉴江苏、上海、浙江、安徽、辽宁等地的做法，将高校划分为研究型、教学研究型、应用型等几类，然后确定每一类高校的一流建设方案，从而通过“双一流”建设，推动河南省高等教育的总体发展。但是这样做的缺点在于，《河南省教育厅 河南省财政厅关于印发河南省优势特色学科建设工程实施方案的通知》和配套措施之间的差别太大，容易影响政策的稳定性。

另一种做法是在配套措施中，对郑州大学建设一流大学做出专门的规定。郑州大学已经被教育部、财政部、国家发展改革委列入一流高校建设行列，因此，河南省为了进一步推动郑州大学的一流大学建设，可以对郑州大学建设一流大学做出专门规定。这样做的优点是政策之间的变动不大。

二、提升优势学科，强化特色科学

“河南省优势特色学科建设工程分为优势学科和特色学科。优势学科以进入国家‘世界一流学科’行列为目标，着力提升综合实力；特色学科以在关键应用领域取得突破、学科综合实力进入国内前列为目标，着力服务经济社会发展重大需求。”[①]由此，优势学科若要进入国家“世界一流学科”行列，需要在师资队伍、资金投入、平台建设等方面加强建设，不断提升优势学科的发展水平，推动其朝向“世界一流学科”迈进。

---

① 河南省教育厅，河南省财政厅. 河南省教育厅 河南省财政厅关于印发河南省优势特色学科建设工程实施方案的通知[EB/OL].（2017-11-17）[2019-02-11]. http://www.haedu.gov.cn/2015/12/12/1449903821125.html.

从21个省（自治区、直辖市）的“双一流”建设政策文本中的“一流”“全国”“特色”“世界”等高频词可以看出，每所大学要想在“双一流”建设中突出重围，必须以特色求发展，以发展特色化道路取胜。就目前而言，河南省的高等学校大多是地方高校，而且建设基础相对比较薄弱。在此背景下，河南省在建设一流学科时，更应紧密围绕地方需求和经济实力，扎根本地，重点建设具有当地特色的学科，从而带动河南高等教育的整体发展和地方经济的发展。根据《河南省教育厅 河南省财政厅关于公布河南省优势特色学科建设工程一期建设学科名单的通知》，河南省优势特色学科建设工程一期建设优势学科有10个，特色学科有25个，体现出了河南省特色学科建设的重要性。今后，河南省需要对特色学科建设在人才、经费等方面给予更多的政策支持，以促进其快速发展。

三、以引进和培养高层次人才为重心

21个省（自治区、直辖市）的政策文本均从外部引进和内部培养两方面论述了师资队伍建设，既强调高层次人才的引领作用，又注重培养现有师资队伍，以此保障大学整体师资的竞争力，这可以为河南省所借鉴。河南省采取外部引进和内部培养相结合的师资队伍建设路径，不但涵盖了高校人才队伍建设的内外两个部分，而且与其他高校的做法保持了一致。在外部人才引进方面，为吸引外部的高层次人才，河南省可以投入重点资金，建立“人才特区”，从工作和生活两方面为高层次人才提供保障。同时，需要明确引进的高层次人才所需承担的义务，加强聘用合同管理，严格规范高层次人才的兼职、兼薪行为，切实发挥高层次人才的引领带动作用。但是，就《河南省教育厅 河南省财政厅关于印发河南省优势特色学科建设工程实施方案的通知》中“强力引进学科领军人才和高水平创新团队，着力造就杰出学术人才和创新骨干人才，大力培育优秀青年骨干”的规定而言，河南省学科队伍建设过于强调外部高端人才引进。一方面，这与高校教师队伍以内部人才为主体的现实相违背；另一方面，河南省高校的经费实力和办学条件均比较弱，难以大量吸引高层次人才。因此，河南省建设优势特色学科需要同时注重内部人才培养，尤其需要加强对青年骨干教师的培养。具体而言，尽快制定科学的青年教师培训标准，促进青年教师专业化发展；为青年教师发展设立专项基金，让青年教师积极投身科研；提高青年教师的工资福利待遇，保障青年教师的生活无后顾之忧。

四、推进高等教育国际化发展战略

河南省“双一流”建设需要立足本省实际，确定优势学科和特色学科，尤其是特色学科需要与本省实际紧密结合。

国际化是世界高等教育发展的趋势，但是《河南省教育厅 河南省财政厅关于印发河南省优势特色学科建设工程实施方案的通知》中并没有涉及高等教育国际化的内容，这在一定程度上表明了河南省对国际化在“双一流”建设中的作用认识不足。客观而言，河南省高校的国际化程度比较低，教师、学生与国（境）外交流的机会比较少，更缺少与国（境）外高校的深度合作，河南省尤其需要在“双一流”建设过程中推进国际化发展战略。一是加强教师和学生方面的国际化，实现中外教师的互动合作与交流，中外学生的互派学习。二是推进“海外一流学科伙伴提升计划”的实施。以一流学科建设为目标，以中外大学的学院合作为载体，通过学院之间的深度合作，在一流学科建设规划、联合开展科研等方面开展合作，进而推动河南省一流学科建设。三是积极推动学校之间的战略合作。郑州大学、河南大学等重点大学可以选择与国外一流的大学建立战略伙伴关系，从而推动一流大学建设。

五、实施多元化教育经费筹措机制

我国高等教育的经费投入历来以政府拨款为主。在历史的惯性下，目前各高校筹集建设资金的能力比较弱。而且，“双一流”建设是国家主导的高等教育发展战略，是党中央、国务院做出的重大战略决策，承担“双一流”建设任务的均是公办高等学校。经费投入是否充足直接影响“双一流”建设的进程。因此，从经费筹集的历史惯性和“双一流”建设的主体而言，河南省建设“双一流”的经费投入需要以政府投入为主。一方面，河南省投入31亿元支持优势特色学科建设，在可能的情况下，可以适当增拨经费。因为，从已经明确拨付经费的省（自治区、直辖市）来看，如表4-12所示，河南省31亿元的拨付时间是9年，与上海4年投入36亿元、广东3年投入50亿元、山东5年投入50亿元、福建5年投入80亿元相比，还存在比较大的差距。另一方面，对郑州大学的一流大学建设拨付专项建设经费。郑州大学进入一流大学建设名单之后，其发展已经不仅仅是学校内部被河南省批准的材料科学与工程、临床医学、化学、生物学4个优势学科和“中原历史文化”学科群、“肿瘤防治”学科群、“资源加工与高效利用”学科群、“工程安全与防灾”学科群、“意识形态学与社会治理”学科群5个特色学科群的建设问题，而是整个学校的快速高质量发展问题，因此需要得到河南省专项建设经费的支持。

当然，“双一流”建设持续时间长，需要的经费数量巨大。为了更好地促进“双一流”建设，适应高等学校走向社会中心的发展趋势，河南省“双一流”建设的经费需要从主要依赖政府财政拨款向多元筹措经费转型。一是河南省不但需要对已经确立的优势特色学科进行支持，而且需要对已经入选一流学科的河南大学的生物学学科和已经入选一流大学的郑州大学进行专项经费支持。二是各高校需要通过产学合作、校地合作等方式筹集建设一流学科和一流大学建设的经费。通过科研成果转化，促进科研成果开发和利用，拓宽经费筹措渠道。三是积极号召校友和社会捐赠。校友是学校的重要资源，可以通过校友会、董事会积极号召校友和社会人士对大学进行捐赠。

第五章

高水平大学建设的国内比较

为促进高等教育发展，河南省政府进行了多层次、全方位的努力。在“211工程”建设过程中，河南省政府投资了近10亿元，使郑州大学的建设取得了显著成绩。在“985工程”建设过程中，河南省委、省政府和驻豫全国人大代表向教育部、全国人大建言献策，付出了许多辛勤汗水，虽未使郑州大学成功入选，但其努力不可否认。在省部共建项目中，河南省政府、高校经过和有关部委的积极沟通，寻求支持，郑州大学成为全国第一所省部共建地方高校，此后，河南省先后有河南大学、河南师范大学等高校陆续进入该项目行列。在“中西部高等教育振兴计划”[①]项目中，经多方努力，郑州大学入选“中西部高校综合实力提升工程”，河南大学等高校入选“中西部高校基础能力提升工程”。在“双一流”建设中，河南省委和省政府以及各个学校抓住机遇，积极行动，经过多方努力后，郑州大学进入一流大学建设行列，河南大学进入一流学科建设行列，使河南省高等教育发展跃上了一个新台阶。在经历多批次、多层次建设之后，河南省一流大学建设的状况怎样，取得了哪些成就，还存在哪些差距，还有哪些方面需要继续努力？为此，本章拟用比较分析的方法对这些问题进行相应的探讨。比较的对象是河南省的郑州大学和其他地区的重点建设高校。

---

① 该计划由教育部、国家发展和改革委员会和财政部于 2012 年联合推动实施，目的是在 2012—2020 年加大对中西部地方高校的建设力度，全面提升中西部高等教育实力，使其更好地为地方发展服务。该项目有两类：一类是“中西部高校综合实力提升工程”，常称“一省一校”，共有 13 个省（自治区、直辖市）的 14 所高校入选，郑州大学为河南省入选高校；另一类是“中西部高校基础能力建设工程”，共有 23 个省（自治区、直辖市）101 所高校入选，河南省有河南大学等 10 所高校入选。

之所以选择郑州大学是因为它是河南省政府重点建设的高校之一，也是河南省唯一一所进入“211工程”和一流大学建设行列的高校，在一定程度上代表了河南省最优秀的高等学校。通过与其他地区重点建设高校的比较，在一定程度上能够反映河南省在高水平大学建设中取得的成就、所处的位置、存在的问题以及未来应努力的方向。对其他地区重点建设高校的选择主要考虑该高校与郑州大学的可比较性，如是不是省政府重点建设高校、是不是综合性高校、能否代表该地区在高水平大学建设中的成就等。比较的目的是查找问题、补齐短板、明确目标、培育优势。通过比较，力求向那些在高水平大学建设中取得更好成就的高校学习，促进河南省高水平大学建设。为此，我们选择了10个省级行政区具有代表性的高校各1所，共10所大学，即北京市的北京大学、天津市的天津大学、浙江省的浙江大学、湖北省的武汉大学、江苏省的南京大学、吉林省的吉林大学、四川省的四川大学、山东省的山东大学、甘肃省的兰州大学和湖南省的湖南大学。这10所大学或是以各地区名称命名的高校，或是以省会名称命名的高校，是各地区进行高水平大学建设的典范和代表，在一定程度上代表着该地区高等学校发展的最高水平，并且均是综合性大学，在学科结构上和郑州大学类似。为此，我们将通过郑州大学与这10所高校的比较，从多个方面分析郑州大学目前在高水平大学建设中所处的状态和未来努力的方向。

第一节　郑州大学与国内高水平大学主要指标的比较

了解一所高校的发展状况，可以从多个方面来进行，如学生培养、科学研究、师资力量等。为全面了解郑州大学与其他院校的发展状况，本节从基本任务、基本条件和基本成就三个方面来进行比较。其中，基本任务主要是指学生培养的情况；基本条件主要包括师资和设施状况；基本成就主要包括教学和科研成就。

一、基本任务

高校的基本任务是培养人才。虽然科学研究和社会服务也是高校的主要职能，但相对于教学而言，这些则是扩展性职能。为此，该部分主要介绍各高校的人才招生和培养情况，如招生状况、在校生状况等。

（一）招生状况

一所高校的招生状况可以从本科生招生状况、硕士生招生状况和博士生招生状况三个方面加以了解。为比较这11所高校的招生状况，本部分汇总了2014年各学校的招生情况（表5-1）。

表 5-1　2014 年 11 所大学招生情况

学校	本科生招生		硕士生招生		博士生招生	
	数量/人	比例/%	数量/人	比例/%	数量/人	比例/%
北京大学	3 735	31.72	5 476	46.50	2 565	21.78
浙江大学	5 836	45.44	5 048	39.31	1 958	15.25
武汉大学	7 532	49.89	5 978	39.59	1 588	10.52
南京大学	3 256	39.32	3 814	46.06	1 210	14.62
吉林大学	10 210	57.38	6 032	33.90	1 551	8.72
四川大学	9 396	57.75	5 534	34.02	1 339	8.23
天津大学	4 079	47.25	3 727	43.17	827	9.58
山东大学	9 943	63.77	4 743	30.42	905	5.81
兰州大学	4 899	57.93	3 065	36.24	493	5.83
湖南大学	5 505	55.96	3 858	39.22	474	4.82
郑州大学	13 442	74.33	4 406	24.36	236	1.31

注：本章所有表格中的数据均为笔者根据各高校网站公开资料或者咨询、查询汇总而得。

就招生的绝对数量而言，在这11所高校中，本科生招生数量最多的是郑州大学，为13 442人，其次是吉林大学，为10 210人，再次是山东大学，为9943人；招生数量最少的是南京大学，为3256人，其次是北京大学，为3735人，再次是天津大学，为4079人。就硕士生招生情况而言，招生数量最多的是吉林大学，为6032人，其次是武汉大学，为5978人，再次是四川大学，为5534人；招生数量最少的是兰州大学，为3065人，其次是天津大学，为3727人，再次是南京大学，为3814人。就博士生招生数量而言，招生最多的是北京大学，为2565人，其次是浙江大学，为1958人，再次是武汉大学，为1588人。相对而言，博士生招生数量最少的是郑州大学，为236人，不及北京大学的1/10，其次是湖南大学，为474人，也是郑州大学的2倍多，再次是兰州大学，为493人。由此可见，就招生的绝对数量而言，博士生招生的高校间差距远大于硕士生和本科生之间的差距，博士生的招生差距最大可达10倍以上，而本科生的招生数量差距最大为4倍以上。

就高校招生的相对数量而言，各高校的招生特点和招生差距更加明显。如郑州大学，2014年共招生18 084人，其中，本科生招生13 442人，占招生总人数的74.33%，硕士生招生4406人，占招生总人数的24.36%，博士生招生236人，占招生总人数的1.31%。在所列各高校中，本科生招生比例最大的是郑州大学，为74.33%，其次是山东大学，为63.77%，再次是兰州大学，为57.93%。而本科生招生比例较低的三所高校则是北京大学、南京大学和浙江大学，其比例分别为31.72%、39.32%和45.44%。就硕士生招生比例而言，招生比例最大的是北京大学，为46.50%，其次是南京大学，为46.06%，再次是天津大学，为43.17%。而招生比例较低的三所高校分别是郑州大学、山东大学和吉林大学，其比例分别为24.36%、30.42%和33.90%。当然，差距最明显的还是体现在学校博士生的招生比例上。在这11所高校中，博士生招生比例最高的是北京大学，为21.78%；其次是浙江大学，为15.25%；再次是南京大学，为14.62%。博士生招生比例最少的三所高校分别是郑州大学、湖南大学和山东大学，其中，郑州大学的博士生招生比例仅为1.31%，排在末位，湖南大学4.82%的招生比例虽已够低，但也将近是郑州大学的4倍，位居倒数第三名的山东大学的招生比例为5.81%。由此可见，各高校相对招生数量比例的差距与绝对招生数量间的差距十分相似，只不过在程度上要更大一些，如博士生的招生比例，北京大学可达到郑州大学的16倍以上。

就整个招生数据来看，硕士生的招生状况在各高校之间是相对均衡的，本科生的招生状况在各高校之间的差别较大，博士生的招生状况在各高校之间的差别最大。其中，郑州大学在各高校中，本科生招生数量最多，本科生招生数量占招生总人数的比例也最高，博士生则是招生数量最少且占招生总人数比例最低的，硕士生招生的绝对数量位居中等位置，但相对数量也是最少的。与此相对的是北京大学，其本科生招生数量及其占招生总人数的比例均较低，博士生招生数量及其占招生总人数的比例均为最高，硕士生招生数量位居中等位置，但相对比例最高。二者形成鲜明对比。由此可见，郑州大学在招生数量上较多，在层次有待提高，对高级人才的培养数量十分有限，其招生的显著特点就是大而不强。

表5-1谈及的是各学校国内招生的情况，国外招生的情况又是什么样的呢？笔者也对各高校的留学生招生情况进行了统计（表5-2）。

表 5-2 2014 年 11 所大学留学生招生情况

学校	本科生招生		硕士生招生		博士生招生	
	数量/人	比例/%	数量/人	比例/%	数量/人	比例/%
北京大学	337	54.71	233	37.82	46	7.47
浙江大学	379	59.78	173	27.29	82	12.93
武汉大学	353	75.11	94	20.00	23	4.89
南京大学	233	52.71	177	40.05	32	7.24
吉林大学	190	50.26	147	38.89	41	10.85
四川大学	171	67.86	61	24.21	20	7.93
天津大学	29	46.03	32	50.79	2	3.17
山东大学	253	65.72	102	26.49	30	7.79
兰州大学	23	20.91	73	66.36	14	12.73
湖南大学	39	26.35	75	50.68	34	22.97
郑州大学	583	92.25	45	7.12	4	0.63

由表5-2可见，各高校在国际留学生的招生数量和结构上并不相同。其中，最典型的特点就是各高校在国际研究生招生的数量和比例上都普遍较低。例如，北京大学招的本科留学生数量不及其国内招生数量的1/10，而郑州大学则不及其国内招生数量的5%。

就留学生招生的绝对数量而言，本科生招生数量最多的是郑州大学，为583人；其次是浙江大学，为379人；再次是武汉大学，为353人。与此相对，招生数量最少的则是兰州大学，为23人；其次是天津大学，为29人；再次是湖南大学，为39人。就硕士生招生情况而言，招生数量最多的是北京大学，为233人；其次是南京大学，为177人；再次是浙江大学，为173人。招生数量最少的是天津大学，为32人，其次是郑州大学，为45人；再次是四川大学，为61人。就博士生招生数量而言，招生数量最多的是浙江大学，为82人；其次是北京大学，为46人；再次是吉林大学，为41人。相对而言，博士生招生数量最少的是天津大学，为2人，不及浙江大学的1/40；其次是郑州大学，为4人；再次是兰州大学，为14人。由此可见，就招生的绝对数量而言，博士留学生招生数量的高校间差距远大于硕士生和本科生之间的差距，博士留学生的招生数量差距最大为40倍以上，而本科生的招生数量最大差距不足30倍，硕士生的招生数量最大差距最小，不足10倍。

就留学生招生的相对数量而言，各高校的招生特点和招生差距又另有不同。例如，郑州大学，2014年共招生留学生632人，其中，本科生为583人，占招生总人数的92.25%；硕士生为45人，占招生总人数的7.12%；博士生为4人，占招生总人数的0.63%。就各高校留学生招生的相对数量而言，本科留学生招生最多的是郑州大学，为92.25%，其次是武汉大学，为75.11%，再次是四川大学，为67.86%。相反，本科留学生招生比例较低的三所高校分别是兰州大学、湖南大学和天津大学，其比例分别为20.91%、26.35%和46.03%。就硕士留学生招生而言，占留学生招生比例最大的是兰州大学，为66.36%；其次是天津大学，为50.79%；再次是湖南大学，为50.68%。而硕士留学生招生比例较低的三所高校分别是郑州大学、武汉大学和四川大学，其比例分别为7.12%、20.00%和24.21%。当然，差距最明显的还是体现在博士留学生的招生比例上。在这11所高校中，博士生招生比例最高的是湖南大学，为22.97%；其次是浙江大学，为12.93%；再次是兰州大学，为12.73%。博士留学生招生比例较低的三所高校分别是郑州大学、天津大学和武汉大学，其中，郑州大学的招生比例仅为0.63%。排在末位，其次是天津大学，为3.17%，再次是武汉大学，为4.89%。由此可见，郑州大学在国际留学生的招生总量上并不低，仅低于招生数量位于第一名的浙江大学的634人，为632人，位于第三位的则是北京大学的616人，但其在招生结构上不够合理，即本科生的招生比例过高，达到92.25%，而硕士生和博士生的招生数量和比例过低，分别为7.12%和0.63%。这同样说明郑州大学在留学生招生上存在着大而不强的特点。这一特点与郑州大学在国内招生的特点是完全相同的。

由此来看，无论是在国内招生还是在国际招生中，郑州大学都存在招生规模大，但高层次人才招生数量有限的情况。这是否就意味着郑州大学在人才培养上也存在大而不强的特点呢？这可通过其在校生的构成状况来再加确证。

（二）在校生状况

高校的在校生状况可以从其在校生的数量、层次等方面来加以了解。为了解这11所高校在校生的现状，我们对其在校生的相关数据进行了汇总（表5-3）。

表 5-3　2014 年 11 所大学在校生状况

学校	人数总计/人	本科生		硕士生		博士生	
		数量/人	比例/%	数量/人	比例/%	数量/人	比例/%
北京大学	38 849	14 576	37.52	14 873	38.28	9 400	24.20
浙江大学	46 666	23 633	50.64	13 949	29.89	9 084	19.47
武汉大学	55 252	31 886	57.71	16 625	30.09	6 741	12.20
南京大学	29 855	14 188	47.52	10 654	35.69	5 013	16.79
吉林大学	65 879	41 677	63.26	16 798	25.50	7 404	11.24
四川大学	60 549	38 907	64.26	16 366	27.03	5 276	8.71
天津大学	29 633	16 044	54.14	10 277	34.68	3 312	11.18
山东大学	57 878	41 026	70.88	12 893	22.28	3 959	6.84
兰州大学	30 902	20 081	64.98	8776	28.40	2 045	6.62
湖南大学	34 830	20 656	59.30	11 622	33.37	2 552	7.33
郑州大学	69 644	56 337	80.89	12 327	17.70	980	1.41

就在校生的绝对数量而言，人数最多的是郑州大学，为69 644人；其次是吉林大学，为65 879人；再次是四川大学，为60 549人。在校生规模较少的三所高校分别是天津大学、南京大学和兰州大学，分别为29 633人、29 855人和30 902人。但在在校生结构上，各高校之间差别显著。本科在校生数量较多的三所高校是郑州大学、吉林大学和山东大学，具体数量分别是56 337人、41 677人和41 026人；本科生在校人数较少的三所高校则是南京大学、北京大学和天津大学，分别是14 188人、14 576人和16 044人。硕士生在校生数量较多的三所高校是吉林大学、武汉大学和四川大学，其在校生人数分别是16 798人、16 625人和16 366人；而硕士生在校生数量较少的三所学校则是兰州大学、天津大学和南京大学，分别是8776人、10 277人和10 654人。博士生在校生数量较多的三所高校是北京大学、浙江大学和吉林大学，分别为9400人、9084人和7404人；较少的三所高校是郑州大学、兰州大学和湖南大学，分别为980人、2045人和2552人。

就在校生的相对比例而言，本科生在校生比例较大的三所高校是郑州大学、山东大学和兰州大学，其比例分别为80.89%、70.88%和64.98%；较低的三所高校是北京大学、南京大学和浙江大学，其比例分别为37.52%、47.52%和50.64%。硕士生在校生比例较高的三所高校是北京大学、南京大学和天津大学，其比例分别为38.28%、35.69%和34.68%；较低的三所高校是郑州大学、山东大学和吉林大学，其比例分别为17.70%、22.28%和25.50%。博士生在校生比例较大的三所高校是北京大学、浙江大学和南京大学，其比例分别为24.20%、19.47%和16.79%；较低的三所高校是郑州大学、兰州大学和山东大学，其比例分别为1.41%、6.62%和6.84%。整体来看，各级在校生比例差别最小的高校是北京大学，其本硕博三级在校生的比例分别为37.52%、38.28%和24.20%，这说明其高层次人才的培养比例更高。与此相对，各级在校生比例差别最大的高校是郑州大学，其本硕博三级在校生的比例是80.89%、17.70%和1.41%，其本科生在校生比例是博士研究生在校生比例的57倍多，博士生在郑州大学的在校生中更为罕见。如果说北京大学的4个在校生中约有1个是博士生的话，那么郑州大学则是

100个在校生中只有1个博士生。再考虑到各高校在校生的绝对数量，郑州大学人才培养的特点便不难判断，即大而不强。这与前两个方面分析的结果是完全一致的，即郑州大学在人才培养上存在着明显的大而不强的特点。

二、基本条件

高校的首要任务就是人才培养。要完成这个任务，高校自身也需要具备一定的条件，如教师、教具、图书资料、学科平台等。郑州大学在这些方面的现状如何，能否完成一流人才的培养，能否实现高水平大学建设的远大目标？本部分内容对这些基本条件进行了归纳，并与其他学校做了比较，以明确郑州大学已有的条件，找到现存的差距，为今后“双一流”建设的努力方向做出一定的指引。下面从人员状况、财政状况、物质基础等几个方面来进行介绍。

（一）人员状况

高校的教职工人员构成状况较为复杂，不同的观察角度会产生不同的观察结果。为此，下面从人员构成状况、教师结构状况以及人员稳定度等方面来对其进行多方面的分析。教师是高校人员构成的中坚力量，本部分分析的重点也是各高校的教师构成状况。

1. 人员构成的整体状况

高校的教职工人员构成状况较为复杂，大致可分为专任教师、行政人员、科研人员、教辅人员、工勤人员和附属机构人员等。表5-4是11所高校2014年教职工人员构成情况。

根据表5-4可见，在所列的11所高校中，吉林大学的教职工人数量最多，达到了11 706人，其次是北京大学，为10 788人，再次是四川大学，为8437人；教职员工人数较少的三所高校是湖南大学、兰州大学和天津大学，分别是3924人、4296人和4337人。就校本部教职工人数而言，人数最多的是吉林大学，为9866人，其次是北京大学，为9025人，再次是武汉大学，为7100人；较少的三所高校则是湖南大学、南京大学和兰州

表 5-4　2014 年 11 所大学教职工人员构成状况

学校	人数总计/人	校本部教职工/人										科研机构人员/人	校办厂企员工/人	附设机构人员/人
		专任教师						行政人员	教辅人员	工勤人员	合计/人			
		正高	副高	中级	初级	未定级	小计（占比/%）							
北京大学	10 788	1 461	1 179	528	10	14	3 192（35.37）	1 253	2 488	2 092	9 025	1 121	220	422
浙江大学	8 291	1 418	1 390	441	0	170	3 419（59.46）	1 346	784	153	5 702	1 198	319	1 072
武汉大学	7 760	1 262	1 438	969	68	0	3 737（52.63）	1 475	989	899	7 100	343	75	242
南京大学	4 756	963	847	247	1	89	2 147（62.61）	694	492	121	3 454	803	378	121
吉林大学	11 706	1 528	1 648	1 595	46	0	4 817（48.82）	1 638	1312	2 099	9 866	787	407	646
四川大学	8 437	1 259	1 475	1 377	202	49	4 362（66.27）	1 083	943	194	6 582	389	1 109	357
天津大学	4 337	622	973	645	90	136	2 466（64.05）	569	576	239	3 850	282	153	52
山东大学	7 640	1 148	1 435	1 296	111	162	4 152（60.50）	1 212	967	532	6 863	470	140	167
兰州大学	4 296	421	652	845	16	123	2 057（59.16）	465	605	350	3 477	508	0	311
湖南大学	3 924	536	668	664	8	9	1 885（58.28）	626	456	216	3 183	156	354	231
郑州大学	5 849	767	1 251	1 483	103	130	3 734（65.14）	663	716	619	5 732	0	0	117

大学，分别为3183人、3454人和3477人。就校本部专任教师[1]而言，数量最多的吉林大学，为4817人，其次是四川大学，为4362人，再次是山东大学，为4152人；较少的三所高校则是湖南大学、兰州大学和南京大学，分别为1885人、2057人和2147人。由此可见，如以校本部教职工的绝对数量而言，吉林大学的教职工规模最大，湖南大学的教职工规模最小。但如果考虑到相对数量的因素，各高校教职工人员的构成又有一定的不同。就专任教师占全校教职工总数的比例而言，比例最高的是郑州大学，为63.84%；其次是天津大学，为56.86%；再次是山东大学，为54.35%；与此相对，占比较低的三所高校则是北京大学、吉林大学和浙江大学，其比例分别是29.59%、41.15%和41.24%。就专任教师占校本部职工的比例而言，最高的是四川大学，为66.27%；其次是郑州大学，为65.14%；再次是天津大学，为64.05%。而占比较低的三所高校则是北京大学、吉林大学和武汉大学，其比例分别为35.37%、48.82%和52.63%。整体来看，郑州大学的专任教师占教职工总数的比例是比较大的，这一方面说明其人员构成较为精炼；但在另一方面也反映了教辅和科研等方面的人员队伍还有待加强。

2. 专任教师职称结构状况

由上述可见，各高校在教职工的构成方面存在很大不同，专任教师在其中所占的比例也大有差别。其实，各高校教职工构成状况的差别远远不止这些，它还体现在其他更加细微的方面，如专任教师。尽管各高校的专任教师都占有一定的比例，但专任教师的构成也是有差异的。表5-5仅就这11所高校专任教师的职称构成状况进行了分析。

表 5-5　2014 年 11 所大学专任教师职称构成状况

学校	正高级		副高级		中级		初级		未定级	
	数量/人	比例/%	数量/人	比例/%	数量/人	比例/%	数量/人	比例/%	数量/人	比例/%
北京大学	1461	45.77	1179	36.94	528	16.54	10	0.31	14	0.44
浙江大学	1418	41.47	1390	40.66	441	12.90	0	0.00	170	4.97
武汉大学	1262	33.77	1438	38.48	969	25.93	68	1.82	0	0.00

① 即不包含与本校合作办学的各类学院的教职工。

续表

学校	正高级		副高级		中级		初级		未定级	
	数量/人	比例/%	数量/人	比例/%	数量/人	比例/%	数量/人	比例/%	数量/人	比例/%
南京大学	963	44.85	847	39.45	247	11.50	1	0.05	89	4.25
吉林大学	1528	31.72	1648	34.21	1595	33.11	46	0.95	0	0.00
四川大学	1259	28.86	1475	33.81	1377	31.57	202	4.63	49	1.12
天津大学	622	25.22	973	39.46	645	26.16	90	3.65	136	5.52
山东大学	1148	27.65	1435	34.56	1296	31.21	111	2.67	162	3.91
兰州大学	421	20.47	652	31.70	845	41.08	16	0.78	123	5.98
湖南大学	536	28.44	668	35.44	664	35.23	8	0.42	9	0.48
郑州大学	767	20.54	1251	33.50	1483	39.72	103	2.76	130	3.48

由表5-5可见，高校教师在职称上有正高级、副高级、中级和初级四类，再加上未定级共五类。各高校专任教师在这五类职称的构成上存在很大不同。以正高级为例，在专任教师中，拥有正高级职称人数最多的是吉林大学，为1528人；其次是北京大学，为1461人；再次是浙江大学，为1418人。拥有正高级职称人数较少的三所高校则是兰州大学、湖南大学和天津大学，分别为421人、536人和622人。就副高级专任教师而言，人数最多的同样是吉林大学，为1648人；其次是四川大学，为1475人；再次是武汉大学，为1438人。而副高级人数较少的三所高校是兰州大学、湖南大学和南京大学，分别为652人、668人和847人。郑州大学无论是在正高级还是副高级专任教师的拥有量上均处于中等水平。如果考虑到相对水平，差距则立即显现出来。以专任教师拥有的各级职称的比例而言，拥有正高级职称比例较高的三所高校是北京大学、南京大学和浙江大学，其比例分别是45.77%、44.85%和41.47%；比例较低的三所高校是兰州大学、郑州大学和天津大学，其比例分别是20.47%、20.54%和25.22%。副高级职称教师占比较高的三所高校是浙江大学、天津大学和南京大学，其比例分别是40.66%、39.46%和39.45%；而占比较低的三所高校则是兰州大学、郑州大学和四川大学，其比例分别是31.70%、33.50%和33.81%。如果把副高级和正高级这两个项目合并为一个高级类目，各高校专任教

师的职称构成差别将更为明显。由表5-5可见，专任教师拥有高级职称比例较高的三所高校是南京大学、北京大学和浙江大学，其比例分别是84.30%、82.71%和82.13%；而占比较低的三所高校分别是兰州大学、郑州大学和山东大学，其比例分别是52.17%、54.04%和62. 21%。整体来看，郑州大学的专任教师中，拥有高级职称的人员比例较低。由于拥有高级职称教师的比例较低，拥有中级和初级职称教师的比例自然偏高。郑州大学的专任教师中，拥有中级职称教师的比例为39.72%，仅次于兰州大学的41.08%，位居第二；拥有初级职称教师的比例为2.76%，仅次于四川大学的4.63%和天津大学的3.65%，位居第三。这说明郑州大学在提升专任教师的高级职称方面还应做出一定的努力。

3. 专任教师的学历构成

专任教师质量除了反映在教师的职称方面，还反映在教师的学历方面，笔者也对这11所高校的专任教师的学历构成进行了统计（表5-6）。

表 5-6　2014 年 11 所大学专任教师的学历构成状况

学校	博士		硕士		本科		专科及以下	
	数量/人	比例/%	数量/人	比例/%	数量/人	比例/%	数量/人	比例/%
北京大学	2572	78.13	390	12.22	184	5.76	46	1.44
浙江大学	2787	81.52	395	11.55	212	6.20	25	0.73
武汉大学	2767	74.04	550	14.72	417	11.16	3	0.08
南京大学	1742	81.14	252	11.74	148	6.89	5	0.23
吉林大学	3008	62.45	1072	22.25	731	15.18	6	0.12
四川大学	2390	54.79	1438	32.97	534	12.24	0	0.00
天津大学	1853	75.14	422	17.11	188	7.62	3	0.12
山东大学	2656	63.97	934	22.50	643	15.49	10	0.24
兰州大学	1288	62.62	530	25.77	239	11.62	0	0.00
湖南大学	1203	63.82	479	25.42	200	10.61	3	0.16
郑州大学	1875	50.21	1193	31.95	659	17.65	7	0.19

由表5-6可见，高校专任教师的学历结构可分为四个类别，即博士、硕士、本科和专科及以下，各高校专任教师的学历在这四个方面的差别

较大。在专任教师中，拥有博士学历教师最多的高校是吉林大学，为3008人；其次是浙江大学，为2787人；再次是武汉大学，为2767人。拥有博士学历教师较少的三所高校则是湖南大学、兰州大学和南京大学，分别为1203人、1288人和1742人。考虑到各高校专任教师的绝对数量，该学历层次专任教师的相对比例似乎更为重要。同样以博士学历为例，专任教师中博士学历占比最高的高校是浙江大学，为81.52%；其次是南京大学，为81.14%；再次是北京大学，为78.13%。与此相对，比例较低的三所高校是郑州大学、四川大学和吉林大学，其比例分别是50.21%、54.79%和62.45%。就硕士学历的专任教师占比而言，占比最大的四川大学，为32.97%；其次是郑州大学，为31.95%；再次是兰州大学，为25.77%。占比较低的三所高校则是浙江大学、南京大学和北京大学，其比例分别是11.55%、11.74%和12.22%。同样，本科学历专任教师占比情况又略有不同，占比最高的高校是郑州大学，为17.65%；其次是山东大学，为15.49%；再次是吉林大学，为15.18%。占比较低的三所高校则是北京大学、浙江大学和南京大学，其比例分别是5.76%、6.20%和6.89%。整体来看，郑州大学博士学历的专任教师占比相对较低，硕士和本科学历的专任教师占比较高。

4. 任教师的年龄结构

年龄结构也是反映教师质量的一个重要指标。只有合理的师资年龄结构，才能为教学质量的持久稳定或稳步提升打下良好的基础。为此，笔者也对这11所高校的专任教师的年龄结构进行了统计（表5-7）。

表 5-7　2014 年 11 所大学专任教师的年龄构成状况

学校	39 岁及以下		40—49 岁		50—59 岁		60 岁及以上	
	人数/人	比例/%	人数/人	比例/%	人数/人	比例/%	人数/人	比例/%
北京大学	846	25.50	1237	38.75	887	27.79	222	6.95
浙江大学	1048	30.65	1175	34.37	1058	30.94	138	4.04
武汉大学	1418	37.94	1313	35.14	906	24.24	100	2.68
南京大学	764	35.58	777	36.19	517	24.08	89	4.15
吉林大学	2093	43.45	1561	32.41	1056	21.92	107	2.22
四川大学	2086	47.82	1272	29.16	885	20.29	119	2.73
天津大学	1055	42.78	770	31.22	538	21.82	103	4.18

续表

学校	39 岁及以下		40—49 岁		50—59 岁		60 岁及以上	
	人数/人	比例/%	人数/人	比例/%	人数/人	比例/%	人数/人	比例/%
山东大学	1736	41.81	1334	32.11	1008	24.28	74	1.78
兰州大学	1144	55.61	594	28.87	294	14.29	25	1.22
湖南大学	648	34.38	726	38.51	445	23.61	66	3.50
郑州大学	1576	42.21	1284	34.39	807	21.61	67	1.79

由表5-7可见，高校专任教师的年龄结构被分为四个档次，即39岁及以下的青年教师、40—49岁的中年教师、50—59岁的教师和60岁及以上的老年教师。只有这四个年龄段的教师比例协调，才能促进一所学校教学和科研的稳步发展。就表5-7来看，青年教师数量较多的三所高校是吉林大学、四川大学和山东大学，分别为2093人、2086人和1736人；而数量较少的三所高校则是湖南大学、南京大学和北京大学，分别为648人、764人和846人。就相对比例而言，青年教师人数占各自学校专任教师人数比例最高的是兰州大学，为55.61%；其次是四川大学，为47.82%；再次是吉林大学，为43.45%。占比较少的三所高校分别是北京大学、浙江大学和湖南大学，其比例分别是25.50%、30.65%和34.38%。郑州大学无论是在绝对数量上，还是在相对比例上都处于中等水平。就40—49岁的中年教师的构成状况而言，各高校存在绝对数量上的差别，但相对比例差别不大。50—59岁的教师在各高校间的分布与40—49岁教师的分布类似，即绝对数量有异，但整体比例相差不大。然而，60岁及以上的老年教师的分布在各高校间存在较大差异，占比最大的是北京大学，为6.95%；其次是天津大学，为4.18%；再次是南京大学，为4.15%。而占比较小的三所高校是兰州大学、山东大学和郑州大学，其比例分别为1.22%、1.78%和1.79%。老年教师的比例过小，在一定程度上不利于教师队伍的整体进步，也在一定程度上反映出专任教师队伍质量的差异。不过，整体来看，郑州大学的教师年龄结构是合理的。

5. 专任教师变动情况

教师队伍的变动情况是衡量一所学校教师质量的重要指标之一。稳定有序的流动和正常的师资队伍调整可在一定程度上促进一所学校教师队伍的优化，从而促进该学校教学质量的提升和稳步发展；相反，大规模的师资流动，尤其是专任教师的大量流失将会对一所学校的教育质量产生无法避免的影响。那么，这11所高校的专任教师变动状况如何，笔者也对相关数据进行了统计（表5-8）。

表 5-8　2014 年 11 所大学专任教师变动情况

学校	教师增减人数/人	增加教师数				减少教师数			
		录用毕业生/人	外单位教师调入/人	校内外非教师调入/人	合计/人	自然减员/人	调离教师岗位/人	其他/人	合计/人
北京大学	+13	14	64	25	103	32	33	25	90
浙江大学	+117	31	155	55	241	33	23	68	124
武汉大学	+28	134	39	0	173	101	41	3	145
南京大学	+32	0	47	16	63	31	119	17	167
吉林大学	+52	118	5	3	126	73	1	0	74
四川大学	+34	364	86	0	450	359	52	5	416
天津大学	+152	137	80	3	220	3	65	0	68
山东大学	+26	76	13	25	114	54	2	32	88
兰州大学	+71	98	5	0	103	11	20	1	32
湖南大学	−67	59	11	23	93	48	67	45	160
郑州大学	+18	89	5	0	94	39	37	0	76

由表5-8可见，除湖南大学外，其他10所高校在2014年的教师数量上都有不同程度的增加。其中，专任教师净增加人数最多的是天津大学，为152人；其次是浙江大学，为117人；再次是兰州大学，为71人。净增加人数最少的是湖南大学，其不增反减，专任教师比上年减少了67人；其次是北京大学，净增加13人；再次是郑州大学，净增加18人。在新增教师中，各单位的师资来源也不尽相同。大部分高校均是以增加当年的毕业生为主，如吉林大学，在新进的126个专任教师中，有118个是毕业生；兰州大学新进的103个专任教师中，有98个是毕业生；郑州大学新进的94个专任教师中，有89个是毕业生。与此相对，北京大学新进的103

个专任教师中，只有14个是毕业生，其余89个全是有工作经历的教师或其他人员；浙江大学也是如此，当年新进的241个专任教师中，只有31个是毕业生，其余210个均是有工作经历的教师或其他人员；南京大学新进的63个专任教师中，当年毕业生数量为0，全部录用的是有工作经历的人员。这两种不同的进人方式必定会产生不同的效果，也会在一定程度上影响一所学校的教学质量和发展进程。

与教师增加的来源相比，教师减少的原因更应引起注意。教师减少的原因大致有三类，即自然减员、调离教师岗位以及其他原因。由表5-8可见，造成各高校教师减少的原因并不相同，有的以自然减员为主，有的以教师离岗为主，还有的以其他原因为主。因自然减员造成教师数量减少的高校有四川大学、吉林大学及武汉大学，这三所高校教师的自然减员率都接近或超过了70%以上，吉林大学甚至达到了99%左右。与此相对，有的学校教师数量的减少主要是由教师调离教师岗位而造成的，如天津大学，当年减少的68个教师中，有65个是由教师调离原工作岗位造成的，占教师岗位流失率的95.59%；其次是南京大学，当年减少的167个教师中，有119个是由教师调离原工作岗位造成的，占教师岗位流失率的71.26%；再次是兰州大学，当年减少的32个教师中，有20个是由教师调离原工作岗位造成的，占教师岗位流失率的62.50%。郑州大学则尾随其后，当年减少的76个教师中，有37个是由教师调离原工作岗位造成的，占减员率的48.68%，是除自然减员外造成教师数量减少的唯一原因。在以上三种造成教师数量减少的原因中，排除自然减员后，教师调离教师岗位的数量越大、比例越高，说明该校的教师岗位的相对吸引力就越差，教师工作环境或教师发展前景越不够理想。由此可见，郑州大学在师资力量的引进和管理上均要采取一定的措施，来壮大队伍、加强力量、提高成效。

6. 高级人才拥有状况

教师队伍不仅有数量上的差别，还有质量上的差别。在衡量教师队伍的质量时，既可以通过对教师的职称结构、学历结构或年龄结构等指标的观察来了解，也可以通过对专业头衔等指标的对比来实现。因为专业头衔等同样可以反映某教师在其专业中的影响力和学科地位，从而在一定程度上推测其专业教育质量。为此，本书对样本高校高级人才的情况进行了统计，统计的标准就是各学校获得各种高级人才称谓的教师的数量，人才称谓包括两院院士、长江学者以及杰出青年（简称杰青），统计结果见表5-9。

表 5-9 2014 年 11 所大学高级人才情况 单位：人

学校	总计	两院院士		长江学者	杰青
		中国科学院	中国工程院		
北京大学	451	49	6	190	206
浙江大学	237	10	11	111	105
武汉大学	126	6	8	68	44
南京大学	242	29	1	115	97
吉林大学	69	7	2	30	30
四川大学	103	5	4	51	43
天津大学	89	5	8	42	34
山东大学	82	2	2	43	35
兰州大学	43	3	2	18	20
湖南大学	41	2	0	18	21
郑州大学	13	3	1	2	7

由表5-9可见，各高校在高级人才上的分布状况差距明显，越是优秀的高校，拥有高级人才的数量就越多。位居首位的北京大学，高级人才多达451人，几乎是位居第二的南京大学（242人）的2倍，位居第三的则是浙江大学，为237人。高级人才较少的三所高校则是郑州大学、湖南大学和兰州大学，分别为13人、41人和43人。郑州大学高级人才缺乏的状况在这里一览无余，其高级人才不仅不足第一名北京大学的1/34，还几乎是倒数第二位湖南大学的1/4。郑州大学高级人才的匮乏不仅表现在两院院士的数量上，还体现在长江学者和杰青的数量上。郑州大学长江学者的数量为2人，而长江学者人数最多的北京大学达到了190人，湖南大学和兰州大学也达到了18人，可见高级人才的差距是非常大的。在青年高级人才方面，郑州大学和其他高校也存在类似的差距。例如，在杰青方面，郑州大学为7人，而湖南大学为21人，兰州大学也达到了20人，其

中，数量最多的北京大学则达到了206人，几乎是郑州大学的30倍。青年人才的缺乏不仅影响到一所学校现在的发展，也会在很大程度上影响其未来的发展。为此，郑州大学在如何吸引人才、发现人才、培养人才、留住人才、用好人才等方面应进行全方位的思考和谋划。

（二）财政状况

一所学校的顺利发展，离不开各种资源的支持。上面所谈的人力资源只是其中必需的资源之一。要促进一所学校顺利发展，尤其是跨越式发展，还需要其他资源的密切配合。其中，财力方面的资源尤其重要，因为物要财来购，人要财来引。那么，这些高校在财力资源的状况如何，能否为其未来的发展，尤其是为一流世界大学建设提供必要的财力支持呢？为此，笔者对所选高校的财政收支状况进行了统计（表5-10）。

表 5-10 2014 年 11 所大学教育经费收入情况 单位：万元

学校	总计	教育补助收入	教育事业收入	科研收入	其他补助收入	经营收入	附属单位上交	其他收入	
								小计	其中地方拨款
北京大学	845 346	303 638	168 003	236 538	19 094	1 527	210	116 336	19 790
浙江大学	1 090 501	244 438	126 226	312 111	9 740	0	2 511	395 745	58 347
武汉大学	519 051	234 257	100 938	114 881	16 864	816	3 280	48 015	21 818
南京大学	387 541	161 451	63 587	102 041	7 823	1 109	0	51 530	36 839
吉林大学	518 647	258 535	99 737	98 154	23 366	0	1 205	37 650	19 232
四川大学	488 695	217 544	125 280	102 300	10 555	0	0	32 986	1 919
天津大学	349 974	158 861	46 034	104 462	10 283	68	0	30 266	4 993
山东大学	441 221	202 595	97 578	73 104	17 612	0	760	49 572	29 303
兰州大学	202 673	115 620	32 311	26 965	7 893	0	0	19 884	1 251
湖南大学	224 324	120 810	40 824	40 062	4 736	0	0	17 892	4 012
郑州大学	304 533	94 714	95 750	28 546	76 820	—	—	8 703	—

由表5-10可见，各高校在经费收入上存在很大差距。收入多的高校年经费收入达100多亿元，收入少的高校仅为20多亿元。具体而言，2014年，教育经费收入最多的学校是浙江大学，达到109亿多元；其次是北京

大学，为84亿多元；再次是武汉大学，将近52亿元。与此相对，收入最少的则是兰州大学，刚超过20亿元；位于倒数第二的是湖南大学，为22亿多元；位于倒数第三的是郑州大学，刚超过30亿元。是什么原因导致了各高校经费收入的差距，通过对其收入内容的分析便可知。由表5-10可见，教育补助收入是各高校的第一大收入板块，在这个板块中，收入最多的是北京大学，超过30亿元；其次是吉林大学，近26亿元；再次是浙江大学，为24亿多元。收入较少的三所学校则是郑州大学、兰州大学和湖南大学，分别为9亿多元、11亿多元和12亿多元。教育事业收入是高校经费来源的另一大板块，在这些高校中，该板块收入最多的依然是北京大学，为16亿多元；其次是浙江大学和四川大学，均为12亿多元。较少的三所高校是兰州大学、湖南大学和天津大学，分别是3亿多元、4亿多元和将近5亿元。郑州大学在该方面的收入上处于中等水平。科研收入是高校收入的第三大板块，各高校之间也是多少不一。其中，科研收入较多的三所高校是浙江大学、北京大学和武汉大学，收入值分别为31亿多元、将近24亿元和11亿多元；科研收入较少的三所高校则是兰州大学、郑州大学和湖南大学，其收入值分别是2.6亿多元、2.8亿多元和4亿多元。在该项收入中，收入最多者是收入最少者的10倍以上，收入差距之大是前两个来源所无法相比的。

如果就生均经费收入来看（表5-11），最多的高校则是浙江大学，达到了23.36万元；其次是北京大学，为21.76万元；再次是南京大学，为12.98万元。生均经费收入最少的高校则是郑州大学，为4.37万元；其次少是的湖南大学，为6.44万元；再次少的是兰州大学，为6.56万元。由此可见，各高校之间的生均经费收入差距惊人，不仅绝对数量差距大，相对数量的差距更大，最高者是最低者的5倍多。郑州大学的生均经费收入无论是在绝对数量上，还是在相对数量上都和其他高校有一定的差距。由表5-10还可以发现，一所学校收入水平的高低不是由具体哪一项收入决定的，而是由几个收入项目共同决定的，而这些项目往往具有一定的相关性，一个项目的收入高也预示着另一个项目的收入也高，这些项目之间的因果关系耐人寻味。如何在这些项目中找到机会，形成突破性发展，对一所学校的未来至关重要。

表 5-11　2014 年 11 所大学生均教育资源占有量

学校	生均教育经费收入/万元	生均教育经费支出/万元	生师比	生均占地面积/平方米	生均宿舍面积/平方米	生均教学行政用房面积/平方米	生均图书数量/册	生均仪器设备值/万元
北京大学	21.76	21.81	13.01：1	66.02	9.82	21.52	236.57	10.27
浙江大学	23.36	15.20	14.31：1	50.72	12.02	23.25	137.08	8.83
武汉大学	9.39	8.07	17.03：1	59.13	9.41	14.39	117.53	3.86
南京大学	12.98	11.93	14.58：1	60.47	13.76	25.10	192.31	7.68
吉林大学	7.87	6.52	14.25：1	89.02	9.77	16.24	102.18	3.75
四川大学	8.07	6.39	14.11：1	76.38	7.99	14.44	124.44	2.92
天津大学	11.81	10.69	12.45：1	135.18	7.93	15.65	76.03	5.02
山东大学	7.62	6.57	14.24：1	64.27	9.60	16.14	100.96	4.15
兰州大学	6.56	5.64	15.18：1	127.53	9.73	15.82	110.14	—
湖南大学	6.44	6.01	18.73：1	13.69	0.35	4.97	90.94	2.58
郑州大学	4.37	4.31	21.43：1	52.23	6.00	13.79	56.78	1.53

经费收入是一个高校开展正常工作的前提条件。至于经费运行的具体情况如何，还要看经费支出以及教学科研成果等多个方面。笔者对这11所高校的经费支出情况进行了汇总（表5-12）。

表 5-12　2014 年 11 所大学教育经费支出　　单位：万元

学校	总计	教育事业经费支出	附属单位补助	经营支出	其他支出
北京大学	847 204	844 877	800	1 527	0
浙江大学	709 286	709 286	0	0	0
武汉大学	445 939	444 409	400	816	315
南京大学	356 088	354 978	0	1 109	0
吉林大学	429 859	429 781	0	0	78
四川大学	386 777	386 766	0	0	11
天津大学	316 882	316 840	42	0	0
山东大学	380 244	380 244	0	0	0
兰州大学	174 421	174 421	0	0	0
湖南大学	209 228	208 953	0	0	275
郑州大学	300 111	300 111	0	0	0

由表5-12可见，2014年，教育事业经费支出最多的是北京大学，84亿多元；其次是浙江大学，将近71亿元；再次是武汉大学，44亿多元。这和经费收入有一定的差异，即经费收入最多的浙江大学在经费支出上要低于北京大学。就教育事业经费支出较少的三所高校来看，最低的是兰州大学，为17亿多元；其次是湖南大学，将近21亿元；再次是郑州大学，为30亿多元。最低者几乎是最高者的1/5。如果就生均教育经费支出而言，情况又有不同。由表5-11可知在这11所高校中，生均教育经费支出最高的是北京大学，为21.81万元；其次是浙江大学，为15.20万元；再次是南京大学，为11.93万元。而生均教育经费支出较少的三所高校是郑州大学、兰州大学和湖南大学，分别为4.31万元、5.64万元和6.01万元。生均教育经费支出最高者依然是最低者的5倍多。由此可见，生均教育经费支出和教学质量呈正相关。较高的生均教育经费支出不一定有高的教育质量，但高的教育质量一定离不开较高的生均教育经费开支。郑州大学无论是在教育经费总支出上，还是在生均教育经费支出上都处于后三位的位置。要进一步提高教育质量，实现更好的发展，郑州大学理应增加经费来源渠道，从多个方面加大投入，夯实教育运行的基础。

（三）物质基础

以上从人和财两个方面考察了这11所高校运行的基本条件，虽已基本能够判断各高校的强弱之别，但这还不够，要更全面地了解这些高校之间的差异，还要知晓他们在其他方面的不同，为此，此部分就介绍这11所高校在其他方面的差异，但主要是物方面的差异。

高校的物质基础可以体现在仪器设备、图书资料、楼堂馆所等方面。此部分先介绍各高校在校舍面积（建筑面积）方面的情况（表5-13）。

表 5-13　2014 年 11 所大学建筑面积情况　单位：m^2

学校	校舍总面积	教学及辅助用房	行政办公用房	生活用房			教工住宅面积
				小计	学生宿舍	教工单身宿舍	
北京大学	2 197 523	817 374	76 330	797 849	407 615	109 470	120 294
浙江大学	2 045 730	990 238	147 637	843 240	588 414	80 979	0
武汉大学	2 623 484	646 382	195 209	816 363	550 390	86 199	699 232

续表

学校	校舍总面积	教学及辅助用房	行政办公用房	生活用房			教工住宅面积
				小计	学生宿舍	教工单身宿舍	
南京大学	1 508 316	712 124	73 667	603 688	430 804	59 350	0
吉林大学	3 576 326	895 724	218 732	1 115 297	670 815	24 881	1 301 895
四川大学	1 882 865	691 440	197 171	652 436	491 441	24 446	236 982
天津大学	931 683	441 823	38 901	368 008	243 454	18 364	57 166
山东大学	2 755 621	899 230	55 076	798 534	567 502	60 800	899 329
兰州大学	1 471 168	429 291	64 426	631 187	303 599	164 469	346 264
湖南大学	295 987	111 305	64 057	120 625	12 512	77 768	0
郑州大学	2 351 734	936 797	76 794	632 979	441 192	24 686	671 700

由表5-13可见，各高校在校舍面积等方面存在较大差异。

就校舍总面积而言，面积最大的高校是吉林大学，将近358万平方米；其次是山东大学，将近276万平方米；再次是武汉大学，为262万多平方米。校舍面积较小的三所高校是湖南大学、天津大学和兰州大学，分别为将近30万平方米、93万多平方米和147万多平方米。郑州大学235万多平方米的校舍面积位居第四，属于中上等水平。

就建筑面积各细目的构成状况而言，各高校也有一定不同。例如，在教学及辅助用房面积方面，面积较大的三所高校是浙江大学、郑州大学和山东大学，分别为99万多平方米、将近94万平方米和将近90万平方米；最小的三所高校则是湖南大学、兰州大学和天津大学，分别是11万多平方米、将近43万平方米和44万多平方米。

在和广大师生生活直接相关的生活用房方面，各高校也存在很大的差别。在这11所高校中，生活用房面积最大的是吉林大学，约为112万平方米；其次是浙江大学，为84万多平方米；再次是武汉大学，约为82万平方米。生活用房面积较小的三所高校则是湖南大学、天津大学和南京大学，分别为12万多平方米、将近37万平方米和60万多平方米。其中，学生宿舍用房面积较大的高校是吉林大学、浙江大学和山东大学，分别为67万多平方米、将近59万平方米和将近57万平方米；较小的三所高校是湖南大学、天津大学和兰州大学，分别为1.2万多平方米、24万多平方米和30万多平方米。就生均宿舍用房面积而言，较多的三所高校是南京大学、浙江大学和北京大学，分别约为14.4平方米、12.6平方米和10.5平方米；较小的三所高校是湖南大学、郑州大学和四川大学，分别约为0.4平方米、6.3平方米和8.1平方米（表5-3、表5-13）。其中，在教工单身宿舍方面，各高校也大有差别。教工单身宿舍面积最大的高校是兰州大学，为16万多平方米；其次是北京大学，约为11万平方米；再次是武汉大学，约为9万平方米。较小的三所高校则是天津大学、四川大学和郑州大学，均不到2.5万平方米。师均教工单身宿舍面积与总体面积又有不同，师均教工单身宿舍面积较大的三所高校是兰州大学、湖南大学和南京大学，分别约为47.3平方米、24.4平方米和17.2平方米；较小的三所高校是吉林大学、四川大学和郑州大学，分别约为2.5平方米、3.7平方米和4.3平方米（表5-4、表5-13）。说明这些高校在教工，尤其是单身教工住房条件上较差。与此相对的是教工住宅面积，面积最大的高校是吉林大学，为130万多平方米；其次是山东大学，约为90万平方米；再次是武汉大学，约为70万平方米。教工住宅面积最小的三所高校是湖南大学、南京大学和浙江大学，均为0平方米，这不符合常理，可能这些高校采取了其他措施。整体来看，郑州大学建筑面积较多，但学生宿舍和教工单身宿舍面积均较少，在所列高校中都处在后三位的位置，因此，郑州大学应在此方面加以完善，以让学生和单身教工的生活和工作条件更加舒适。

固定资产、教学科研仪器设备等是和人才培育有直接关系的物质资源，其质量和结构将对高校的发展产生较强的影响。这11所高校的固定资产、教学科研仪器设备及图书藏存量情况如表5-14所示。

表 5-14　2014 年 11 所大学固定资产、教学科研仪器设备及图书藏存量情况

学校	固定资产/万元	教学科研仪器设备				图书藏存量/万册
		合计		其中 40 万元以上		
		数量/件	金额/万元	数量/件	金额/万元	
北京大学	1 049 471	183 899	426 506	961	135 617	982
浙江大学	955 381	190 943	432 355	1 013	110 020	671
武汉大学	511 503	142 919	225 450	433	46 797	687

续表

学校	固定资产/万元	教学科研仪器设备				图书藏存量/万册
		合计		其中 40 万元以上		
		数量/件	金额/万元	数量/件	金额/万元	
南京大学	487 299	118 933	240 565	658	79 554	602
吉林大学	802 205	141 710	257 613	488	59 577	701
四川大学	590 314	108 648	179 958	432	46 077	766
天津大学	347 283	75 251	154 057	395	42 842	234
山东大学	731 154	127 448	245 617	478	55 527	597
兰州大学	322 363	—	—	—	—	344
湖南大学	302 141	62 343	90 979	181	19 365	321
郑州大学	381 802	—	134 464	—	—	500

由表5-14可见，在固定资产上，数量最多的是北京大学，达到了105亿元左右；其次是浙江大学，约为96亿元；再次是吉林大学，超过了80亿元。固定资产数量相对较少的三所高校是湖南大学、兰州大学和天津大学，分别约为30亿元、32亿元和35亿元。郑州大学位居倒数第四，为38亿多元。就教学科研仪器设备而言，金额最多的是浙江大学，为43亿多元；北京大学位居其次，约为43亿元；位居第三的是吉林大学，约为26亿元。与此相对，教学科研仪器设备金额较少的三所高校是湖南大学、郑州大学和天津大学，分别约为9亿元、13亿元和15亿元。就图书藏存量来看，数量最多的依然是北京大学，为982万册；其次是四川大学，为766万册；再次是吉林大学，为701万册。与此相对，图书藏存量最少的三所高校则是天津大学、湖南大学和兰州大学，分别为234万册，321万册和344万册。郑州大学的藏书量位居倒数第四，为500万册。整体来看，郑州大学在各种固定资产的数量上处于这11所高校中的较低水平。

上述的校舍面积和固定资产等数据均是就各高校的绝对数量而言的，只能大致反映一所学校在该方面的状况，要更深入地了解一所学校的办学条件，还要看其生均资源拥有量如何。因为同样的办学资源，不同学校因招生的数量不同，可能使学生在实际资源享用量上存在很大差异。为此，笔者对与教学质量直接相关的一些指标进行了统计（表5-11）。

由前面的表5-11可知，各高校在实际生均资源占有量上存在很大差别。

就生均教育经费收入而言，收入最多的高校是浙江大学，为23.36万元；其次是北京大学，为21.76万元；再次是南京大学，为12.98万元。生均教育经费收入较少的三所高校则是郑州大学、湖南大学和兰州大学，分别是4.37万元、6.44万元和6.56万元。郑州大学的生均事业经费数量最少，仅为4.37万元，仅仅是浙江大学或北京大学的1/5左右。

就生均教育经费支出而言，其情况与生均教育经费收入相似。生均教育经费支出最多的是北京大学，为21.81万元，其次是浙江大学，为15.20万元，再次是南京大学，为11.93万元。与此相对，生均教育经费支出较少的三所高校是郑州大学、兰州大学和湖南大学，分别是4.31万元、5.64万元和6.01万元。郑州大学是其中生均教育经费支出最少的一所高校，还不到北京大学的1/5，约为浙江大学的1/4。

生师比也是衡量生均教育资源丰富与否的一个重要指标。生师比越大，说明一个教师面对的学生越多，教师资源就越缺乏。就各高校的学生和教师的比例而言，比例最低的高校是天津大学，为12.45∶1；其次是北京大学，为13.01∶1；再次是四川大学，为14.11∶1。生师比越小，说明相同的学生数量，教师数量就越多，教学质量也就越有保障。由此说明，上述三所高校学生的生均教师资源相对更加丰富。相反，较大的生师比就意味着教师资源的相对缺乏。由表5-11可知，生师比较大的三所高校是郑州大学、湖南大学和武汉大学，其生师比分别为21.43∶1、18.73∶1和17.03∶1。郑州大学以21.73∶1的比值位居生师比的首位，远高于国家规定的18.00∶1的标准，这说明郑州大学在专任教师的数量上还有较大缺口。

就生均占地面积而言，生均占地面积较大的是天津大学、兰州大学和吉林大学，分别为135.18平方米、127.53平方米和89.02平方米；生均占地面积较小的三所高校是湖南大学、浙江大学和郑州大学，分别为13.69平方米、50.72平方米和52.23平方米。生均占地面积较小的三所高校在该数值上均没达到国家标准规定的生均占地面积54平方米的标准。郑州大学的每个学生平均低于国家规定标准1.77平方米。

就生均宿舍面积而言，面积较大的是南京大学、浙江大学和北京大学，分别为13.76平方米、12.02平方米和9.82平方米；面积较小的高校是湖南大学、郑州大学和天津大学，分别为0.35平方米、6.00平方米和7.93平方米。在这方面，湖南大学和郑州大学均没有达到国家规定的6.5平方米的标准。

就生均教学行政用房面积而言，面积较大的三所高校是南京大学、浙江大学和北京大学，其数值分别为25.10平方米、23.25平方米和21.52平方米；而较小的三所高校则是湖南大学、郑州大学和武汉大学，分别为4.97平方米、13.79平方米和14.39平方米。湖南大学和郑州大学均低于国家规定的14平方米的标准。

就生均图书数量而言，较多的三所高校是北京大学、南京大学和浙江大学，分别约为237册、192册和137册；较少的三所高校则是郑州大学、天津大学和湖南大学，分别约为57册、76册和91册。如按照国家规定的生均图书100本的标准，郑州大学、天津大学和湖南大学在该方面均未达到标准。

就生均仪器设备值而言，数值较大的三所高校是北京大学、浙江大学和南京大学，分别是10.27万元、8.83万元和7.68万元；较小的三所高校是郑州大学、湖南大学和四川大学，分别是1.53万元、2.58万元和2.92万元。郑州大学虽然达到了国家规定的生均0.5万元的标准，但在这些高校中数量最低。

由此来看，在所列的8项指标中，郑州大学有5项未达到国家规定的标准，达标的一项在数值上也相对较低。这表明，郑州大学的底子较为薄弱，在各种生均资源上和一流高校均存在很大差距。要实现更高的发展目标，成为更具实力的高水平大学，郑州大学理应扩大财政投资规模、加大专任教师的引进力度、加强楼堂馆所建设、完善教学仪器设备、丰富图书藏存数量。

（四）其他无形资源

前面分析了各高校所拥有的与人才培养有关的有形资源的占有情

况，其实还有一些与人才培养质量紧密相关但却不可直观呈现的无形资源，如重点学科数量、重点实验室等，笔者也对这11所高校的相关数据进行了收集和整理。因为有些高校的数据难以全面查询，表5-15中汇总的数据可能有缺漏。

表 5-15　2014 年 11 所大学教学资源拥有量　　单位：个

学校	本科专业	硕士学位一级学科授权点	博士学位一级学科授权点	博士后流动站	一级学科国家重点学科	二级学科国家重点学科	国家重点实验室	国家工程研究中心
北京大学	121	50	48	47	18	25	11	2
浙江大学	129	72	58	54	14	21	10	6
武汉大学	122	58	43	42	5	17	5	2
南京大学	87	47	39	38	8	13	7	1
吉林大学	129	60	44	42	4	15	5	1
四川大学	133	66	44	37	5	24	4	2
天津大学	61	35	27	23	7	8	4	1
山东大学	117	56	41	41	2	14	2	3
兰州大学	91	44	19	19	0	8	2	0
湖南大学	65	41	25	25	2	4	2	2
郑州大学	108	55	21	24	0	2	0	1

由表5-15可见，各高校在各种无形教育资源上也存在差距。就本科专业而言，招生专业数量最多的是四川大学，为133个；其次是吉林大学和浙江大学，均为129个。招生专业数量较少的三所高校是天津大学、湖南大学和南京大学，其数量分别是61个、65个和87个。郑州大学的本科专业数量是108个，处于中等水平。就硕士学位一级学科授权点而言，数量最多的高校是浙江大学，为72个；其次是四川大学，为66个；再次是吉林大学，为60个。与此相对，硕士学位一级学科授权点较少的三所高校是天津大学、湖南大学和兰州大学，分别是35个、41个和44个。郑州大学的硕士学位一级学科授权点为55个，在这11所高校中处于中等水平。就博士学位一级学科授权点而言，数量最多的是浙江大学，为58个；其

次是北京大学，为48个；再次是四川大学和吉林大学，均为44个。较少的三所高校是兰州大学、郑州大学和湖南大学，其数量分别为19个、21个和25个。就博士后流动站数量而言，其分布形态与博士学位授权点类似，较多的几个高校分别是浙江大学、北京大学和武汉大学、吉林大学等；较少的三所高校则是兰州大学、天津大学和郑州大学，其数量分别为19个、23个和24个。就国家重点学科数量而言，一级学科重点学科数量较多的是北京大学、浙江大学和南京大学，二级学科重点学科较多的是北京大学、四川大学和浙江大学。与此相对，一级学科重点学科数量较少的高校则是郑州大学和兰州大学，二级学科重点学科最少的高校也是郑州大学。郑州大学无论是在一级国家重点学科上，还是在二级国家重点学科上，其数量均处于末位。国家重点实验室和国家工程研究中心的数量也大致呈类似的分布形态。整体来看，越是优秀的高校，其所拥有的高级教学资源就越多；越是薄弱的高校，其在高级教学资源上所占有的数量就越少。如何利用自己的优势教育资源，是相关管理者所应思考的问题。

三、基本成就

由以上对各高校教育资源的分析可见，各高校在教育资源拥有的数量和质量上均存在较大差别。高水平大学不仅一般教育资源拥有的数量较大，高级教育资源拥有的数量也处于领先地位。但资源只是工具性的，其目的是为学校的教学和科研服务，是为培养人才服务。一所学校的质量，不仅要看其拥有的资源数量，更要看其产出的成果如何，如人才培养状况、科研成果数量、社会服务水平等。为此，本部分将从人才培养、科研成果和社会服务三个方面来对各高校的基本成果进行一个简单的对比和分析，看看各高校在2014年取得的基本成就如何。

1. 人才培养

人才培养是任何一个教育单位的基本职责，其人才培养的质量和数量是衡量其完成本职工作水平的重要指标。那么，这11所高校在人才培养上的效果如何？笔者对这11所高校2014年的毕业生的分布状况进行了统计（表5-16）。

表 5-16　2014 年 11 所大学毕业生分布状况　　单位：人

学校	总计	博士生			硕士生			本科生		
		小计	国内	国外	小计	国内	国外	小计	国内	国外
北京大学	10 220	1 743	1 713	30	4 895	4 660	235	3 582	3 275	307
浙江大学	11 483	1 533	1 498	35	4 465	4 348	117	5 485	5 283	202
武汉大学	12 180	1 536	1 515	21	2 816	2 764	52	7 828	7 647	181
南京大学	7 613	869	856	13	3 228	3 124	104	3 516	3 444	72
吉林大学	17 299	1 321	1 272	49	6 070	5 970	100	9 908	9 759	149
四川大学	16 200	1 034	1 027	7	5 236	5 199	37	9 930	9 848	82
天津大学	7 712	540	538	2	3 379	3 356	23	3 793	3 771	22
山东大学	14 918	771	766	5	4 032	3 925	107	10 115	9 996	119
兰州大学	7 917	405	405	0	2 809	2 747	62	4 703	4 667	36
湖南大学	9 670	420	413	7	4 513	4 480	33	4 737	4 732	5
郑州大学	14 840	80	78	2	3 090	3 063	27	11 670	11 607	63

注：国内部分是指该校毕业的国内学生，国外部分是指该校毕业的各层次国外留学生。

由表5-16可见，就人才培养总数，即毕业生数量而言，人数最多的是吉林大学，为17 299人；其次是四川大学，为16 200人；再次是山东大学，为14 918人。郑州大学位居第四，为14 840人。与此相对，毕业生人数较少的三所高校是南京大学、天津大学和兰州大学，其毕业生人数分别为7613人、7712人和7917人。这里的毕业生总数包含了本科生、硕士生和博士生，各高校在这三种人才的培养数量上是有差别的，有的偏重于本科层次人才的培养，有的更侧重于研究生人才的培养。整体来看，培养博士生数量较多的三所高校是北京大学、武汉大学和浙江大学，分别是1743人、1536人和1533人；较少的三所高校则是郑州大学、兰州大学和湖南大学，分别是80人、405人和420人。郑州大学博士生培养数量不及北京大学的1/20，同时，也不及博士生培养数量次少的兰州大学的1/5，高层次人才培养数量之少与其他高校的差距甚大。就硕士层次的人才培养而言，培养数量较多的三所高校是吉林大学、四川大学和北京大学，其毕业生数量分别是6070人、5236人和4895人；数量较少的三所高校则是兰州大学、武汉大学和郑州大学，其毕业生数量分别是2809人、2816人和3090人。但本科毕业生的情况却另有不同，毕业生数量较多的三所高校是郑州大学、山东大学和四川大学，分别是11 670人、10 115

人和9930人。与此相对，本科生毕业数量较少的三所高校则是南京大学、北京大学和天津大学，其毕业生数量分别是3516人、3582人和3793人。

同时，通过对表5-16的数据进行对比，我们也可以发现，这些高校在人才培养的层次上还是有差异的。有些高校的人才培养重心已逐渐转移到研究生层面的高层次人才培养上，尤其是博士生的培养，如北京大学、浙江大学和南京大学等；有些高校的人才培养还是侧重于本科生，如郑州大学和山东大学等，尤其是郑州大学，其博士生招生数量不及本科生招生数量的0.7%，不足1%的博士/本科招生比例在这些高校中可谓绝无仅有的。因此，如何尽快提高人才培养的层次，尤其增加博士研究生人才的培养数量是郑州大学急需重视的问题。

2. 科研成果

科学研究也是高校的一项重要职能。科研水平的高低不仅直接影响高校对社会发展产生的作用，还会对学校的教学和管理产生多方面的影响，为此，许多大学尤其是一些研究型大学十分重视科研水平的提升。科研水平多通过科研成果来体现，如学术论文数量、课题数量、科研经费多少等。为准确了解这11所高校的科研状况，笔者对相关数据进行了汇总。具体而言，理工科的科研成果重在统计主要课题和主要科研论文，如“国自科”项目、“973”项目、“863”项目以及 SCIE 和 EI 论文等，详见表5-17；人文社会科学类项目主要统计“国社科”项目、教育部哲学社会科学研究重大课题攻关项目（简称“教育部哲社重大项目”）以及 SSCI 和 CSSCI 论文等，详见表5-18。

根据表5-17的内容可见，各高校的科研成果首先体现在主要科研项目上。在这11所高校中，主要科研项目数量最多的是浙江大学，为680项；其次是北京大学，为527项；再次是山东大学，为366项。与此相对，主要科研项目较少的三所高校则是湖南大学、郑州大学和兰州大学，分别是128项、137项和170项。如果再考虑到主要项目中的质量差别，如重点项目，各高校的科研差距就更加明显。就重点项目而言，数量最多的是北京大学，为37项；其次是浙江大学，为31项；再次是南京大学，为17项。数量较少的三所高校则是郑州大学、湖南大学和吉林大学，分别

表 5-17　2014 年 11 所大学主要科研成果（理工类）

学校	主要科研项目/项							主要期刊发文/人次		
	总计	重点项目			国自科项目					
		小计	“863”	“973”	国自科重点	面上	青年	小计	SCIE	EI
北京大学	527	37	7	9	21	341	149	9 690	6 601	3 089
浙江大学	680	31	6	7	18	400	249	17 119	7 846	9 273
武汉大学	322	15	2	2	11	170	137	14 290	3 366	10 924
南京大学	296	17	5	5	7	175	104	18 733	4 494	14 279
吉林大学	298	6	0	0	6	152	140	8 588	4 235	4 353
四川大学	358	8	0	0	8	180	170	9 591	4 643	4 948
天津大学	258	14	4	4	6	150	94	10 385	3 068	7 317
山东大学	366	7	0	0	7	207	152	10 691	4 564	6 127
兰州大学	170	9	2	2	5	84	77	5 268	2 162	3 106
湖南大学	128	2	0	0	2	69	57	6 558	1 710	4 848
郑州大学	137	1	0	0	1	59	77	4 255	1 794	2 461

注：SCIE 和 EI 发文人次只计算期刊发文人次，其他不计。

表 5-18 2014 年 11 所大学主要科研成果（人文社会科学类）

学校	主要科研项目/项							主要期刊发文	
	总计	重点项目				一般项目		SSCI/人次	CSSCI/篇
		小计	国社科重大	国社科重点	教育部哲社重大	国社科一般	教育部人文社科		
北京大学	57	17	7	9	1	29	11	470	2 800
浙江大学	76	22	9	11	2	31	23	301	1 397
武汉大学	74	18	7	5	6	32	24	193	2 465
南京大学	51	20	9	11	0	22	9	170	2 778
吉林大学	58	3	1	2	0	38	17	44	1 979
四川大学	53	8	3	5	0	32	13	160	1 421
天津大学	19	5	3	1	1	5	9	97	548
山东大学	70	8	2	6	0	38	24	122	1 585
兰州大学	35	4	1	3	0	23	8	40	664
湖南大学	19	3	1	2	0	10	6	60	777
郑州大学	34	6	0	6	0	19	9	21	491

注：国社科一般项目包括一般项目、青年项目、西部项目；SSCI 只计算期刊论文

为1项、2项和6项。并且，越高端的项目这种差别就越明显，如“973”项目和“863”项目等。

就论文发表数量来看，其大致格局与科研项目类似。在这11所高校中，SCIE 和 EI 发文人次较多的三所高校是南京大学、浙江大学和武汉大学，分别是18 733人次、17 119人次和14 290人次；较少的三所高校则是郑州大学、兰州大学和湖南大学，分别是4255人次、5268人次和6558人次。当然，因学校特色不同，其 SCIE 和 EI 发文人次也略有不同。如 SCIE 发文人次较多的三所高校是浙江大学、北京大学和四川大学，分别为7846人次、6601人次和4643人次。而 EI 发文人次较多的三所高校则是南京大学、武汉大学和浙江大学，分别为14 297人次、10 924人次和9273人次。尽管如此，但强弱格局仍旧相似，科研项目较弱的高校在发文量上仍然与其他高校存在较大差距。例如，在 SCIE 发文中，发文人次较少的三所高校是湖南大学、郑州大学和兰州大学，EI 发文人次较少的依然是郑州大学、湖南大学等。在自然学科的科学研究成果中，这种一强俱强、一弱俱弱的局面值得反思。但人文社会学科情况也是这样的吗？通过对表5-18中数据的观察便不难得出结论。

由表5-18可知，各高校在人文社会学科科研成果上的差别首先体现在主要科研项目上。在这11所高校中，主要科研项目总量最多的是浙江大学，为76项；其次是武汉大学，为74项；再次是山东大学，为70项。主要科研项目总量较少的三所高校是湖南大学、天津大学和郑州大学，分别为19项、19项和34项。“国社科”重大项目等重点项目的分布状况与此略有差别，数量最多的是浙江大学，为22项；其次是南京大学，为20项；再次是武汉大学，为18项。重点项目数量较少的三所高校是湖南大学、吉林大学和兰州大学，分别为3项、3项和4项。郑州大学处于中等偏下的位置，主要是缺乏国社科重大项目和教育部哲社重大项目。

在论文发表数量上，各高校的差距更为明显。就 SSCI 发文而言，发文人次最多的是北京大学，为470人次；其次是浙江大学，为301人次；再次是武汉大学，为193人次。SSCI 发文人次较少的三所高校则是郑州大学、兰州大学和吉林大学，分别为21人次、40人次和44人次。就 CSSCI

发文状况来看，发文数量最多的是北京大学，为2800篇；其次是南京大学，为2778篇；再次是武汉大学，为2465篇。CSSCI 发文数量较少的三所高校则是郑州大学、天津大学和兰州大学，分别为491篇、548篇和664篇。郑州大学的 CSSCI 发文量不足北京大学的1/5，SSCI 发文人次不足北京大学的1/20，高质量科研论文的差距可见一斑。当然，高质量科研论文的差距反映的是各学校在高质量科学研究成果上的差距，要提高郑州大学的科研质量和水平，无论是研究者还是管理者都有很大的努力空间。

3. 社会服务

社会服务也是现代大学的一个重要职能。服务数量和服务成就的高低往往也是判断一所大学产出成果的重要指标。但高校服务于社会发展又有不同于其他行业的特点，它通常是通过提出建议、设计方案、转让技术等形式来实现的，因此，这些指标也常常成为衡量大学服务社会发展水平的重要内容。这11所高校在服务社会发展中的具体情况如何？笔者也汇总了相关信息（表5-19）。

在高校服务社会中，文科专业和理科专业服务于社会发展的形式并不完全相同。文科专业多通过研究报告或咨询报告的形式来体现，当然，也有一些是以社会奖励的形式来体现；而理科专业则是以专利授权为主，也有科研成果奖励或社会咨询等其他形式。考虑到资料的可获得性和代表性，这里主要选取了文科类的研究与咨询报告和科研成果获奖，理科类的知识产权与专利和科研成果获奖这些指标来加以统计，以便对各高校的社会服务能力做一个简要的揭示。

根据表5-19中的数据可见，在人文社会科学专业中，研究与咨询报告被采纳篇数最多的高校是武汉大学，为287项；其次是浙江大学，为96项；再次是吉林大学，为82项。当然，被采纳篇数较少的高校也是有的，如天津大学和湖南大学在该方面处于空白状态。就科研成果获奖而言，这些高校在2014年都没有获得国家级的奖项，少数学校获得了一些部级的奖项，多数学校获得的是一些省级奖项。就获奖总数而言，获奖最多的是吉林大学，为99项；其次是南京大学，为73项；再次是浙江大学，为61项。不过，获奖总数最少的高校则是0项。郑州大学在这些方面均处于中间位置。

表 5-19　2014 年 11 所大学社会服务情况

学校	人文社会科学						自然科学							
	研究与咨询报告/篇		科研成果获奖/个				知识产权与专利/件				科研成果获奖/个			
	小计	被采纳	小计	国家级	部级	省级	申请数	授权数	出售数	其他类	小计	国家级	部级	省级
北京大学	55	8	27	0	0	27	550	385	26	62	18	3	15	0
浙江大学	228	96	61	0	1	60	3 003	2 080	3	236	102	13	17	72
武汉大学	426	287	14	0	3	11	1 038	572	36	207	73	4	28	41
南京大学	89	78	73	0	1	72	768	352	12	44	23	2	12	9
吉林大学	82	82	99	0	1	98	1 418	904	8	108	51	3	5	43
四川大学	47	39	57	0	0	57	968	643	32	0	38	3	9	26
天津大学	0	0	0	0	0	0	1 903	864	50	0	5	3	2	0
山东大学	23	13	33	0	0	33	1 145	810	26	0	49	3	12	34
兰州大学	21	10	0	0	0	0	110	172	5	69	22	1	11	0
湖南大学	0	0	0	0	0	0	531	291	3	0	16	2	4	10
郑州大学	38	38	36	0	0	36	353	248	8	0	42	2	40[a]	

a. 40 是郑州大学部级和省级获奖总和。

注：自然科学国家级成果奖是指国家自然科学奖、国家技术发明奖和国家科技进步奖。

自然学科的社会服务主要表现为知识产权与专利的批准和出售上，其出售的产权或专利越多，说明其为社会服务的能力就越大。就表5-19中的信息来看，2014年，知识产权授权最多的高校是浙江大学，为2080项；其次是吉林大学，为904项；再次是天津大学，为864项。知识产权授权较少的三所高校则是兰州大学、郑州大学和湖南大学。专利获得授权只说明了管理部门对该专利的认可，其在社会上的实际效果如何，还要看专利的出售数量。就专利的出售数量来看，出售数量最多的高校是天津大学，为50项；其次是武汉大学，为36项；再次是四川大学，为32项。出售数量较少的三所高校则是湖南大学、浙江大学和兰州大学。郑州大学出售的专利数量较少，仅为8项。科研成果获奖也是衡量科学研究对社会发展产生贡献的一个重要指标，它表明了相关部门对有关科研成果社会价值的一种认同和肯定。就各高校的科研成果获奖而言，获奖最多的高校是浙江大学，为102项；其次是武汉大学，为73项；再次是吉林大学，为51项。科研成果获奖较少的三所高校则是天津大学、湖南大学和北京大学。当然，这只是就获奖的总数而言的，具体到获奖的质量，则另有不同。获国家级奖励最多的高校是浙江大学，为13项；其次是武汉大学，为4项；并有多个单位获得了3项。就部级成果的获奖而言，获奖数量最多的是武汉大学，为28项；其次是浙江大学，为17项；再次是北京大学，为15项。部级成果获奖数量较少的三所高校则是天津大学、湖南大学和吉林大学，分别是2项、4项和5项。郑州大学在获奖方面的表现并不突出，其国家级获奖为2项，位居倒数第二，省部级获奖40项的总量在这些高校中处于中间层次，整体上处于较为落后状态。

通过对基本任务、基本条件和基本成就三个方面的比较可以看出，郑州大学的一个基本特点就是大而不强。所谓“大”就是在校生规模大、招生规模大；所谓“不强”就是高层次人才培养不强、高质量师资力量不强、高质量科研成果不强、基本条件设施不强等。郑州大学的“大”主要指其在校生规模大，69 644人的在校生规模比吉林大学还要多出近4000人，郑州大学的“大”还指其招生规模大，而招生规模又主要指本科生招生规模，2014年，其本科生招生13 442人，比吉林大学还要多出3000多人。有人说郑州大学的大也包括占地面积大，这是值得商榷的。

郑州大学占地面积为385万平方米，在诸高校中仅处于中等水平，要比吉林大学的611万平方米小得多，也要小于四川大学和天津大学等高校，与兰州大学的398万平方米相近。郑州大学的“不强”，首先体现在人才培养层次上。其13 000多人的年招生数量，74.33%的是本科生，是这11所高校中占比最高的，而博士生的招生比例仅为1.31%，又是这11所高校中占比最低的。这说明郑州大学在高层次人才的培养数量上和其他高校还有较大的差距，在人才培养上大而不强。其次体现在师资力量上。郑州大学专任教师达3734人，数量较大，但相对于国家标准，其专任教师数量仍有限（生师比高于国家标准），而且教师质量也有待提高，如拥有高级职称的教师比例较低、拥有博士学位的教师数量少、高级人才稀缺等。与其他高校相比，其师资力量的确不强。再次体现在科研成果上，无论是高质量的论文、高质量的课题，还是高质量的科研奖励均较为有限，与其他高校存在很大的差距。最后体现在教学条件和设施上，如生均教育经费收入较少，生均占地面积、生均宿舍面积以及生均教学行政用房面积均未达到国家规定的标准，存在着严重的生均教学资源紧缺问题。尽管其资源总量较大，但人均资源较少，正是如此，郑州大学目前的一个显著特点就是大而不强。这个特点也在一定程度反映出郑州大学所面临的发展问题。

第二节　郑州大学建设一流大学存在问题的原因分析

郑州大学之所以形成这种大而不强的特点是有其特定原因的。政治因素、学校自身因素、关键人物以及发展政策等都对这种特点的形成产生了一定影响。

一、政治因素

在影响高等教育发展的诸多因素中，政治因素无疑是一个非常重要的因素。对于那些市场或社会力量对高等教育发展作用有限的国家，政府或政治力量甚至是影响高等教育发展的一个决定性因素。比如，中华人民共和国成立前的高等教育区域格局对中华人民共和国成立后高等教育格局的影响，1952年的高校院系调整对当今我国各类大学发展的影响，以及行政区划上的大区制对当今高教区域中心的影响，等等。郑州大学在其产生和发展过程中，自然也不可避免地会受到政治力量的影响。比如，郑州大学的成立就是政治力量直接影响的结果。郑州大学的成立首先得益于河南省省会于1954年由开封转移至郑州，郑州市在河南省的政治地位有了很大提升。出于郑州市发展的长远考虑和当时河南省高等教育的地域特点，河南省政府才申请创办郑州大学。1956年9月，经国务院批准成立郑州大学，这也是中华人民共和国成立后创办的第一所综合性大学。郑州大学成立时隶属于教育部，后来经河南省申请划归河南省，这主要也是政治因素的作用。1996年，郑州大学进入“211工程”建设高校行列；2000年，原郑州大学、郑州工业大学和河南医科大学合并成立新的郑州大学；2017年，新的郑州大学进入“世界一流大学”建设高校行列；2018年，成为部省合建高校，甚至郑州大学这些年其他方面的发展，也离不开政府力量的推动或影响。在大行政区划存在的时候，由于河南省是中南区的非核心地区，郑州市也不是中南区的区委所在地，河南的高等教育在获得中南区各种资源上都处于不利地位。尽管大行政区制于1953年就已终止，但今天高等教育资源丰富的地区或城市大都是大区制的核心区域或核心城市，可能就是大行政区制带来的深远影响。河南省很多高校在全国的突出表现是“大而不强”。自建校以来，特别是近20多年来，教育部、河南省都高度重视郑州大学的建设和发展，但由于各种原因，郑州大学在争取国家层面的高等教育资源时，往往力不从心。在高层次重大项目、院士、长江学者等高水平人才的获取上，往往落后于其他高校。例如，在A类学科评审、一级学科博士点建设，特别是博士生招生数量、国家重大专项、国家重点实验室、国家级成果奖等方面，还需要国家层面更多的支持和投入。事实也证明，那些部委直属的大学往往有更好、更大的发展成就，如本书所选的10所对比高校，均是教育部直属高校，在教育领域的专业地位和政治地位也是普通高校所无法比拟的，其发展一直得到了国家在政策和财政上的大力支持，这种优势的长期积累直接形成了其发展的决定性优势。因此，郑州大学要获得更大、更好的发展，理应在提高中央政府支持上做出更多的努力，以争取更多资源的支持。

二、学校自身因素

一所学校的发展需要各种因素的共同作用，但其发展的成效可以作为一个整体来进行衡量，如成就的大小、进步的快慢等。有的学校在发展过程中显得较为顺利，短时间内就能发展成为国际知名大学，如香港科技大学；而有的学校则是经过多年的积累才在发展水平上稍有起色；有的学校则抓住了多次发展的关键机遇而一跃成为高校中的佼佼者；更多的学校则是积累加机遇式的稳步发展，逐渐壮大。当然，也有一些学校在发展中错过了多次机遇，以致实力锐减，日趋寂寂无闻。就郑州大学而言，其发展大致属于积累加机遇型。所谓积累，是指郑州大学经过90多年的发展，无论是在物质基础上，还是在人才培养上都有了丰厚的积淀，为今天的地位和以后的发展提供了良好的条件。所谓机遇，是指郑州大学在发展的各个关键环节抓住了机遇，如建校时的院校调整机遇、“211工程”建设的机遇、高校扩招的机遇、高校合并的机遇以及国家高等教育发展的“双一流”建设机遇等。但也不可否认，郑州大学在发展过程中也失去了部分机会，如未能进入“985工程”建设行列。机遇固然重要，但平时的积累性发展也必不可少。有些机遇往往垂青于那些在积累性发展中取得了突出成就的有心者。典型的就是我国的“985工程”和“211工程”建设，能进入其中的无不是基础良好，实力或成就超群者。那些平时不注重积累的高校，一旦面临一些重要的发展机会，只能采取“临时抱佛脚”式的应急举措，其结果也往往是只能错失良机。郑州大学发展到现在尽管已有了很大积累，但根据前面的数据来看，其在某些方面的投入还远远不够，部分设施较为薄弱，积累的成就较为有限，历史发展中的“欠账”较多，一旦遇到一些重大机遇就可能处于被动地位，影响学校的发展。因此，在今后的发展过程中，郑州大学必须重视平时的积累性发展，在日常发展中要有一种紧迫感，要认识到不仅自己在发展，其他学校也在发展，自己的小发展相对于其他学校的大发展就是一种渐进式的退步，只有加大日常发展的力度，以大幅度的日常发展速度来积累学校的发展优势，并为未来的跨越式发展创造机会、做好准备。

三、关键人物

在一些高校的发展过程中，总有一些关键人物起到了决定性的作用。这些关键人物也许是某个学者（其对一所学校某个学科的发展起到开创性作用），也许是一个学院的院长（其为一个学院的发展奠定了长远的基础），也许是一个学校的校长（其为该校的发展做出了宏大规划），也许是一个校友（其为学校的发展起到了巨大的推动作用），也许是一个其他社会人士（其对学校发展提供的有益建议或帮助）等。社会人士对高校发展的影响有很多例子，如约翰·哈佛与哈佛大学的发展、利兰·斯坦福夫妇与斯坦福大学的发展、洛克菲勒与芝加哥大学的发展、张伯苓与南开大学的发展、盛宣怀与上海交通大学的发展等。校友对学校发展产生的影响，可以体现在学校捐赠、学校管理以及学科影响力等多个方面，最常提及的就是校友捐款，如约翰·保尔森为哈佛大学捐款4亿美元[①]，多恩·西佛向南加州大学捐款2亿美元[②]，熊新翔为电子科技大学捐款10.3亿元[③]，黄怒波为北京大学捐款10.24亿元[④]，杨休为南京大学捐款4亿元等[⑤]。这些捐款为学校的发展提供了必不可少的经济支持。当然，也有反面的例子，有的高校因得罪一个校友而走向了衰落，如威廉·玛丽学院等。一个校长对一所学校的发展具有巨大影响，如艾略特与哈佛大学的发展、哈珀与芝加哥大学的发展、蔡元培与北京大学的发展以及梅贻琦与清华大学的发展等。一个学院的院长对该学院或学科发

---

① 徐超．“华尔街空神”回馈母校 哈佛大学获捐 4 亿美元[EB/OL].（2015-06-06）[2019-03-24]. http://www.xinhuanet.com/world/2015-06/06/c_127883432.htm.

② 王忠会．美南加州大学一校友向母校捐赠 2 亿美元[EB/OL].（2011-03-10）[2019-03-24]. http://www.chinanews.com/gj/2011/03-10/2895550.shtml.

③ 李寰．10.3 亿!电子科大获史上单笔最大校友捐款[EB/OL].（2016-09-22）[2019-03-24]. http://news.ifeng.com/a/20160922/50006571_0.shtml.

④ 杨轩，熊旭．2018 中国大学校友捐赠排行榜，中国人民大学全国第三[EB/OL].（2017-12-27）[2019-03-24]. http://edu.people.com.cn/n1/2017/1227/c9320-29732103.html.

⑤ 孙怡雯．江苏 6 人上《2013 胡润慈善榜》[EB/OL].（2013-04-11）[2019-03-24]. http://news.ifeng.com/gundong/detail_2013_04/11/24088561_0.shtml.

展的影响，如雷伯特·贝利之于康奈尔大学农学院的发展、罗素对哥伦比亚大学教师学院发展的影响、叶企孙对清华大学物理学院发展的影响等。教师对学校尤其是对学校中某一学科发展的影响更是常见，得一人该学科则兴，失一人该学科则衰的例子在高等教育发展史中不胜枚举。具体到郑州大学而言，许多人为其发展做出了巨大的贡献。无论是其成立，还是发展，无论是“211工程”建设，还是原郑州大学、郑州工业大学、河南医科大学的合并，都凝聚着众多领导、校友、管理人员和广大师生的心血。没有他们，便没有郑州大学的今天。但美中不足的是，对郑州大学发展，尤其是对其跨越式发展产生重要影响的人物有限。就目前来看，无论是一流的教师，还是一流的学者，以及杰出的校友，郑州大学都较为缺乏。要谋取郑州大学更长远的发展，还需要更多的优秀管理者、优秀教师和优秀学生的共同努力，更需要重要社会人士和广大校友的关心和支持。

四、发展政策

在我国，高校是一种事业单位，又是一个个相对独立的利益综合体。各高校在确定自己的发展策略时，既要考虑国家相关法规的限制，又要选择适当的方式以实现自己发展利益的最大化。这就要求一些高校在制定发展策略时，既要认清时势，充分理会管理部门的发展精神，又要用足政策，充分发挥地方和本校的积极性，多方面协同共进，共同发展。例如，在高校扩招过程中，一些学校没有抓住扩招的机会，在学校发展规模上没有获得很大突破，此后的校区建设和学科建设自然也就相对落后，以致在后来的发展过程中总处于被动状态。再如20世纪末的高校合并潮，一些学校抓住机会，或强强联合或强弱联合，使学校在办学层次、生源质量和学科建设等方面上有了很大的提高；有的学校则没能利用此次机会，在原有的基础上缓慢发展，以致渐渐落后。在新一轮的“双一流”建设中也存在类似的情况。很多政府和学校都看到了“双一流”建设对今后本区域高等教育发展或本校发展的巨大影响，但采取的措施大有不同，其结果也大有差异。如针对“双一流”建设，各地区均加大了政策支持力度，投入大量财政资金以确保本地区有更多的高校进入“双一流”建设高校行列。但各地区的政策支持力度并不相同，就预期资金投入数量即可见端倪。山东省和广东省投入50亿元进行“双一流”建设，福建省投入80亿元（每年16亿元）进行“双一流”建设，投资力度之大可见一斑。反观河南省，预计10年投资30亿元进行“双一流”建设，尽管重视，但在投资力度上可谓乏力：10年投资30亿元，年均3亿元，不及河北省的年均5亿元，更不及福建的年均16亿元，总量上则不及山东、广东、江苏、北京、上海等。再考虑到河南省高等教育基础弱，优质高校少的现实状况，这种投资力度很难实现河南省高等教育在“双一流”建设中的超越式发展。“双一流”评审的结果已对此做出了最有力的说明：河南仅有两所高校进入了国家“双一流”建设高校行列，即郑州大学进入世界一流大学建设高校行列，河南大学进入世界一流学科建设高校行列。与此相对的是，北京进入“双一流”建设高校行列的高校有34所，江苏有15所，上海有14所，四川和陕西各有8所，湖北有7所，天津有6所，广东和湖南各有5所，辽宁和黑龙江各有4所，吉林、浙江、安徽和山东各有3所、福建、重庆、河南和新疆各有2所。就进入“世界一流大学”行列的高校来看，北京有8所，上海有4所，陕西和湖南各有3所，天津、辽宁、江苏、山东、湖北、广东和四川各有2所，河南仅为1所，即郑州大学，且为 B 类。尽管河南省在此次的发展机遇中获得了不小的成绩，但如果在政策上有更大的支持力度，也许会有更多的收获。因此，无论是郑州大学还是河南省，在进行“双一流”建设的过程中，均应主动借鉴其他高校在“211工程”和“985工程”等项目建设中的经验和教训，采取适当的措施，扬长补短，加大投资力度，以超常规的方式和投入实现此次建设的跨越式发展，为高校以后的发展积累优势，打下基础，尽量避免那种有行动但乏力度的行动模式。

第三节　郑州大学建设高水平大学的建议

我们知道，一所高校的发展是多种因素共同作用的结果。其中，有些是推动学校发展的积极因素，而有些是阻碍学校发展的消极因素。在高校发展的过程中，管理者要做的就是主动利用积极因素，适当改变或消除消极因素，以促进学校的发展。对于那些无法改变或消除的消极因素，也应对之密切关注，注意其不良影响的变化趋向，做好预期准备，减少其消极作用。概而言之，就郑州大学而言，可以从下几个方面来谋划未来的发展。

一、立德树人，提高培养质量

人才培养是高校的首要任务。人才的培养质量不仅关系到学校的现在，也关系到学校的未来。所谓关系到学校的现在，是说无论是院校质量评价还是学科发展评估，教学质量始终是一个重要指标，其质量的高低直接关系到对学校目前的评价和学校所处的地位。所谓关系到学校的未来，是说学校的毕业生将会对学校的声誉产生影响，他们还会以校友或其他社会人士的身份来影响学校的将来。因此，人才培养，即教学质量是高校发展的生命线，应采取多种方法来丰富教学活动，提高教学质量。在笔者看来，建设一流大学，要把本科生的师生比降低到1：5左右。要根据人才培养过程中出现的问题，及时分析原因，不断调整专业培养方案，更新教学内容，减少课程之间交叉重复的内容，提高专业教学的效率和质量，使学生更快更好地成才。在教学人员的安排上，要做到专业对口，用其所长，并把岗前培训和在岗提高相结合，适当控制每一个教师的任课门数和课时数量，让教师专攻某一学科教学，教精教细，做出精品课堂。山东大学规定，年均教学型教师不少于256个标准课时，教学科研型教师不少于48个标准课时，科研型教师不少于16个标准课时。[①]这种做法值得郑州大学借鉴。在教学组织形式上，可以像北京大学那样，减少必修课的数量或学分要求，增加选修课的数量，推进院系课程共享，鼓励专业课实施小班教学，鼓励学生攻读第二学位或实行双学位制度，等等。在教学内容上，应做到理论和实践相结合，针对各专业的现实需要，适当扩大专业的实践教学内容，使教学课程设置实现准职业化。当然，仅

① 山东大学“四个体系”提升本科教学质量[EB/OL].（2017-07-18）[2019-03-24]. http://www.moe.gov.cn/jyb_xwfb/s6192/s133/s194/201707/t20170720_309712.html.

有这些还是不够的，还应在制度上对教师的教学努力进行相应的肯定或奖励。例如，四川大学于2014年设立“卓越教学奖”，其中特等奖1人，奖100万元；一等奖1人，奖50万元；二等奖1人，奖30万元；三等奖1人，奖10万元。2015年，四川大学设立“星火校友奖教金”，其中一等奖2人，30万元/人；二等奖14人，10万元/人。“五粮春青年教师优秀教学奖”，获奖者为5万元/人。①浙江大学也于2012年设立“心平奖教基金”，对“心平杰出教学贡献奖”获得者每人奖励100万元，“心平教学贡献奖”获得者每人奖励10万元，“心平教学贡献提名奖”获得者每人奖励1万元。其都是为了重奖那些长期潜心本科教学、真正实施精英教育、教学成果突出②的一线教师。通过完善人才培养方案、更新教学内容、加强学风考风建设，调整专业设置以及提高毕业标准等方面的努力，相信郑州大学的教学质量必将有一个新的提升。如果每年1万多名毕业生因在郑州大学接受几年的教育而走向成功，成为社会需要的栋梁人才，这就是郑州大学对经济社会发展的最大贡献，是郑州大学最大的成功，也是学校未来发展最强大的后盾。立德树人还有两支重要的力量往往被忽视，就是学生辅导员和心理健康教育专职教师。辅导员是高等学校中从事德育工作、开展大学生思想政治教育的骨干力量，是大学生健康成长的指导者和引路人。按照《普通高等学校辅导员队伍建设规定》的规定，高校专职辅导员总体上按师生比不低于1∶200的比例配备；《高等学校学生心理健康教育指导纲要》规定，心理健康教育专职教师按1∶4000配备。郑州大学目前有本科生约5万人，研究生约2万人，需要约250位专职辅导员，近20位心理健康教育专职教师。目前，郑州大学辅导员和心理健康教育专职教师的人数与规定要求有一定差距，需要选拔高素质、热爱学生工作的本科、硕士、博士毕业生补充到辅导员和心理健康教育师资队伍当中。

① 2018年四川大学第五届“卓越教学奖”、第四届“星火校友奖教金”和第四届“五粮春青年教师优秀教学奖”第一轮评审结果[EB/OL].（2018-11-13）[2019-03-24]. http://news.scu.edu.cn/info/1396/27132.htm.

② 潘怡蒙. 浙江大学首届心平奖教金颁出：8位一线教授获奖 最高奖100万[EB/OL].（2012-09-10）[2019-03-24]. http://www.news.zju.edu.cn/2012/0910/c757a62378/page.htm.

二、服务发展，强化科学研究

科学研究是当代大学的主要职责之一，并对大学发展有着极其重要的意义。科学研究与教学质量紧密相关，较好的科学研究往往能够提高本专业的教学质量，尤其是研究生教育的教学质量。科学研究牵涉学校的学术声誉，知名成果和知名人才往往都是因突出的科研成果才得以形成。科研成果还直接影响学校的社会地位，如人们一直关注的各种高校排行榜，科研成果一直是其中最重要的指标之一，对于一些高校而言，可以说无科研则无排名。就目前的状况来看，郑州大学和其他高校的差距主要就是科研差距，如前面提及的，郑州大学不仅整体科研成果数量少，而且高质量的成果也不多。由于科研成果不多，经费支持的额度也低，郑州大学对高层次人才的吸引力就小。高层次人才数量少又影响到专业设置和人才培养的质量和层次，如研究生招生数量有限，尤其是博士生比例偏低，所以才形成了郑州大学在发展上大而不强的特点。正是如此，科研是郑州大学发展中的薄弱环节，增加获得国家级科研项目的数量和经费增量已迫在眉睫，力争通过努力使学校承担的国家级课题每年超过500项，科研经费达到10亿—20亿元。同时，提高承担各类重大项目的能力，使学校的科研质量上层次，上台阶。最主要的是，应通过各种方法，调动广大师生员工的科研积极性，多出科研成果，尤其是多出高质量的科研成果。例如，提高学业标准，优化教研关系，增加科研激励，科研评价中刚性考核和柔性考核相结合等。在调动教师的科研积极性上，国内外，甚至省内一些高校的做法都值得郑州大学借鉴。对“写在中国大地上的”高水平科研成果进行重奖。湖南大学对发表在《中国社会科学》上的论文，每篇奖励10万元[①]，郑州大学仅为2万元，差距较大。在奖励对象上，不仅应奖励重大成果，也应奖励一些不甚重大但被引率高的成果。2020年2月，《教育部 科技部印发〈关于规范高等学校SCI 论文相关指标使用树立正确评价导向的若干意见〉的通知》发布，该通知提出“要取消直接依据 SCI 论文相关指标对个人和院系的奖励，

---

① 湖南大学社会科学处. 湖南大学科研成果奖励办法（2016 年）[EB/OL].（2016-06-12）[2019-03-24]. http://hdskc.hnu.edu.cn/info/1135/1216.htm.

避免功利导向”①。我们一方面需要将高水平论文写在“中国大地上”，另一方面需要加强国际合作和国际出版。对于正在扩大国际影响力、处于起步阶段的大学而言，在 SCI、SSCI、A&HCI 等来源的高水平期刊上发表论文在激励方面要有具体改进措施，如采取以培育重大、重点项目代奖，从而实现可持续发展的方式，对哲学社会科学进行重点倾斜等。系统地解决对科研成果的激励问题，学校层面需要坚持四个原则：一是等效原则。自然科学和哲学社会科学在科研成果产出效果上，没有优劣、高下之分，在激励内容中应无区分。二是差异原则。在科研成果生产过程中，自然科学一般比哲学社会科学投入多，在激励内容中可有区分。三是平等原则。自然科学和哲学社会科学是“车之两轮、鸟之两翼”，在认识观念上，在实际工作中，在激励办法上，应同等重视。四是一致原则。对于各种类的激励内容（成果奖奖励额度），在同层次上，支持力度应大体一致。同时，学校和学院要做好联动。对在 *Nature*（《自然》）或 *Science*（《科学》）以及其他 SCI、SSCI 一区期刊上发表的论文固然要进行鼓励；对发表在 SCI 二区或 SSCI 收录的所有期刊也要进行支持。只有发挥激励措施的引导作用，扩大支持范围，并加大支持力度，才能真正发挥科研激励制度的功效，让更多教师产出更高水平的科研成果。如果激励的条件太高和手段太少，绝大多数工作者难以达到获得支持的条件，则会失去激励办法应有的意义；对普通成果缺乏支持，可能会使科研工作者失去研究的外部动力，使科研激励政策难以发挥预期的引导作用，也就会偏离了设置科研激励政策的最初动机。因此，在科研政策上，既要重视对重大科研成果的支持，也要重视对普通科研成果的鼓励，真正发挥科研政策的激励功效，以一般成果的积累来实现重要成果的进步，以重要成果的积累来实现重大成果的突破。让所有的科研工作者都可以跳一跳就能摘到“桃子”，让所有的科研工作者都“动起来”“跳起来”，应成为郑州大学科研管理者今后的工作目标之一。

① 教育部，科技部. 教育部 科技部印发《关于规范高等学校 SCI 论文相关指标使用 树立正确评价导向的若干意见》的通知[EB/OL].（2020-02-23）[2020-03-17]. http://www.moe.gov.cn/srcsite/A16/moe_784/202002/t20200223_423334.html.

三、优化环境，加大基础建设

基础设施是一所学校进行高质量教学和科研的物质前提，没有健全的基础设施，要进行优秀的教学和科研几乎是不可能的。很难想象，一个教师如果连属于自己的一个安静的办公场地都没有，怎么可能有心思认真备课，怎么可能凝心聚神地进行科学研究；一个学生如果连一间安静的自习室都没有，怎么可能专心学习，怎么可能来探讨学业或学术问题。就目前状况来看，郑州大学在基础建设上还比较薄弱，和一流高校相比还有一定的差距。就生均占地面积而言，2014年，郑州大学的生均占地面积为52.28平方米,低于国家规定的54平方米,人均欠地面积为1.72平方米，以2014年校本部69 644人的在校生规模计算，占地面积缺少近12万平方米；生均宿舍面积为6平方米，也低于国家标准的6.5平方米，以69 644人的在校生规模来算，其宿舍面积缺少34 822平方米；生均教学行政用房面积为13.79平方米，低于国家规定的14平方米，全校69 644人共缺少14 625.24平方米；就教工生活用房面积而言，郑州大学的单身教工宿舍在样本高校中位列倒数第三。除此之外，高校必备的会议中心等基本设施，郑州大学也较为缺乏，无法提供一些大规模会议所需的专用场地，在一定程度上不利于校内外的学术交流。尽管近几年郑州大学也在基础建设上进行了较多的投入，初步改善了基础设施匮乏的局面，但距离基础设施完备、条件充裕仍有较大距离。因此，相关管理者应认识到郑州大学在基础设施建设上的薄弱和不足之处，依据相关法规标准和行政制度，积极谋划、主动作为，充分利用现有的资源，加大教室、师生宿舍、办公场所、会议场所、实验场地等方面的投资力度，进一步充实和完善各种专业设施和基础设施，为广大师生的教学科研活动提供充裕的条件，也为学校的发展提供充足的空间。

四、重点支持，增加财政投入

由以上的相关内容可知，郑州大学的财政收入还算可观，年超过30亿元的教育经费收入并不算少，甚至在河南省名列前茅。但与省外高校相比，郑州大学的教育经费收入还略显不足：其收入总量不足浙江大学的1/3，不足北京大学的1/2。再考虑到其全国最大的招生规模，收入就显得更加有限。例如，以生均教育经费收入而言，郑州大学的生均教育经费收入仅不到北京大学的1/4，浙江大学的1/5。更令人担忧的是，其他高校的财政投资也大量增加，且提升幅度较大，而郑州大学的财政收入无论是在总量上还是在增加速度上与一些对比院校都有差距。就2017年财政收入预算而言，北京大学为193.45亿元，浙江大学为150.47亿元，武汉大学为87.49亿元，南京大学为66.81亿元，吉林大学为87.96亿元，四川大学为76.25亿元，天津大学为113.49亿元，山东大学为79.9亿元，兰州大学为31.13亿元，湖南大学为40.6亿元。[①]而郑州大学的年收入为30亿元左右，与这些高校中绝大多数高校的差距较大，如果郑州大学不在投入幅度上短时间内有较大提升，必将进一步拉大与其他高校的差距，给学校的发展和质量提升带来一系列的相关问题。例如，由于经费投入不足，基础设施可能投资不到位，较为先进的教学仪器较少，影响教学质量；由于经费投入不到位，优秀的人才难以引进，既有员工的工作积极性难以调动，流动性也比较大；由于经费投入不到位，学校的整体发展质量不高，只能在较低层次徘徊，可能错失一些原本可能利用的机会；等等。其实，重金投入也是世界各国建设高水平大学的不二法门，任何一所一流大学的形成都是大量经费投入的结果，哈佛大学、东京大学以及香港科技大学等世界名校的发展经历均对此做出了最好的说明。就本部分所选的11所高校来看，由财政拨款形成的教育补助收入是各高校资金收入的主要来源，也是各高校形成资金收入差距的主要原因，其比例一般占各高校资金收入的40%—50%，而郑州大学的比例仅为31%。与此相对，郑州大学的教育事业收入占资金来源的31%，是所列高校中占比最高的，其他高校大多在20%左右（表5-10）。因此，要加快郑州大学的发展，应增加财力资源，加大财政投入的力度，尤其是提高教育补助收入在资金来源中的比例，使政府成为高水平大学投资的主力，以一流的财力来营造一流的基础设施，吸引一流的教研人才，产生一流的科研成果。

① 教育部直属高校工作咨询委员会秘书处. 教育部直属高校二〇一四年基本情况统计资料汇编，2018年10月.

五、多措并举，完善人事制度

人才是学校发展的根本。高校之间的竞争在很大程度上是各种人才的竞争，因此，一所学校的人才数量和人才质量将对该学校的发展产生直接影响。许多高校的发展经历证明，得人才则学校发展，失人才则学校没落。为此，加强人才队伍建设，营造数量充裕、质量优良、结构合理的人才队伍是学校人事管理工作的一个重要目标。根据前面的资料分析，郑州大学要加快发展，可在人才或人事管理上进行以下几个方面的尝试。一是加大人才引进力度，扩大教职工规模，提高教职工质量。由前面的相关数据可知，郑州大学的教职工资源还是比较缺乏的，主要表现为不仅非专任教师在教职工中占比较低，甚至生师比还没有达到国家规定的标准。教职工的数量不足，一方面会影响学校管理和服务的水平；另一方面也会影响科研和教学的质量。就教学而言，专业教师数量不足，导致一些专业课程只能由该专业相关的教师来兼任，由于只是专业相关而不是专业出身，其结果必然是教非所学或教非所长，对一些知识讲授的深度和新度都可能不高，甚至知识讲授的清晰程度都无法保证。在大学教学中，只有专业教学者才能做到对所教知识的深入浅出；唯有专业者理解得深入，才能把知识内容表达得简易明了，使学习者易于接受和理解，才能真正地保证和提高教学质量。因此，要提高教学质量，必须大量引进专业人才，保证专业课程由专门人员进行传授，尽量避免非专业人员教授专业课程。科研也存在同样的道理。只有了解一个学科，熟悉一个学科并对一个学科长期专注的人，才能对该学科进行深入的研究。要提高一个学科的科研水平只能让那些熟悉该学科并一直致力于该学科研究的人来进行相关知识的研究。要保证这些研究人员的时间和精力不被分散，最好给其专职化待遇，不让其他事情或学科内容的研究分散其研究精力。而专职化的前提就是专业分工，这需要以充足的专业人员为前提。在专业人员数量不足的情况下，很难保证一些学科研究的专职化，既有的教师也可能因过重的教学任务而分散科研精力，从而对其科研成果的质量和数量产生不利影响。因此，要提高科研水平，也应及时扩大专业人员的数量。总之，人力资源是高校发展最基本的资源之一，一所学校如果在最基本的人力资源数量都无法保障的情况下，进行高水平的教学和科研，其难度之大是超乎常人想象的。郑州大学要实现更强发展，应努力丰富人力资源，切实落实学校的“十三五”发展规划目标，力争使专任教师数量在2020年达到5000人左右，并把“528”人才计划落到实处，在师资队伍建设上产生实效。二是创新职称评聘政策，优化教职工职称结构。就目前状况而言，郑州大学不仅教职工数量缺乏，而且质量也有待提高，如在专任教师中，博士学位获得者占专任教师总数的比例还有待提高，拥有高级职称的教师比例明显低于其他样本高校。这些问题，有些是历史因素造成的，而有些则是人为因素造成的，应通过对人为或政策的调整来加以纠正。例如，具有高级职称的教师较少，这与以往职称评审时的限额政策有关。人为地把高级职称的比例限制在50%以内是缺乏合理性的（以2017年评审比例而言，正高级不高于17%，副高级不高于33%，中级不高于45%，初级不低于5%）。①在这种政策下，有些教师即使达到了规定标准，但由于名额的限制而无法晋升，从而在整体上降低了具有高级职称教师的比例。这种政策理应得到适当调整，样本高校中一些学校的做法，给郑州大学提供了很好的借鉴，如在南京大学、北京大学和浙江大学的专任教师中，高级职称者的比例达80%以上，就是一些颇有代表性的例子。其实，不仅对郑州大学，对其他任何学校都是一样，教师中高级职称者的缺乏只能对学校的发展不利，很难带来什么有利的影响。学校管理者要做的是加强教师职称评聘政策的科学化，在强化职称评审前的管理的同时也强化职称评审后的管理，调动广大教职员工全职业过程的工作积极性，实现职责对等，在优化学校员工职称结构的同时实现教学科研成果的双增长。三是加强教师职后管理。教师的职后管理是高校人力资源管理的重要内容，其效果如何直接影响一所学校的发展质量。教师的职后管理涉及多个方面，如教学、科研、职称、福利等，应针对不同的方面采用不同的管理方式。例如，针对科研管理，应适当加大对常规科研的支持力度，鼓励研究者在科研上有更多的积累，并能从科研中获得更多的收益。同时，对于发展前景广阔的研究领域的研究者，应进行一定的柔性化管理，在科研和教学工作量的

① 郑州大学人事处.关于我校 2017 年专业技术职务任职资格评审工作有关问题的通知[EB/OL]. (2017-11-07) [2020-08-05]. http://www5.zzu.edu.cn/rsc/info/1006/2404.htm.

考核上可采取一定的特殊政策，力求其产出高质量的研究成果。对于不同层级的专业人员，可拟定不同的工作量或考核标准，实现职称和待遇相分离的人员管理制度，以促使各级专业人员把更多的时间和精力用到与本职相关的教学和科研中去。把教学、科研、服务、职称和福利待遇相结合，恰当利用绩效杠杆提高广大教职工的工作积极性和工作成效。四是注重高层次人才的引进和培养相结合。高层次人才的成长有其特有的规律，一个高层次人才往往要经过一段较长的时间才能形成，因此，对于学校发展急需的人才，可以采取直接引进的办法。这种办法见效快，容易操作，许多学校都有所尝试。郑州大学在此方面也取得了较好的成效，但与其他样本高校仍有一定的差距，应继续加大对各层次高级人才的吸引力度，并努力发挥高层次人才的引帮带作用，以便在学科建设和科学研究上取得更大成效。在人才引进的基础上，要充分重视人才的培训、培养和激励工作，更大程度地发挥各层次人才的专业作用。对于新进青年教师，应加强师德师风建设和岗前专业技能培训，使其尽快熟悉专业教学工作，尽快地进入教学和科研状态中，并为学生成长和成才服务。对于广大中青年教师普遍关心的科研和专业发展问题，应通过多种措施为其提供必要的帮助，助其成长，如扩大中青年教师出国交流和培训的规模，加大校级科研基金对其科研的支持力度，在更大范围内实施中青年教师直聘高级职称制度，以专业课程为立足点创立校级或省级特色课程，等等。五是要大幅度提高广大教职工的福利待遇。在市场经济日益发展的今天，经济利益已成为每一个人不可忽视的问题。经济收入的高低不仅关系到个人的生活，也关系到个人的社会地位和职业情感，尤其是在同职业岗位收入存在巨大差距的情况下，人才流动的趋势日益明显。东部地区的高校凭借雄厚的财力大量挖取中西部高校的高级人才，以致一些中西部高校的部分专业人才面临断层危险，严重影响高等教育发展的均衡与公平。尽管教育部的相关领导呼吁东部高校对中西部高校的优秀人才“手下留情”①，但效果并不理想，人才向东部地区聚集的大势仍未改变。郑州大学要稳定甚至提升自己的教师队伍，应从中西部其

---

① 施雨岑. 教育部长：东部高校，请对中西部高校人才手下留情[EB/OL].（2017-02-24）[2019-03-24]. http://www.xinhuanet.com/mrdx/2017-02/25/c_136084073.htm.

他高校教师流失的现实中汲取经验。就郑州大学教师的收入来看，其与东部沿海地区的高校教师乃至省内一些高校教师都存在一定的差距，并已成为一个激发广大教工工作积极性的重大障碍。因此，郑州大学要在今后的发展中不断壮大自己的人才队伍，吸引更多的优秀人才为学校发展做出贡献，应在提高广大教师的福利待遇，尤其是经济收入方面下足功夫，为本单位教师提供有竞争力的薪酬，使他们的收入水平不低于经济发达地区同类员工的水平，尤其是要使其在河南省高教系统内处于数一数二的顶尖水平，并为省内外人才所向往，使学校成为省内外人才的汇聚地。此外，在广大教师关心的生活或办公用房、子女就学和家属就业等方面也要进行相应的投入，以提高其综合福利水平。要让经济条件成为推动学校内涵式发展的优势条件之一，管理者还要付出更多努力。

六、积极主动，争取优质资源

教育发展有其特有的规律，我国的教育发展又有其自己的特点。基于管理体制，我国的高校要实现自己的发展，仅依靠市场或自身的努力是不够的，还需要相关管理部门的支持，尤其是一些高层管理部门的支持，因为我国高校发展涉及的许多资源是由相关行政部门掌握的，如学校发展的定位、专业的设置、招生数量的拟定以及高级学位点的设立等。这些资源对学校的发展至关重要，但往往不是学校自己所能控制的，只能从相关行政部门来获取。学校要获得这些教育资源，尤其是优质教育资源，一方面自己要努力发展，打好基础；另一方面也要积极和管理部门沟通，争取相关部门的资源和政策，丰富自己的发展资源。在招生上，郑州大学要合理控制招生规模，按照高水平大学的本科生、硕士生、博士生比例进行规划和改革，并坚持实施精英教育。从长远看，本科生规模控制在3万人，硕士生规模达到1.5万人，博士生规模达到3000—5000人，再加上一定规模的留学生，在校生5万人左右比较适宜。就现实状况而言，我国目前发展较好的高校，无不与教育部等相关管理部门的大力支持有很大关系，典型的就是“985工程”“211工程”“中西部高校综合实力提升工程”等。因此，郑州大学要获得更大发展，也应在争取高级教育资源上做出更大的努力。学校相关管理者应继续宣传河南省在国家发展战略中的地位，突出郑州大学在郑州国家中心城市建设、郑洛新国家自主创新示范区和中原城市群建设等国家重大发展项目中的意义，主动向相关管理部门争取更多的高级教育资源，以进一步推动学校的发展。

七、跨越发展，增强核心实力

发展才是硬道理。对于学科而言，只有发展，才能在本学科或学术界产生相应的影响力，才能引起学校和管理部门的重视。对于学校而言，只有发展，才能获得更好的发展资源，才能提高自己在本地区的影响力，才能在国家教育系统中有更高的地位。对于一个省（自治区、直辖市）来说，只有发展，才能提升自己在国家政治格局中的地位，也才能获得更好的发展主动权。因此，郑州大学需要认识到自己和一流高校在多个方面的差距，形成一种谋取发展的紧迫感，以谦虚奋进的心态向国内外的优质高校学习，珍惜目前的发展环境，抓住国内高等教育发展的机遇，把更多的精力用在学校日常发展的方方面面，努力做好基建、教学、科研、人事、学生管理等工作，从多方面增强发展的实力，为学校将来获取更好的发展机遇做好准备。学校实力的增强，必将大大提高学校的地位，也将为学校的进一步腾飞拓展出更大的空间。

结语：发展与梦想同行

高等教育的改革和发展涉及面广，是一个系统工程。如何在经济相对落后地区建设高等教育强省，推动高等教育实现新跨越？这是摆在河南省面前的一道难题，迫切需要破解。党的十八大以来，中央对高水平大学建设提出了更高、更迫切的要求，将“985工程”“211工程”“优势学科创新平台”“特色重点学科建设”等重点建设项目，统一纳入世界一流大学和一流学科建设。党的十九大提出，加快一流大学和一流学科建设，实现高等教育内涵式发展。在2018年召开的全国教育大会上，习近平总书记强调，要“加快一流大学和一流学科建设”[①]，“鼓励高校办出特色，在不同学科不同方面争创一流”[②]。2016年7月，河南省高等教育工作会议召开，并启动高校分类发展计划，其中，河南省要重点建设2—3所国内高水平大学。同年12月，河南省又发布通知，计划总投入31亿元，全面对接国家“双一流”建设，将打造一批具备世界一流水平的优势学科和综合实力位居国内前列的特色学科。[③]建设一流大学、一流学科对于河南省建设高等教育强省具有特殊的意义。对前面部分进行一下总结，河南省建设高水平大学可以遵从以下路径。

① 习近平．坚持中国特色社会主义教育发展道路 培养德智体美劳全面发展的社会主义建设者和接班人[EB/OL].（2018-09-11）[2020-03-11]. http://edu.people. com.cn/n1/2018/0911/c1053-30286253.html.

② 杜占元．深入学习贯彻全国教育大会精神 加快推进“双一流”建设[EB/OL].（2018-10-23）[2020-05-29]. http://www.moe.gov.cn/jyb_xwfb/moe_176/201810/t20181023_352448.html.

③ 河南省教育厅．力争10年打造5个“世界一流学科”[EB/OL].（2015-12-18）[2017-12-13]. http://www.haedu.gov.cn/2015/12/18/1450407655428.html.

一、从动态到常态：争取国家政策经费倾斜

近几年来，中部崛起的战略构想逐渐为人们所认同，已经进入中央政府的战略决策。中部崛起的直接起因在于随着东部地区的持续快速发展以及西部大开发战略的实施，地处祖国腹地的中部地区大有沦为经济社会乃至教育科技“塌陷”地区的危险。为实现中部崛起这一目标，河南积极实施粮食生产核心区、中原经济区、郑州航空港经济综合实验区、郑洛新国家自主创新示范区、河南自贸区五大国家战略规划。对于河南来说，中原地区“塌陷”更突出地表现在科技和教育领域，尤其表现在高等教育领域。中原崛起是一个全方位、全面的崛起，包括经济、科技、教育、文化等。日趋完善的河南高等教育体系，承担着为国家和地方经济社会发展培养高层次人才的艰巨任务，是自主创新、原始创新、集成创新的摇篮，更是科技成果转移转化的主阵地。如果没有高等教育的崛起，没有高水平研究型大学的崛起，河南省的经济、社会、科技和文化等就很难得到极大的、持续的发展，河南省和谐发展局面和区域创新体系就难以形成，也就不可能真正实现中部崛起和中原崛起。

即便经济发展相对落后的中西部地区，教育投资占 GDP 的比重也高于东部地区，但其教育投资总额与发达地区仍有较大的差距。由此可见，仅靠河南省本身的实力，难以改变高等教育发展落后的面貌，需要中央政府更多的支持。河南省在全国政治、经济、文化生活中举足轻重。仅就它所处的地理位置，具有的人口规模、经济社会影响而言，国家无论如何都不应该也不能忽视河南省的教育发展。

一要加强科研、教育攻关，增加中央财政投入。河南“双一流”建设的基础薄，科研实力弱。2017年，上海交通大学的国家自然科学基金立项1011项，资助经费55 188.5万元；郑州大学为216项，资助经费为7682.8万元。上海交通大学的国家自然基金项目数和资助经费数分别是郑州大学的4.68倍和7.18倍，甚至上海交大一所学校的科研经费超过了河南省全部高校科研经费的总和。[①]郑州大学应充分利用成为部省合建高校

① 2017 年国家自然科学基金立项数和立项金额（完整名单）出炉！[EB/OL].（2017-08-19）[2020-05-29]. http://www.sohu.com/a/165738062_650579.

的机会，争取更多的中央财政的投入。相信随着我国市场经济体制的不断完善，随着区域经济协调发展理念的贯彻和我国公共财政体制的建立和完善，中央财政在宏观调控和对河南省高等教育转移支付方面，将有更大的作为。

二要双管齐下，扩大研究生招生规模。对于"双一流"建设高校，特别是一流大学建设高校来说，国家应打破按比例增加博士生招生指标的常规，一次性追加（补偿性追加）指标，使郑州大学每年的博士生招生指标达到500人以上。在争取增加博士生招生指标的同时，建立海外虚拟研究院，和境外高水平大学联合培养博士生。

三要在兼顾公平的同时，推进高考招生考试制度改革。随着经济社会发展特别是信息技术的进步，实行全国统一录取标准是解决问题的长久之计。目前，在稳定郑州大学本科生招生规模满足河南学生上一流大学愿望的同时，还要争取其他一流大学增加在河南省的招生名额。

二、从分散到集中：采用非均衡式发展战略

从高等教育发展形势看，我国进入了以"双一流"建设为主旋律的蓬勃发展时期。高等教育进入激烈竞争、大变革、大震荡、重新洗牌的重要机遇期。适者生存，不进则退。以42所一流大学为主力军的高校，围绕着建设世界一流学科、世界一流大学，你追我赶、奋力拼搏。与它们相比，河南省的高等教育本就处于劣势，如果不能奋起直追，加快发展，将有可能进一步拉大与它们的差距。因此，可以说河南省加快建设一流学科、一流大学，是激烈竞争的结果，是高等教育发展的呼唤，是历史发展的必然。河南省只有一个选择，就是加快发展，义无反顾地建设一流学科、一流大学。否则，就有被淘汰出局的危险。

然而，经济发展相对落后地区一般财力较弱，如果将高等教育资金分散投向各所高校，这种"撒胡椒面"式的资金使用方式难以形成合力和竞争力，起不到明显的作用。2016年，河南省共有普通高等学校129所，同期，河南省公共财政教育经费为1245.01亿元[①]，如果有1/4的财政

① 河南省教育厅办公室.关于 2016 年全省教育经费执行情况统计公告[EB/OL]. (2017-12-01) [2020-08-05]. http://www.haedu.gov.cn/2017/12/11/1512978522095.html.

性教育经费用于高等教育事业，共有311.25亿元，这些经费对于129所高等学校而言，无疑是杯水车薪。因此，河南省高等教育发展，必须采取非均衡的发展战略，首先要加大对教育事业的投资；其次是集中优势资源，投向基础设施好、师资力量强、科研项目和成果多、影响力大的高校，尽快将这些高校创办为国内具有较高影响力的大学，同时既可以提升区域影响力并吸引一流人才汇聚，又可以为区域经济、社会发展服务。必须清醒地认识高等教育发展的现状和自身的特征，改革高等教育拨款模式、科研经费管理制度，顶住压力，集中优势资源，重点支持几所具备发展条件和发展潜力的大学。“双一流”建设经费应以政府投入为主。一流大学的生均拨款可提升至一般本科院校的2倍。按一个一流学科每年给予1亿—2亿元的财政经费支持；一流大学建设高校另外划拨3亿—5亿元的整体建设经费。郑州大学是河南省唯一入选国家一流大学建设行列的高校,也是河南省唯一教育部和河南省共同重点建设的综合性大学，作为河南省高等教育的排头兵，应得到重点支持。

三、从数量到质量：构筑和完善高端人才特区

大学教师尤其是大学教授，是大学灵魂的栖息地，是大学理念和大学精神的主要载体。没有高水平、高素质的教师，就没有高水平的大学；没有一流的大学教师，就没有一流大学。从事教学科研工作的教师，是学校上水平、上台阶的决定性力量。师资队伍建设是创建一流大学的基础。大学教师的水平高低、素质优劣，除了表现在他们的学历层次、知识结构、研究成果、教学水平等现行的素质因子外，更与他们的精神理念、道德品质、思想意识、敬业精神，对国家和民族的热爱度、对社会的关心度、对教育事业的忠诚度、对学术研究的痴迷度等这样一些运行因子密切相关。甚至可以说，大学教师素质的高低主要取决于后者。浙江大学老校长竺可桢先生曾说：“一个学校实施教育的要素，最重要的不外乎教授的人选，图书仪器等设备和校舍建筑。这三者之中，教授人才的充实，最为重要。”[①]教授是大学的灵魂，一个大学学风的优劣，全以

① 竺可桢. 学校实施教育，最重要的不外乎教授的人选[EB/OL].（2015-08-24）[2017-12-13]. http://tech.gmw.cn/scientist/2015-08/24/content_16787278.htm.

教授人选为转移。同时，高校应该认识到，高层次人才引进可以在短期内见效果，属于短期的关键行为，但存在引进人才对引进单位文化与管理是否认同的问题，具有较大风险成本；高层次人才的培养侧重长期设计和使用，需要长期的制度和资源支持，应是高校人才发展的常规性、持续性工作。[①]因此，为了夯实建设高等教育强省的基础，河南省就需要强化师资队伍建设，特别是高层人才的引进、培养和管理。

2017年，在河南省高校工作的、具有正高级职称的人才共有8826人，在全国排在第9位[②]，但高层次人才，像两院院士、长江学者等人数较少。截至2013年底，在河南省工作的院士共19人，这样的数量，即使放在西部地区，也不显眼。与河南相邻的其他地区中，陕西省拥有的院士数量达到63人，比河南多出两倍多；山东省拥有的院士总数达到40人；一流大学同样不多的安徽省，拥有的院士数量也超过河南，达到29人。从表0-1也能见端倪，2013—2017年，河南省入选的两院院士、长江学者、“杰青”、国家自然科学基金优秀青年科学基金项目（简称“国家优青”）总共只有13人，在全国排倒数第8位。

表 0-1　2013—2017 年全国各地区六类高层次人才入选数量统计　　单位：人次

地区	中国科学院院士	中国工程院院士	长江学者	国家杰青	国家优青	总计
北京	60	56	222	355	619	1 858
上海	12	9	93	143	257	909
江苏	6	6	69	79	194	582
广东	1	6	30	48	113	419
湖北	6	4	56	56	107	413
浙江	4	3	26	40	109	341
安徽	5	4	5	42	91	259
陕西	3	2	54	30	71	243
四川	2	1	38	23	51	224
天津	0	0	25	28	61	181
辽宁	2	6	22	31	58	171

① 徐剑波，陆道坤，付瑶瑶. 论创新高校高层次人才“引”“培”“用”机制[J].高教探索，2013（2）：39-42.

② 教育部. 高等教育学校（机构）教职工情况（普通高校）[EB/OL].（2018-08-06）[2019-02-10]. http://www.moe.gov.cn/s78/A03/moe_560/jytjsj_2017/gd/201808/t20180808_344739.html.

续表

地区	中国科学院院士	中国工程院院士	长江学者	国家杰青	国家优青	总计
山东	2	4	11	24	46	127
福建	2	0	10	16	31	123
湖南	2	8	12	16	39	109
黑龙江	1	1	24	13	35	93
吉林	2	3	13	10	29	72
重庆	0	0	12	13	11	58
甘肃	2	1	7	6	29	55
云南	0	0	2	6	14	34
山西	0	1	2	2	11	17
贵州	0	1	2	4	2	14
河南	0	2	3	0	4	13
江西	0	0	2	4	4	13
河北	0	1	2	1	5	11
新疆	0	1	6	1	2	10
广西	0	0	4	1	2	8
西藏	0	1	4	0	0	5
海南	0	0	1	0	1	4
内蒙古	0	0	1	0	2	3
青海	0	0	3	0	0	3
宁夏	0	0	0	0	0	0

资料来源：中国大陆 31 个省份高层次顶尖人才分布：快来看看各省差距究竟有多大！[EB/OL]. (2017-09-20)[2019-02-10]. http://yn.qinxue100.com/news/jy/20170920/27131.html.

有研究表明，中部和东北地区对高层次人才的需求度较高，如中部地区76.69%的大学、东北地区71.43%的大学的招聘面向“国家杰出青年科学基金”项目获得者，超过了东部地区的70.69%。①因此，河南省要加快引进海外高层次人才，特别是高新技术、高级管理、高创意人才以

① 郭书剑，王建华. “双一流”建设背景下我国大学高层次人才引进政策分析[J]. 现代大学教育，2017（4）：82-90.

及学科领军人才，这是在较短时间内迅速拥有一批国际高端人才的重要途径，是加强高层次创新型人才队伍建设、实施人才强省战略的重要举措。一要建立人才特区，重点引进一批学科带头人和学术骨干，扩大人才增量；呼吁国家制定和完善特殊的高层次人才评价政策，如长江学者、“万人计划”等，向中西部包括河南省倾斜或者固定分配5个以上的名额。二要实施人才分类管理，设立高层次学术岗位，给予有竞争力的年薪，现有人才和外聘人才管理政策一致，竞争上岗。三要制定良好的师资管理政策。在薪酬、奖励等方面提供优厚待遇，吸引有科研潜力的博士进站合作研究，选拔优秀出站博士后留校工作。四要转变观念，内引外联，有计划、有目的、有步骤地选送优秀教学、科研、管理骨干出国研修，邀请海外专家来校开展学术交流或任职，开展深度的科研合作。五要实施更加灵活的人才政策、资源分配政策、人才评价办法、人才聘用办法，使有限资源向高产出人才集中。最终达到两个目的：一是让优秀人才能在河南安心工作；二是吸引境外、省外优秀人才到河南来，构筑人才高地，使河南成为高层次人才集聚的中心。

四、从转型到升级：激发教育创新驱动活力

科学研究是高等教育的重要功能。发现知识和创造知识，是一流大学区别于一般大学的一项重要标志，因此，无论是国内还是国外，大学排名以及衡量大学水平的重要标志之一就是科研成果的质量和数量。中国管理科学研究院《中国大学评价》课题组对国内大学的综合排名，就是依据人才培养和科学研究两项指标进行的。[①]国际上主要的大学排名机构，在对大学进行排名时，学术声誉都占着极其重要的分量，如U.S.News全球最好大学排名中，学术声誉在本科评价中占25%，在研究生评价中占40%，在博士生评价中占100%[②]；而反映学术声誉的一项重要标志就是大量高水平的科研成果。因此，科研是学校上水平、上台阶、上层次的基础，博士点、重点学科、重点实验室，都离不开大量的科研成果作

① 武书连. 2017 中国大学综合实力前 200 名[EB/OL].（2016-12-26）[2020-05-29]. http://edu.people.com.cn/n1/2016/1226/c1053-28977847.html.

② 严辉英. 对国外五大大学排名机构的分析[J]. 世界教育信息，2005（9）：30-32.

支撑。河南省高校承担国家级重大项目的数量、获得的国家级奖励还比较少，以2018年为例，河南省共获得国家科技奖励16项，主持4项，但高校主持只有1项。①

2016年8月，为贯彻落实《国家创新驱动发展战略纲要》的精神，河南省提出，到2020年，河南力争进入中部创新发展先进行列；到2030年，进入全国创新发展先进行列。②对于高等教育而言，这是一个重要机遇期。实现这一目标，一要争取在高校创立和建设更多的国家重点实验室、国家工程研究中心等科研平台。二要全方位加大对高等教育的创新投入，不断加大研发经费支出占 GDP 比重。三要优化创新创业环境，把创新创业教育融入改革发展全过程，为科技成果加快转化为生产力提供制度保障，加强新型智库建设，完善扶持大众创业的优惠政策，实施大学生创业引领计划，加快建设大学生创业孵化基地，重点建设一批高校创业示范基地。四要利用现有人才优势，紧紧围绕发展新技术、新产业、新业态，抓住经济竞争力提升的核心关键、社会发展的紧迫需要，整合创新人才、平台、资源，尽快在重点领域和关键环节实现突破，支撑和引领河南实现跨越式发展。五要加强产教融合。河南省高水平大学和社会企业、产业及社会组织的合作还不够深入，横向经费来源远不如沿海发达地区的高校。一流大学和一流学科要与这些单位合作，就要在联合研发、技术转让等方面达成共识，实现合作共赢。

五、从高原到高峰：着力打造世界一流学科

学科发展水平，是高等教育强弱的主要标志。高等教育发达的国家，其每一所大学都有自己相对优势的学科和专业，从世界著名大学特色兴校的经验来看，发展特色学科是打造高校核心竞争力以及形成特色品牌的关键。之所以成为世界一流大学，重要的是因为它有一流的学科。例如，加州理工学院曾在美国排名第一，超过了哈佛大学和麻省理工学院，主要原因之一是它的实验物理和航空技术是世界最顶尖的学科。正如加

---

① 尹江勇，周玉琴. 河南省 16 项成果获 2018 年度国家科技奖[N]. 河南日报，2019-01-09（1）.

② 陈润儿：到 2020 年河南力争进入中部创新发展先进行列[EB/OL]. (2016-08-04) [2020-08-05]. http://www.sohu.com/a/109010681_335951.

州大学伯克利分校原校长田长霖所说："加州理工学院为什么会变成这么著名的大学？它的腾飞就是靠两个教授，一个是密立根，物理诺贝尔奖获得者，他使这个学校的实验物理迈进了世界一流；然后是冯·卡门，钱学森先生的老师，他把美国的航空技术带起来了，有了这两个人，加州理工学院就世界知名了。"[①]如前所言，根据《河南省优势特色学科建设工程实施方案》所制定的目标：到2024年，全省5个左右学科进入国家"世界一流学科"行列；10个左右学科进入国内前列，ESI 全球学科排名进入前1%，或在权威第三方评价中进入前10名或前5%。其实，在2018年底，河南省高校已经有16个学科进入 ESI 排名前1%。这一方面说明，河南省高校发展迅速；另一方面，说明其在制定政策方面还存在一定的保守性。在第四轮学科评估中，郑州大学和河南大学没有一个学科入选 A 类，不过，郑州大学和河南大学有几个 B+类学科，具备冲击 A 类学科的潜力。但不管怎样，打造强势学科，是河南省建设一流大学的核心。创建一流学科，河南不能有"等、靠、要"的思想，要明确制定并且执行学科发展战略，有效整合师资、学生、科研等学科建设资源，慎重选择学科带头人，建立教授治校的学术管理制度，实施开放战略，向社会开放，提升学科在国际平台上的竞争力。

建设一流学科还要体现地域特色。河南要扎根中国大地、中原大地办大学，繁荣以中原历史文化为特色的哲学社会科学，既尊重 ESI 的重要参考价值，又不唯 ESI 是瞻。[②]从历史上看，河南是中华民族的主要发祥地之一，创造了裴李岗文化、仰韶文化、龙山文化等令世人赞叹的史前文化，从中国第一个世袭王朝夏朝建都于河南偃师至清王朝覆灭的4000余年的历史中，先后有20多个朝代建都或迁都于此，中国的8大古都中，河南就有4个，经济社会文化发展曾几度达到鼎盛。在几千年的历史发展中，中原人民创造了灿烂的中原文化。中原文化是中华文化的核心，在中华文化嬗变中处于主导地位。中原文化在中华文化中的主导地位，是客观形成的，是不以人的主观意志为转移的。它是以黄河中下游地区为中心、在我国中部地区形成的文化，并随着文化的不断扩张和传播成

① 转引自刘献君. 论高校学科建设[J]. 高等教育研究，2000（5）：16-20.

② 周倩. 把高等教育发展优势转化为话语优势[N]. 人民日报，2016-05-03（7）.

为中华民族的普遍价值观。党的十六大报告指出，“民族精神是一个民族赖以生存和发展的精神支撑”。因此，大力建设体现中原文化特色的学科既是优势所在，也是形势所需。

六、从外部到内部：深化高等教育治理改革

一流大学需要一流治理，没有一流的治理理念和治理模式，创建世界一流大学和一流学科等于空话。[①] 没有大学治理的现代化，就不可能有世界一流大学和一流学科的出现。[②] 高等教育治理的核心是决策权力的分配问题，即谁具有高等教育决策的权力以及通过什么样的程序进行决策。高等教育治理可从宏观、中观、微观角度分为三个层次：一是系统层级的治理，即如何配置政府与大学的学术权力；二是大学层面的治理，即大学决策权力如何分配；三是大学基层学术组织的治理，即学校与院系的权力如何配置。尽管扩大高校自主权的呼声越来越高，“中央与地方共管，地方管理为主，高校面向社会自主办学”的高等教育体制改革也取得了显著的进展。[③]但是，从总体上看，高校的自主权仍受很大的限制。这是我国当前高校行政管理体制改革面临的现实矛盾。因此，政府与大学权力分配关系的重构将成为我国高等教育管理体制改革的焦点，也是大学内部行政权力关系调整的基础与前提。政府的管理职能应该主要体现在学校外部的宏观关系方面，体现在高等教育事业的质量、方向和标准方面。例如，政府依照有关规划与法律法规，协调与指导高等教育的发展，使之与社会经济发展相适应、相平衡；政府运用经济手段体现国家意志和政府对大学的导向作用；等等。

对于河南省而言，在大学层面，一要整合学术资源，建立大科学中心和平台。条件成熟、学科相近的单位按照大部制进行组建，学科交叉明显的单位聘请战略科学家，实施矩阵式管理，发挥集团攻坚优势。二要进行法人学术单位改革。在保持其科研单位法人主体以及科研地位的同时，又将其作为学校的学术单位去建设和管理。例如，和中科院、省

① 施晓光. 一流大学治理：“双一流”建设所必需[J]. 探索与争鸣，2017（8）：39-42.

② 王洪才. “双一流”建设：机制・基础・保障[J]. 江苏高教，2017（6）：11-14.

③ 周倩. 法治维度下我国高校内部管理体制改革[J]. 国家教育行政学院学报，2015（8）：18-23.

级研究机构、附属医院、企业等共建研究中心/所，发挥合作优势，提升科研创新能力和可持续发展能力，遵循学术-技术的创新发展逻辑，准确定位一流大学的服务面向，丰富服务手段。三要推动转型发展。建设世界一流大学需要确立研究型大学的定位，需要内部治理体制、办学理念和办学模式的根本转变。四要强化行政服务职能，去除行政管理的庸俗化和官僚化，提升高素质行政管理人员、教辅人员、学生辅导员数量和服务质量。

在政府层面，一要积极引进国内外世界一流大学、一流学科资源，按照“双一流”标准组建新的高水平大学，进一步增加优质高等教育资源。二要整合现有资源组建河南省公立大学系统。以郑州大学和河南大学为基础，组建河南省若干个公立大学系统，每一个公立大学系统包括3—4个分校，以快速提升声誉和办学水平。三要坚持教育对外开放，深度融入“一带一路”建设，鼓励郑州大学和河南大学两所“双一流”高校在海外建立分校。四要制定与教育开放和高等教育国际化相适应的政策，如财政部印发的《中央和国家机关差旅费管理办法》只规定了政府官员乘坐交通工具的等次，没有对专业技术人员做出规定。有的大学根据该办法进行了补充，譬如，“厅级及教授可以乘坐飞机公务舱、轮船二等舱、火车软卧；其他人员均乘坐飞机经济舱、轮船三等舱、火车硬卧”①。五要从宏观层面推进高等教育治理体系现代化，推进管办评分离，加强党对高校工作的领导，完善党委领导下的校长负责制，创新一流大学校长的选拔任用方式，形成一流的教育理念、一流的管理体制、一流的评价机制，形成政府宏观管理、社会广泛参与、高校自主办学的格局。

① 河南财经政法大学计划财务处. 报账须知（新）[EB/OL].（2015-06-03）[2017-12-13]. http://cwc.huel.edu.cn/info/1584/2801. html.

后　　记

周倩教授主持的河南省教育科学规划重大招标课题“河南省高水平大学建设研究”结项获得“优秀”等次。本书是在结项成果的基础上做了比较大的修改而形成的，得到了河南省高校哲学社会科学创新团队支持计划和郑州大学教育学院中原教育发展研究中心的资助。本书由周倩教授负责整体设计、全书统稿和补充修改。周倩教授、靳培培博士撰写了导言部分，董永贵博士撰写了第二章，崔来廷博士撰写了第三章，刘俊仁博士、研究生柳利峰撰写了第四章，贾云鹏博士撰写了第五章，周倩教授撰写了结语部分。赵江涛博士对相关数据、图表进行了优化和补充，王哲先博士和部分研究生也参与了前期研究的准备工作。2017—2020年，课题组成员充分吸收专家提出的意见和建议，集思广益，根据高等教育改革发展形势和政策的变化，与时俱进，追踪高水平大学研究前沿，尽可能采用最新资料、最新数据，不断优化研究方案，认真而有序地推进研究工作，取得了较好效果。周倩教授在《教育研究》《人民日报》《光明日报》《现代大学教育》等重要报刊上发表了多篇有分量的论文，向上级部门呈送了“成果要报”。其中，《提高我国高等教育制度性话语权》《教育对外开放需扎根中国大地》分别获得河南省教育厅人文社会科学优秀成果特等奖、河南省教育科学优秀成果一等奖，并产生了积极而广泛的影响。联合国教科文组织世界比较教育学会联合会前主席、郑州大学讲席教授李荣安先生亲写序言给予鼓励。希望本书能够为推动中原地区，特别是河南省高水平大学建设发挥应有的决策咨询作用，促进河南省教育科学研究的推广和应用。河南省教育科学研究院郭国侠院长、郭郑州副主任，河南省教育厅社会科学研究与语言文字应用管理处王亚洲处长，科学出版社付艳等编辑，王北生教授、杨光钦教授等对本书给予了支持和具体指导；同事们也付出了辛勤劳动，在此一并表示衷心感谢。

书中的观点和建议是一家之言，加上能力有限，不当之处，还请专家、管理者不吝赐教，我们会在后续研究中充分借鉴，不断提升成果的科学性、政策建议的针对性以及可操作性。

周　倩

2020年3月17日